Corporate governance

Frans van Luit

Tweede druk

Noordhoff Uitgevers Groningen/Utrecht

Ontwerp omslag: G2K (Groningen - Amsterdam)
Omslagillustratie: Sonja Lekovic - Stocksy

Eventuele op- en aanmerkingen over deze of andere uitgaven kunt u richten aan: Noordhoff Uitgevers bv, Afdeling Hoger Onderwijs, Antwoordnummer 13, 9700 VB Groningen, e-mail: info@noordhoff.nl

MIX
Paper from responsible sources
FSC® C118189

0 / 17

ISBN 978-90-01-87685-2
NUR 786

Woord vooraf

Corporate Governance is bedoeld voor studenten van de hbo/SPD-opleiding, de hbo-accountancyopleiding en de post-hbo-AA-opleiding. De inhoud van dit boek sluit aan bij de eindtermen van het hbo/SPD-programma nieuwe stijl vanaf 2009 en van de accountancyopleidingen in Nederland zoals opgesteld door de Commissie Eindtermen Accountantsopleidingen (CEA).
Er zijn verschillende uitgaven op het gebied van Corporate Governance beschikbaar. Echter deze uitgaven dienen als naslagwerk. In dit boek heb ik een koppeling gelegd tussen het vakgebied Corporate Governance en de verschillende vakken uit het hbo/SPD- en hbo-accountancyonderwijs.

De eerste druk is bedoeld als aanzet voor een op de hbo-student gerichte uitleg van de complexe materie. Aan het eind van ieder hoofdstuk zijn oefenvragen opgenomen die richtinggevend zijn voor het examen dat afgenomen wordt door de Associatie voor Praktijkexamens. Voor opmerkingen van collega-docenten houd ik mij van harte aanbevolen.

Frans van Luit
najaar 2009

Bij de tweede druk
De eerste druk is gebaseerd op de Code van 2008. De Monitoring Commissie heeft eind 2016 de herziene Coporate Governance Code uitgebracht. Al met al voldoende aanleiding om het boek van een update te voorzien, zodat de inhoud aansluit bij actuele wet en regelgeving. Naast deze actualiteitsslag heb ik in deze tweede druk casuïstiek aan de hoofdstukken toegevoegd. De hoofdstukken uit het boek zijn afzonderlijk bruikbaar in verschillende onderwijsprogramma's.

Tijdens het verrichten van aanpassingen ten behoeve van deze druk heb ik lang nagedacht over een aanpassing van de indeling, zodat van de tweede druk zou aansluiten bij de gewijzigde indeling van de Code. De door mij aangehaalde governance-cirkel sluit naar mijn mening goed aan bij een gestructureerde opbouw van de theorie die samenhangt met de onderwerpen uit de Code. Vandaar mijn keuze voor een beperkte aanpassing in de indeling. Deze beperkte aanpassing betreft een herschikking van de onderwerpen met als gevolg het toevoegen van hoofdstuk 7 over de beloningen. De indeling sluit daardoor aan bij de thematische aanpak van de nieuwe code.

Frans van Luit
voorjaar 2017

Inhoud

Inleiding

'Een sterke ondernemingsvisie wordt gevonden in een zorgvuldig gekozen balans tussen kapitalisme en socialisme.' Met deze stelling wil ik dit boek over corporate governance inleiden. Enerzijds leidt sterk doorgevoerd kapitalisme tot een graaicultuur en anderzijds verdwijnt met ultiem socialisme de prestatiedrang en blijft ontplooiing van nieuwe initiatieven achterwege. Een evenwicht tussen deze uitgangspunten in een onderneming maakt de onderneming sterk.

Corporate governance gaat over de zorg voor een gezonde onderneming. De belangen van alle partijen die betrokken zijn bij een onderneming moeten zorgvuldig worden afgewogen. De laatste decennia zijn de belangen van aandeelhouders in sterke mate overbelicht geraakt. Bestuurdersbeloningen werden in hoge mate gekoppeld aan winst en beurswaarde. De bestuurders werden daardoor verleid tot het opkloppen van winsten en verzwijgen van verliezen. Ondernemingen raakten minder gezond of werden soms ziek. De bij de onderneming betrokken partijen zagen hun investeringen in geld en arbeid verdwijnen als sneeuw voor de zon. Om ervoor te zorgen dat bestuurders alle noodzakelijke moeite zouden doen om een onderneming gezond te houden, werd eind 20ste eeuw een gedragscode voor bestuurders opgesteld: de Corporate Governance Code.

In dit boek wordt corporate governance belicht vanuit verschillende invalshoeken, te weten: het bestuur van de organisatie, de beheersing van de bedrijfsprocessen, de controle op de beheersing en verantwoording, de informatie/verantwoording over het besturen en het toezicht door de raad van commissarissen op het dagelijks bestuur van de organisatie.
De aandeelhouders hebben in de eerste gedragscode een bescheiden rol. In de huidige gedragscode worden de aandeelhouders opgeroepen om hun stem te laten horen in de aandeelhoudersvergadering. Zij zijn het verlengstuk van het toezicht op het dagelijks bestuur en de raad van commissarissen. De gedragscode richt zich nadrukkelijk op het dagelijks bestuur. Daar ligt dan ook de kern van de te behandelen onderwerpen in dit boek.

De monitoring commissie heeft de code in 2016 herzien. Deze nieuwe Code is in december 2016 uitgebracht. De belangrijkste wijziging betreft een herschikking van de verschillende principes. In de vorige code werd aansluiting gezocht bij de verschillende functies die betrokken zijn bij een organisatie: het bestuur, de Raad van Commissarissen, de aandeelhouders, de interne en externe accountant. In de nieuwe Code is gekozen voor een indeling naar thema's. De langetermijnstrategie en de risicobeheersing staan centraal in deze thematische indeling. Een nieuw onderwerp in de code betreft de cultuur van een organisatie. De Code verlangt van bestuurders en commissarissen dat zij een cultuur creëren die het gewenste gedrag en integer handelen binnen de onderneming stimuleert. Concreet betekent dit dat waarden dienen te worden geformuleerd die passen in de visie van de onderneming. Van het bestuur wordt gevraagd gedrag te stimuleren dat aansluit bij deze waarden en door het tonen van voorbeeldgedrag deze waarden ook actief uit te dragen.

In de Code is aandacht besteed aan moderne uitgangspunten van bestuur zoals de executive committee, de adviesraad voor het bestuur en de one-tier board als bestuursmodel.

In de eerste druk heb ik de governance-cirkel geïntroduceerd. De uitgangspunten van de Nederlandse Corporate Governance Code sluit nog steeds aan bij deze cirkel. De thematische indeling van de code uit 2016 leidt ertoe dat ik de onderwerpen in de cirkel in deze druk ga koppelen aan de thema's van de code.
In het hiernavolgende figuur wordt door mij de governance-cirkel geschetst, die als leidraad wordt gehanteerd in de hoofdstukken. Corporate governance begint met goed bestuur als basis voor een gezonde onderneming.
Het bestuur stelt de ondernemingsdoelen vast. Hieruit vloeien risico's voort. Deze risico's moeten beheersbaar gemaakt worden. Het beheersbaar maken geschiedt door het opstellen van richtlijnen en taakbeschrijvingen.
Om vervolgens te kunnen vaststellen dat de risico's daadwerkelijk beheerst worden, moet gecontroleerd worden of de genomen beheersingsmaatregelen inderdaad werken. Als voldoende zeker is dat de maatregelen werken, kan overgegaan worden tot het informeren van belanghebbenden, intern en/of extern. De informatie is dan voldoende betrouwbaar om te kunnen gebruiken voor te nemen beslissingen. Deze informatie is tevens de basis voor de werkzaamheden van het toezichthoudend orgaan. Aan de hand van de beschikbare informatie zal het dagelijks bestuur worden aangesproken op het niet-nakomen van gestelde doelen. De 'governance-cirkel' is rond.

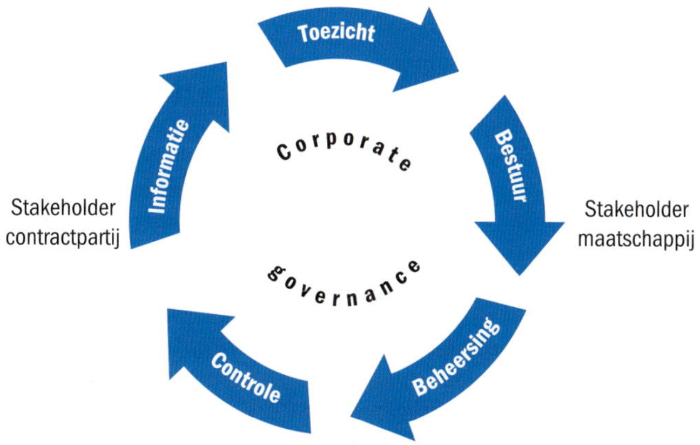

Corporate governance, waar gaat het over ...

In elk hoofdstuk worden relevante principes uit de Nederlandse Corporate Governance Code aangehaald en nader bekeken. Het doel daarvan is om een indruk te geven van de uitwerking van de principes. Wat hebben de Commissie Tabaksblat en de Commissie Frijns ermee bedoeld? Op deze wijze wordt stap voor stap de betekenis van deze code besproken, steeds in de context van het betreffende element van de ondernemingstaak inzake de governance.
De problematiek wordt eerst per element besproken en vervolgens worden de belangrijkste theoretische instrumentenmodellen en hulpmiddelen uitgelegd, die gehanteerd kunnen worden om de gedragscode na te leven.

1 Noodzaak van corporate governance

Het begin van de 21ste eeuw zal de geschiedenisboeken ingaan als een turbulente periode van economische ontwikkelingen. Boekhoudschandalen waren meer regel dan uitzondering. De boekhouding van ondernemingen werd naar believen door het bestuur aangepast om een rooskleurige voorstelling van financiële feiten te geven. Window dressing (letterlijk: de etalage opmaken), waardoor resultaten positiever leken dan zij in werkelijkheid waren. Creative accounting (letterlijk: creatief boekhouden), waardoor negatieve effecten niet zichtbaar waren in de verslaggeving. Alles werd uit de kast gehaald om een positief beeld van de onderneming te schetsen. De balans tussen socialisme en kapitalisme raakte verstoord. Stijgende beurskoersen, overnames en massaontslagen kenmerkten het begin van deze eeuw. Beleggers zagen gouden kansen en verloren voorzichtigheid uit het oog. Totdat er ineens een kredietcrisis was.

De toestand gaf economen boeiende stof tot discussie. Had men de crisis kunnen voorkomen? Wie kon ervoor zorgen dat in de toekomst vergelijkbare problemen niet meer voor gingen komen? Feitelijk was er sprake van een zeer boeiende periode. Er gebeurde van alles en deskundigen konden met elkaar discussiëren over de oorzaken.
Hierna was duidelijk dat de onderneming zelf (via corporate governance) en de maatschappij (via maatschappelijk verantwoord ondernemen) samen een gedegen basis voor ondernemen moesten vormen. Om te bewerkstelligen dat ondernemingen goed bestuurd worden, zijn er afspraken voor goed ondernemingsbestuur gemaakt en vastgelegd in de Nederlandse Corporate Governance Code.

1

1.1 Kredietcrisis

We kunnen de oorzaken voor de kredietcrisis onder andere vinden in de te hoge levenstandaard van de burgers die massaal gingen beleggen en daarmee goed geld verdienden. Zij werden aangetrokken door de steeds stijgende beurskoersen, die achteraf bleken te zijn gebaseerd op geflatteerde informatie van de bestuurders van ondernemingen.

Gezien de levensstandaard die de mensen hadden genoten in de afgelopen decennia, kon men stellen dat zij zich een te ruime jas hadden laten aanmeten. Alles kon, de bomen groeiden tot in de hemel. Nederlanders hadden de aandelenbeurs ontdekt als ongelimiteerd instrument voor vermogensgroei. De rendementen waren soms onvoorstelbaar hoog. Sommige

Day traders

particuliere beleggers hadden zelfs hun beroep (day traders) gemaakt van het speculeren op dagelijkse stijgingen van beurskoersen; vanuit de huiskamer werden zij slapend rijk. Niemand had beseft dat ooit betaald zou moeten worden voor de oneindig lijkende stijging van beurskoersen. Waar iemand verkoopt met winst, moet een ander in staat zijn om te kopen. Indien de beurskoers op een gegeven moment daalt, betaalt de koper het gelag. Deze rekensom leek niemand meer te kunnen maken.
Terugdenkend had iedereen wellicht meer lering moeten trekken uit het

World Online

debacle van de beursgang van World Online.

World Online

World Online was in de jaren negentig van de vorige eeuw een van de eerste grote aanbieders van internettoegang in Nederland. Als eerste Nederlandse internetaanbieder ging World Online op 17 maart 2000 naar de beurs. Particulieren werden enthousiast gemaakt om aandelen te nemen. ABN Amro begeleidde de beursgang en liet ook veel eigen spaarders aandelen kopen. Internet was nieuw en daar was veel geld in te verdienen. Maar de verwachte explosie van de beurskoers bleef uit. De beursgang van de provider liep uit op een teleurstelling. Veel beleggers verloren geld, veel geld. De toekomstverwachtingen waren veel mooier voorgesteld dan de harde werkelijkheid kort na de beursgang. 'Verkoop van gebakken lucht', zo luidden de krantenkoppen destijds. Tot in 2009 sleept de rechtsgang over de schuldvraag in het faillissement voort. In november 2009 besliste de Hoge Raad dat de banken verzuimd hebben onjuiste informatie recht te zetten. De Hoge Raad stelt verder dat ABN Amro een te hoge misleidende openingskoers bewerkstelligde, een ingreep die de bank zelf ook hoge verliezen opleverde. Naar geschat is in totaal 3 miljard euro verdampt als gevolg van de beursgang.

Men zou zeggen dat de mensen uit dit WOL-schandaal een lesje geleerd hadden, maar niets was minder waar. Particulieren bleven grote bedragen beleggen en leenden geld om de beleggingsportefeuille te kunnen financieren. De oude gedachte dat iemand uitsluitend beleggen moest met geld dat hij eigenlijk niet echt nodig had, werd lachend weggewuifd op de verjaardagsfeestjes.
Enige jaren later werd duidelijk wat de gevolgen kunnen zijn van risicovol beleggen.

De financiële crisis werd een feit. Niet alleen particuliere beleggers, maar ook de grote institutionele beleggers plukten de wrange vruchten van risicovol beleggen. Ook de wereldeconomie ondervond de gevolgen van de financiële crisis. Geld om investeringen te financieren, kwam daardoor moeizaam beschikbaar. Iedereen was terughoudend in het doen van duurzame aankopen.
Stijgende beurskoersen, overnames met bijbehorende reorganisaties met massaontslagen waren kenmerken van het ondernemen aan het begin van de 21ste eeuw. Het grote graaien leek te zijn geboren. Ondernemingsresultaten werden beïnvloed door gedragingen van bestuurders met optieregelingen; de beurskoers moest immers stijgen om de opties rendabel te maken. De gevolgen van deze gedragingen zijn zichtbaar geworden in de grote boekhoudschandalen die in de laatste jaren over ons heen zijn gekomen. Parmalat, Enron, Ahold, Lernout en Hauspie, noem maar op.
De maatschappij reageerde met verontwaardiging. Hoe had dit kunnen gebeuren? Door de boekhoudschandalen bij grote bankinstellingen ontstond eind 2008 een kredietcrisis.
Deze kredietcrisis liet haar sporen achter in ondernemingsland. Bestuursvergoedingen werden regelmatig ter discussie gesteld. Als gevolg van de beursmalaise raakten beleggende particulieren gemiddeld drie kwart van hun vermogen kwijt. De pensioenbeleggingen leken verdampt.
Er was sprake van een sneeuwbaleffect. De banken moesten grote delen van de vorderingen afwaarderen, met als gevolg een verstoring van de balansverhoudingen. Financiering van risicoprojecten leek onmogelijk, wat remmend werkte op de ontwikkeling van nieuwe producten en activiteiten van ondernemingen.

1.2 Kapitalisme en socialisme uit balans

De meningen lopen uiteen over de oorsprong van de gedragingen van de frauderende ondernemingen en de burgers die op te ruime voet leven, en daarmee van de kredietcrisis. De eenvoudigste stelling is dat de economie nu eenmaal pieken en dalen kent, tijden van hoogconjunctuur en recessie zullen er altijd zijn.
Als men iets verder zoekt, kan men toch wel enige andere oorzaken ontdekken, zoals de verstoring van de balans tussen kapitalisme en socialisme. Zodra de balans tussen kapitalisme en socialisme verstoord raakt, ontstaan er spanningen tussen bevolkingslagen. Aan het einde van de negentiende eeuw was er sprake van een situatie waarin de ondernemer veel vrijheid had en een vooraanstaande positie innam. De ondernemer was een vooraanstaand persoon en had veel invloed in de maatschappij. Veel ondernemers hadden een adellijke achtergrond. De afstand tussen werknemers en werkgevers was groot. Werknemers werden vaak bewust 'dom' gehouden en niet zelden werd het besef van onderdanigheid bevestigd vanuit de (met name katholieke) kerkgenootschappen.

Balans tussen kapitalisme en socialisme

Langzamerhand kwamen er socialere werkgevers die zich de vaak armoedige leefomstandigheden van de arbeiders aantrokken. Die moesten hard werken voor een klein loon. Om het gezin te kunnen voeden, moesten ook jonge kinderen meewerken. De eerste voorzichtige stappen naar invoering van sociale voorzieningen voor werknemers werden in de laatste jaren van de negentiende eeuw ondernomen. In 1887 werd het verbod op de

Centraal Bureau Sociale Adviezen

kinderarbeid ingevoerd en in 1898 werd het Centraal Bureau Sociale Adviezen opgericht om werkgevers en werknemers raad te geven bij het opzetten van regelingen in het belang van de arbeiders. Dit bureau was een initiatief van een groep van sociaalvoelende werkgevers zoals Van Marken, Stork en Van Besouw. Deze werkgevers kenden al eerder sociale arbeidsvoorwaarden voor hun personeel.

Vereeniging van Nederlandsche Werkgevers

In 1899 werd de Vereeniging van Nederlandsche Werkgevers opgericht, die werkgevers ondersteunde in het opstellen van vrijwillige sociale voorzieningen.

Als gevolg van de crisis na de Eerste Wereldoorlog ontstond er een samenwerking tussen overheid, werkgevers en werknemers. In 1919 was de

Arbeidswet

Arbeidswet een feit; daarin werden de werknemersvakbonden als onderhandelingspartners geaccepteerd. Er werden collectieve arbeidsovereenkomsten gesloten en langzamerhand ontstond het begrip dat het liberale kapitalisme als maatschappelijk uitgangspunt niet zaligmakend was.

Dezelfde katholieke kerk die in de negentiende eeuw had meegewerkt aan het in stand houden van het sociale-klassenstelsel besefte dat een goede balans tussen het (heidense) socialisme en het liberale kapitalisme een sterke basis kon zijn voor een solide maatschappij. In de doelstelling van ondernemingen vond een voorzichtige verschuiving plaats van winstmaximalisatie naar arbeidsparticipatie en beperking van werkeloosheid. Na de Tweede Wereldoorlog zagen velen in Nederland een hechte en constructieve samenwerking tussen overheid, de werkgeversorganisatie en de werknemersorganisatie als een essentiële voorwaarde voor economische groei en welvaart.
Continuïteit en werkgelegenheid werd een van de belangrijkste doelstellingen van het ondernemen. De balans tussen kapitalisme en socialisme was gevonden.

Midden jaren zeventig van de vorige eeuw bestond er in ondernemerskringen een steeds groter wordend besef over het feit dat de ondernemer ook een maatschappelijke verantwoordelijkheid had. Op de jaarvergadering

Nederlands Centrum van Directeuren

van het Nederlands Centrum van Directeuren stond in 1975 het 'fatsoenlijk ondernemerschap' op de agenda. In de European Council of Management werd gewerkt aan een beroepscode voor de professionele manager, waarin naast de zorg voor de eigen onderneming vijf verantwoordelijkheden werden onderscheiden: voor de leveranciers, de kapitaalverschaffers, de medewerkers, de consumenten en afnemers en ten slotte de gemeenschap.

In 1979 brak de oliecrisis uit, met als gevolg een sterke stijging van de olieprijzen. Er kwamen autoloze zondagen en de benzine was uitsluitend verkrijgbaar op de bon. Door de sterke stijging van energiekosten kwamen veel ondernemingen in zwaar weer. Faillissementen en massaontslagen waren het gevolg. Deze recessie werd niet beïnvloed door gedragingen van ondernemers of werknemers. Wel ontstond een reactie van ondernemers. Winst maken werd weer als belangrijk ervaren. De onderneming moest kapitaalkrachtiger worden. De recessie in de jaren tachtig werd de springplank naar een sterke economische groei. Het kapitalisme kende een groei in aanhang. Optieregelingen en winstdelingsregelingen werden geïntroduceerd waarbij het niet altijd Jan Modaal was die als genieter van deze voordelen werd benoemd.

1.3 Gedragscode

Ieder weldenkend mens zal geleerd hebben van de gebeurtenissen uit het recente verleden. Zo kan het niet doorgaan, dat is duidelijk. Er moet meer verantwoordelijkheidsbesef bij bestuurders van de ondernemingen komen. Het maatschappelijk belang moet zwaarder wegen dan het eigenbelang. Dat zijn natuurlijk mooie stellingen, maar de realiteit is anders. Een ingesleten mentaliteit is moeizaam te veranderen. De bonus aan het einde van het jaar is een substantieel deel van de bestuursbeloning. De bonus is afhankelijk van behaalde resultaten en resultaten kunnen altijd gemanipuleerd worden. Om de roep om verantwoordelijkheidsbesef kracht bij te zetten, moeten daarom duidelijke afspraken gemaakt worden over hoe goed besturen van een onderneming eruitziet.

1.3.1 Afspraken over goed ondernemingsbestuur

Welke eisen stelt de maatschappij aan een onderneming? Wat vindt de maatschappij van verantwoord ondernemen? Aan besturen, beheersen, controleren, informeren en toezicht houden moet inhoud gegeven worden:

- *Besturen.* De bestuurder moet verantwoordelijkheid dragen voor de genomen beslissingen en daar hoort dan een passende beloning bij.
- *Beheersen.* Het ondernemingsvermogen is de buffer voor de onderneming. Dit vermogen is bedoeld als risicodragend kapitaal. De banken en crediteuren financieren de onderneming omdat er risicodragend kapitaal als buffer aanwezig is. Het is dus absolute noodzaak dat deze buffer behouden blijft. Daarom moeten risico's van vermogensverlies beheersbaar worden gemaakt.
- *Controleren.* De waarde van het ondernemingsvermogen moet onafhankelijk van het bestuur gecontroleerd worden. Doordat controle plaatsvindt wordt meer zekerheid verkregen over het eigen vermogen.
- *Informeren.* Belanghebbenden zoals eigenvermogenverschaffers, banken, crediteuren, werknemers en overheid willen een beeld krijgen van de gang van zaken binnen de onderneming.
- *Toezicht houden.* De directie is verantwoordelijk voor het dagelijkse beleid. Om te beoordelen of dit dagelijkse beleid past binnen de ondernemingsplannen, wordt door de raad van commissarissen toezicht gehouden op het dagelijks bestuur.

Governance-cirkel

De hiervoor genoemde afspraken worden door mij samengevoegd in de governance-cirkel. Er is sprake van een continue verbinding tussen de elementen van goed ondernemerschap.
Alle afspraken over deze ondernemerstaken moeten tezamen leiden tot het voorkomen van misstanden.

1.3.2 Vastleggen en handhaven van de afspraken

Om van buiten de onderneming te kunnen beoordelen of de onderneming op een verantwoorde wijze wordt uitgeoefend, moeten afspraken over ondernemingstaken worden vastgelegd in regelgeving en moet op de naleving worden toegezien. De Verenigde Staten hebben een wet (Sarbanes-Oxley Act) ingevoerd, in Europa zijn gedragscodes geformuleerd.

Commissie Tabaksblat

Commissie Frijns

Nederland heeft de Nederlandse Corporate Governance Code, opgesteld door de Commissie Tabaksblat (ook wel de Code Tabaksblat genoemd naar de voorzitter van deze commissie, Morris Tabaksblat). Eind 2008 is de Nederlandse gedragscode aangescherpt door de Commissie Frijns.

1

De Nederlandse gedragscode (zie bijlage 1) heeft inmiddels een wettelijke status verkregen door verwijzing naar deze code in het Burgerlijk Wetboek (art. 2:391 lid 5 BW). De gedragscode is bedoeld voor de Nederlandse (statutaire zetel in Nederland) beursgenoteerde ondernemingen met een balanswaarde van meer dan 500 miljoen euro. De code is bedoeld om de verhoudingen tussen bestuur, commissarissen en aandeelhouders te regelen. De verhouding tot de werknemers is niet expliciet geregeld in de code, want hiertoe dient de Wet op de ondernemingsraden. De gedragscode bestaat uit principes over de verhouding tussen bestuurders, commissarissen en aandeelhouders, die zijn uitgewerkt in bestpracticebepalingen.

Een wet of een gedragsregel werkt uitsluitend als er sancties volgen indien de betreffende organisatie zich er niet aan houdt.

Naleving van de Code

NALEVING VAN DE CODE
Het bestuur en de raad van commissarissen zijn verantwoordelijk voor de corporate governance van de vennootschap en voor de naleving van deze Code. Naleving van de Code is gebaseerd op het 'pas toe of leg uit'-principe. Anders dan wetgeving biedt de Code flexibiliteit, omdat deze ruimte biedt om af te wijken van de principes en bestpracticebepaling. Het bestuur en de raad van commissarissen leggen aan de algemene vergadering verantwoording af over de naleving van de Code en voorzien eventuele afwijkingen van de principes en bestpracticebepaling van een inhoudelijke en inzichtelijke uitleg.

Placaat van Karel V

Wetgeving voor het voeren van onverantwoord bestuur is van alle tijden. Karel V had in de zestiende eeuw al een hekel aan kooplieden die hun afspraken niet nakwamen. Het Placaat van Karel V van 7 oktober 1531 bevatte een 'remedie tegens de banqueroeten en fugitiven'; dit art. 7 luidde:

> '… dat alle Koopluyden en Koopwyven, en alle andere persoonen, hen die koopmanschap onderwindende, die frauduleuselyk en by bedrog sullen gelt, silver, koopmanschappen of schulden van andere Koopluyden, of personen, vervoeren en wegdragen, en dewelke men heet Banquerouten, zyn en sullen wesen gehouden en geacht, als openbaire dieven…'

De uitgangspunten voor de naleving van de Code geeft aan dat er een gedeelde verantwoordelijkheid is van toezichthouders (raad van commissarissen) en dagelijks bestuur voor het gezond maken en houden van de onderneming. Dit is een nieuwe wending in de geschiedenis van het toezicht. Tot vóór de invoering van de recente gedragscode was uitsluitend het dagelijks bestuur verantwoordelijk voor de gang van zaken. De commissaris was een adviseur en als zodanig niet aansprakelijk voor misstanden in het besturen. Die tijd is geweest. Ook de commissaris zal bij misstanden uitleg moeten geven aan de belanghebbenden van de onderneming. In de nieuwe gedragscode worden aandeelhouders gestimuleerd om het stemrecht op de aandelen uit te oefenen. Van hen wordt gevraagd om kritisch te zijn ten aanzien van de governancemaatregelen die de onderneming heeft genomen.

Naleving van de gedragscode is inmiddels verplicht gesteld voor de beursgenoteerde ondernemingen op grond van art. 2:391 lid 5 BW.
Bij wanbeleid zal ook de toezichthouder (naast de dagelijkse bestuurder) aansprakelijk worden gesteld voor de gevolgen. De Hoge Raad heeft bepaald dat sprake is van onbehoorlijk bestuur indien de bestuurder een 'ernstig verwijt' kan worden gemaakt.
Uitsluitend de rechtpersoon zelf kan op grond van art. 2:9 BW een bestuurder aanspreken op onbehoorlijk bestuur. Voor een willekeurige derde is het instellen tot een vordering op grond van onrechtmatige daad mogelijk.

1

1.3.3 Uitgangspunten van de gedragscode

Bij het opstellen van de gedragscode hebben de opstellers zich laten leiden door uitgangspunten. Deze uitgangspunten staan in de zogenoemde preambule van de gedragscode (zie bijlage 1) vermeld.

Principes

Zoals eerder gezegd, bestaat de code uit *principes* (uitgangspunten), waarin de verhouding tussen bestuurders, commissarissen en aandeelhouders in benoemde situaties is vermeld. De principes zijn nader uitgewerkt in *bestpracticebepalingen*. De code geeft richtlijnen aan de bestuurders voor governanceprincipes. Er is ruimte tot aanpassing naar de eigen specifieke situatie van de individuele onderneming. Indien de onderneming meent dat afgeweken moet worden van de code, hoeft dit dus niet tot strijdigheid met de code te leiden. De onderneming moet in haar jaarverslaggeving uitleg geven over de toepassing van de code, met name daar waar zij afgeweken is van de principes en bestpracticebepalingen.

Bestpractice-bepalingen

Van belang is dat de uitleg bij afwijking in ieder geval de volgende elementen bevat:

I. de wijze waarop de vennootschap is afgeweken van het principe of de best practice bepaling;
II. de redenen voor afwijking;
III. indien de afwijking tijdelijk is en langer dan één boekjaar duurt, wordt aangegeven wanneer de vennootschap voornemens is het principe of de best practice bepaling weer na te leven; en
IV. in voorkomend geval, een beschrijving van de alternatieve maatregel die is genomen en een uiteenzetting hoe die maatregel de doelstelling van het principe respectievelijk de best practice bepaling bereikt, of een verduidelijking hoe de maatregel bijdraagt tot een goede corporate governance van de vennootschap.

De code gaat uit van een van het dagelijkse bestuur gescheiden toezicht door een raad van commissarissen. Dit model wordt niet altijd gevolgd; de code heeft daarom aanvullingen opgenomen voor een eenlaags bestuursmodel, waarin toezicht en dagelijks bestuur in één bestuurslaag plaatsvinden.

Eenlaags bestuursmodel

Het gaat in de gedragscode dus om ondernemerschap en toezicht op dit ondernemerschap.

1.3.4 Belanghebbenden van de onderneming

Belang-hebbenden

Corporate governance moet door de bril van belanghebbenden bekeken worden.
Belanghebbenden zijn natuurlijke personen en rechtspersonen die belang hebben bij het welslagen van de onderneming, de zogenoemde *stakeholders*.

Stakeholders

De belanghebbenden zijn de aandeelhouders, de werknemers en de maatschappij.
Het begrip stakeholders is in Nederland nieuw. Internationaal is het begrip al eeuwenoud.
In het Oxford-woordenboek van 1708 wordt het begrip benoemd als 'to have a stake in; to have something to gain or lose by the turn of events'.

Stakeholder theory

Al in 1959 legde Edith Penrose de basis voor de *stakeholder theory*. Zij zag de onderneming als een combinatie van inzet van middelen en belanghebbenden. In Nederland is de onderneming altijd als een samenwerking tussen kapitaal en arbeid gedefinieerd.
Dit is een kenmerkend verschil. De belanghebbenden zijn in de stakeholder theory meer betrokken bij de onderneming. In de Verenigde Staten kwam al in 1975 een verschuiving van stakeholder influence naar stakeholder participation. De belanghebbende moest uitgenodigd worden om actief te participeren in het ondernemen. Er werd een onderscheid gemaakt tussen juridisch verbonden belanghebbenden en sociaal/maatschappelijk verbonden belanghebbenden. De theorie is eigenlijk simpel. Als de onderneming weet met wie zij te maken heeft, kan ze goed inspelen op de specifieke wensen die de belanghebbende heeft.

Tabel 1.1 geeft aan wie juridisch verbonden belanghebbenden (contractual stakeholders) en wie sociaal/maatschappelijk verbonden belanghebbenden (community stakeholders) zijn.

TABEL 1.1 Contractual and community stakeholders

Contractual stakeholders	Community stakeholders
Shareholders	Consumers
Employees	Regulators
Customers	Government
Distributors	Pressure groups
Suppliers	Media
Lenders	Local communities

Tabel 1.2 geeft een overzicht van de belangrijkste groepen belanghebbenden, wat hun belang bij de onderneming is en hoe de onderneming daaraan tegemoet komt.

TABEL 1.2 What do stakeholders want?

Stakeholder	Expectations of stakeholder *from* the company	Nature of accountability *by* the company
Employees	Renumeration, employment security, conditions, training	Company reports, employment news, bargaining information
Owners	Dividends and share price appreciation	Annual report and accounts, merger and takeover information
Customers	Quality, service, safety, value for money	Sales literature, advertising, servicing
Bankers	Liquidity and solvency of company, value of security, cash generation	Cover ratios, collateral, cash forecasts

TABEL 1.2 What do stakeholders want? (vervolg)

Stakeholder	Expectations of stakeholder *from* the company	Nature of accountability *by* the company
Suppliers	Stable and enduring relationship	Payment according to terms
Government	Compliance with law, jobs, competitiveness, accurate data	Reports to official bodies, press releases
General public	Safety of operations, contribution to the community	Safety reports, press reports
Environment	Benign operations, substitution of non-renewable resources	Environmental reports, compliance reports

Bron: *Organisational Legitimacy and Stakeholder information Provision*, D.G. Woodward, F. Edwards and F. Birkin (1996), *British Journal of Management* 7 (4), 340

Het bestuur en de raad van commissarissen moeten dus rekening houden met de verschillende belangen van belanghebbenden, ook met de maatschappelijke aspecten van het ondernemen. De Commissie Frijns stelt in de preambule van de gedragscode:

> 'Goed ondernemerschap, waaronder inbegrepen integer en transparant handelen door het bestuur, alsmede goed toezicht hierop, waaronder inbegrepen het afleggen van verantwoording over het uitgeoefende toezicht, zijn essentiële voorwaarden voor het stellen van vertrouwen in het bestuur en het toezicht door de belanghebbenden. Dit zijn de twee steunpilaren waarop goede corporate governance rust en waarop deze Code ziet.'

Met name in de verhouding tussen bestuur en aandeelhouders kan enige spanning optreden. De belangen van deze betrokkenen kunnen uiteenlopen: de bestuurders dienen het algemene belang van de onderneming, de aandeelhouders dienen hun eigen belang. Overnames, het beloningsbeleid en de strategie leiden veelal tot discussie in de aandeelhoudersvergadering. Om deze discussies in goede banen te leiden, is een bijzondere taak aan de commissarissen toebedeeld.

1.4 Artikelen over spraakmakende boekhoudschandalen

Voor wie mee wil praten over boekhoudschandalen en voor wie kennis wil hebben van hetgeen economen, accountants en juristen als de casussen van de laatste decennia beschouwen, zijn de hiernavolgende krantenartikelen onmisbaar.
De artikelen geven een indruk van de noodzaak voor het opstellen van de Corporate Governance Code. Achtereenvolgens betreffen de artikelen het schandaal van de Amerikaanse energiereus Enron (waarbij ik de film over het schandaal van harte aanbeveel), van het Belgische softwarebureau Lernout en Hauspie met de verguisde spraakherkenningsoftware, van het telecommunicatiebedrijf WorldCom met de verzonnen investeringen en van de Italiaanse zuivelproducent Parmalat met zijn jaarrekeningfraude en valse leningdocumentatie.

Lees de artikelen en probeer een beeld te krijgen van de gevolgen van deze schandalen. In alle gevallen was de aandeelhouder lijdend voorwerp, de beurswaarde daalde tot nagenoeg nihil. Veel aandeelhouders verloren in enkele dagen hun spaarpot voor de oude dag.

DE VOLKSKRANT, 1 OKTOBER 2002

Enron-top handelde fors met voorkennis

VAN ONZE CORRESPONDENT BERT LANTING

WASHINGTON — **Een vooraanstaand Congreslid heeft de leiding van de failliete Amerikaanse energiegigant Enron beschuldigd van aandelenhandel met voorkennis.**
Een exclusief groepje van 29 topfiguren in het bedrijf verkocht de afgelopen twee jaar voor maar liefst 1,1 miljard dollar aan aandelen, tot vlak voordat de onderneming ten onder ging.

'Er zijn tamelijk sterke bewijzen dat het om handel met voorkennis ging', liet het Democratische Congreslid John Dingell van de commissie voor energie en handel, die een onderzoek naar de gang van zaken bij Enron instelt, gisteren weten. Het onderzoek draait vooral om de vraag wanneer de top van Enron doorkreeg dat het bedrijf in problemen verkeerde. Eind augustus verzekerde topman Kenneth Lay de werknemers nog in een interne e-mail dat hij zich 'nooit beter had gevoeld over de vooruitzichten voor de onderneming'. Een paar maanden later was Enron, eens het op zes na grootste bedrijf van de Verenigde Staten, failliet.
Lay heeft nu een reeks processen aan zijn broek, onder meer van Amalgamated Bank, die flink in het bedrijf had belegd. De bank beschuldigt Lay en de andere toplieden van het bedrijf ervan dat ze de aandeelhouders en de werknemers opzettelijk hebben misleid. Terwijl Lay en zijn collega's kans zagen een groot deel van hun aandelenopties op tijd te verzilveren, bleven de meeste werknemers met waardeloze aandelen zitten. Extra pijnlijk is dat hun pensioenplan vaak voor een groot deel uit Enron-aandelen bestond.
In totaal verkocht Lay tussen 1999 en juli 2001 voor 101 miljoen dollar aan aandelen. Een andere topmanager, Lou Pai, verkocht zelfs voor 354 miljoen dollar aan aandelen. Het totaalbedrag dat de 29 topmanagers binnenhaalden, kwam bijna overeen met de totale waarde van de Enron-aandelen van de overige twintigduizend werknemers samen. Amalgamated Bank probeert nu via de rechter beslag te laten leggen op de bankrekeningen van de Enron-top, maar dat is tot nog toe niet gelukt.
Het Enron-fiasco heeft tot een nieuwe discussie geleid over de gigantische bonussen die topmanagers zichzelf vaak toebedelen. Vooral het feit dat elf topmanagers van Enron vier dagen voor het bedrijf faillissement aanvroeg nog bonussen van 500 duizend tot vijf miljoen dollar per persoon kregen, heeft de nodige kritiek uitgelokt.
Critici betogen dat de leiding van het bedrijf wel van de problemen moest weten. Uiteindelijk werd de ondergang van het bedrijf ingeluid door de ontdekking dat Enron zijn verliezen wegmoffelde door het gebruik van bedenkelijke financiële constructies. Enron had de ongunstige cijfers overgeheveld naar partnerbedrijven waarvan de resultaten niet op de balans van Enron verschenen. Toen de accountantsfirma Andersen daar uiteindelijk herfst vorig jaar bezwaar tegen maakte, moest het bedrijf opeens een flink verlies melden over het derde kwartaal. Het was het begin van de ondergang van de onderneming.
Enron, dat ooit begon als een traditioneel energiebedrijf, groeide in de jaren negentig uit tot een energiemakelaar

zonder weerga, dankzij internet. Op het hoogtepunt nam het bedrijf maar liefst een kwart van de energiehandel in de Verenigde Staten voor zijn rekening. Het bedrijf opereerde de laatste jaren ook op allerlei andere terreinen, zoals de handel in verzekeringspolissen tegen bijvoorbeeld ongunstige weersomstandigheden. Daarnaast begaf het bedrijf zich ook in de markt voor breedbandtechnologie en snelle internetverbindingen.
Begin vorig jaar stond Enron nog op een koers van 90 dollar per aandeel, maar in november was dat gereduceerd tot een quarter, ofwel 25 dollarcent.

ALGEMEEN DAGBLAD, 20 MEI 2007

Belgisch proces met liefst 14.000 eisers

DOOR FRANS BOOGAARD

In Gent begint maandag het monsterproces tegen de voormalige wonderboys Jo Lernout en Pol Hauspie. Ooit waren de twee wereldvermaard door hun sprekende computers, nu staan ze voor de rechter wegens fraude.

1 Monsterproces?
Zeker! Consumentenorganisatie Test-Aankoop en adviesbureau Deminor vertegenwoordigen alleen al 13.368 kleine spaarders. Nog eens ruim 500 gedupeerden trekken apart naar het hof. Er zijn 21 beklaagden en 90 advocaten, het dossier – dertig dozen – telt 350.000 pagina's. Om maximaal duizend bezoekers te kunnen ontvangen, wijkt het hof uit naar een congrescentrum.

2 Waar gaat het om?
Jo Lernout en Pol Hauspie, twee softwarecowboys uit Ieper, ontwikkelen tussen 1987 en 2000 sprekende computers. Hun bedrijf 'boomt' als een gek, zelfs Bill Gates (Microsoft) neemt er aandelen in. Wonderboys Lernout en Hauspie kopen de ene concurrent na de andere uit, maar na publicaties in de Wall Street Journal over geknoei met verkoopcijfers in Zuid-Korea, spat de zeepbel uiteen.
Lernout en Hauspie, nu aangeklaagd wegens schriftvervalsing, koersmanipulatie en geknoei met jaarrekeningen, voerden fictief de omzet van hun bedrijf op om sneller dan snel te kunnen groeien. En dit allemaal ten koste van hun beleggers.

3 En nu?
Duizenden kleine spaarders, van wie velen voor het eerst op de aandelenmarkt, willen hun geld terug. Alleen al de 13.368 van Test-Aankoop/Deminor eisen 300 miljoen euro. Zij voelen zich misleid, niet alleen door Lernout en Hauspie, maar ook door toppolitici als oud-premier Jean-Luc Dehaene en oud-vice-premier Johan Vande Lanotte, die mét kroonprins Filip ronkende verklaringen aflegden over het bedrijf.

4 Was het bedrijf zo slecht?
Nee, de technologie was in orde. Het Amerikaanse Nuance (Scansoft), dat in 2001 de boel overnam, doet gouden zaken. Maar alle gebouwen van LH in Ieper staan leeg.

5 En Lernout en Hauspie?
Het tweetal is gefrustreerd voor het leven. Jo Lernout begon op de Filippijnen met een nieuwe vriendin een chocoladefabriek, Pol Hauspie – eveneens gescheiden – dook onder en mijdt de pers.
Lernout en Hauspie zijn weliswaar geen vrienden meer, maar ze laten elkaar zakelijk niet vallen.

1

DE VOLKSKRANT, DOSSIER BEDRIJFSSCHANDALEN, 26 AUGUSTUS 2006 (BEWERKT)

Sjoemelend WorldCom breekt elk record

VAN ONZE VERSLAGGEVER
DOUWE DOUWES

AMSTERDAM — **Alles was groot aan WorldCom, na AT en T het grootste telecombedrijf van de VS. De omzet, de winst, het netwerk - en nu de fraude. De VS zetten zich schrap voor het grootste bankroet uit de geschiedenis.**

In het najaar van 1999 stond telecombedrijf WorldCom op het punt om zijn concurrent Sprint over te nemen. De overname van Sprint, destijds de derde partij op de markt, zou 127 miljard dollar kosten, en was daarmee de grootste overname aller tijden. WorldCom stond op het hoogtepunt van zijn macht.
Amper drie jaar later is WorldCom vervallen tot de paria van de Amerikaanse telecomwereld. Een golf van rampspoed overspoelt het bedrijf, al dan niet over zichzelf uitgeroepen. De overname van Sprint werd in de zomer van 2000 verhinderd door de Amerikaanse mededingingsautoriteiten, het bedrijf staat sinds maart in de belangstelling van beurstoezichthouder SEC, en topman Bernie Ebbers, de man die het bedrijf groot maakte, moest in mei aftreden. Woensdag bleek het bedrijf betrokken te zijn bij de grootste boekhoudkundige fraude uit de Amerikaanse geschiedenis, in dollars groter dan het gesjoemel bij het inmiddels failliete energiebedrijf Enron.
Bernie Ebbers, een voormalige basketbalcoach, stiet het voormalige LDDS in de jaren negentig op in de vaart der volkeren. Dankzij agressieve expansie groeide het kleine telecombedrijf LDDS uit Clinton, Mississippi, uit tot de tweede speler op de Amerikaanse telecommarkt. In minder dan tien jaar tijd deed WorldCom ruim zestig acquisities, van steeds grotere partijen. De overname van MCI in 1998 voor 40 miljard dollar was het voorlopige hoogtepunt van die strategie, die mede mogelijk werd gemaakt door een almaar stijgende beurskoers. Het leverde WorldCom een fijnmazig netwerk met 20 miljoen klanten op.
Ook in Europa liet WorldCom zich niet onbetuigd. In 1997 meldde het bedrijf zich als eerste concurrent van de Nederlandse PTT Telecom. WorldCom bood bedrijven telefonie aan met kortingen tot 50 procent. Inmiddels telt de Nederlandse vestiging ongeveer 1.100 werknemers.
Aan de expansiestrategie kwam in de zomer van 2000 een eind met het blokkeren van de Sprint-transactie. Daarna ging het snel bergafwaarts met WorldCom. De telecommarkt bleek minder snel te groeien dan verwacht, de koers kwam onder druk, en de druk van rentebetalingen over de enorme schuld werd almaar groter.
In maart van dit jaar begon beurstoezichthouder SEC een onderzoek naar de handel en wandel van het bedrijf. De leningen ter waarde van 408 miljoen dollar die het bedrijf aan Ebbers had verstrekt kregen speciale aandacht. In mei werd de topman gedumpt.
Woensdag volgde de klap op de vuurpijl: de ontdekking van boekhoudfraude van 3,8 miljard dollar. WorldCom heeft in de afgelopen vijf kwartalen voor 3,8 miljard dollar aan lopende uitgaven als investeringen geboekt. Nu de resultaten moeten worden aangepast, zal voor elk van de laatste vijf kwartalen een verlies resteren. Vorig jaar echter rapporteerde WorldCom een nettowinst van 1,5 miljard dollar, op een omzet van 35 miljard dollar. In het eerste kwartaal claimde het bedrijf nog 130 miljoen te hebben verdiend.
Het nieuws komt op een moment dat het vertrouwen in corporate America al op een dieptepunt is. De afgelopen maanden is een hele reeks aan onthullingen over sjoemelende bedrijven over de beleggers uitgestort. Maar met het geval WorldCom is de onrust naar een nieuw niveau getild. De 3,8 miljard die het bedrijf valselijk heeft geboekt is het grootste bedrag ooit.

Veel financieel analisten verwachten dat een bankroet voor WorldCom na de onthulling niet uit kan blijven. Het zou het grootste faillissement in de geschiedenis zijn. In dat geval moeten 61.800 mensen voor hun baan vrezen, inclusief de 1.100 in Amsterdam. Het bedrijf heeft al aangekondigd dat het vrijdag begint met het wegsnijden van 17 duizend arbeidsplaatsen.

DE VOLKSKRANT, 27 DECEMBER 2003 (BEWERKT)

13 Miljard zoek bij Parmalat

VAN ONZE CORRESPONDENT MICHAËL ZEEMAN

Het financiële gat dat de Italiaanse melkfabriek Parmalat heeft weten te delven zou wel eens in de buurt van de dertien miljard euro kunnen uitkomen. Dat zeggen direct betrokkenen bij het strafrechtelijk onderzoek dat afgelopen week in Milaan en Parma van start is gegaan.

Dinsdag en woensdag werd Fausto Tonna verhoord, de man die vijftien jaar financieel directeur van Parmalat is geweest. Tonna was al die tijd de rechterhand van Calisto Tanzi, algemeen directeur en, samen met zijn familie, grootaandeelhouder van Parmalat.

De financieel directeur, die begin dit jaar bij Parmalat vertrok, heeft zich erop beroepen dat zijn baas voortdurend van alle financiële perikelen en constructies op de hoogte is geweest. Het knoeien met balansen en jaarcijfers zou in 1988 zijn begonnen, juist voordat Parmalat naar de beurs ging. Nog altijd is 51 procent van de aandelen, middels een holding, in bezit van de Tanzi's.

Woensdag zijn ook de beide opvolgers van Tonna gehoord. De drie financieel directeuren samen bleken niet in staat op een miljard nauwkeurig te zeggen hoe groot het tekort is dat ze zelf hebben helpen creëren en afdekken. Het lijkt erop dat justitie betrekkelijk snel het mozaïek aan subversieve boekhoudkundige bezigheden denkt te kunnen reconstrueren.

Ondertussen werkt de Italiaanse regering naarstig aan verbetering van het toezicht op beursgenoteerde ondernemingen. Als de verhalen van de financieel directeuren van Parmalat kloppen, hebben er immers vijftien jaar zeer grove leugens en falsificaties gestaan in de jaarcijfers van een door accountants en de Consob gecontroleerde onderneming.

Minister van Financiën Giulio Tremonti stuurt er op aan de taken van de Consob, het orgaan dat bedrijven controleert die hun aandelen op de beurs verhandelen, te verzwaren en de bevoegdheden daarvan uit te breiden. Daartoe is in de laatste dagen voor kerst druk overleg gevoerd tussen de diverse betrokken ministers en de directeuren van de Banca d' Italia en de Consob. De verwachting is dat er al op 8 januari, wanneer de regering na het kerstreces haar werkzaamheden hervat, al noodmaatregelen zullen worden afgekondigd.

Voor veel beleggers komen die te laat. Bij het parket in Milaan zijn honderden faxen binnengekomen van beleggers voor wie de melk zuur is. Circa duizend beleggers zouden ieder over ten minste twintigduizend obligaties van Parmalat beschikken. Die zijn niets meer waard.

Ook de landbouwcommissaris van de Europese Unie, Franz Fischer, heeft zich al gemeld. Hij heeft de regering in Rome verzocht om een officiële rapportage.

De noodmaatregelen van de Italiaanse regering tarten mogelijk de verordeningen van de EU. De Italiaanse regering

1

doet er alles aan het feitelijk failliete Parmalat te beschermen, opdat de werkgelegenheid, de afname van melk van de boeren en de zuivelproductie niet in gevaar komen.

Ex-directeur Tanzi is Italië ontvlucht. Zijn familie liet echter weten dat hij niet op de loop is voor de gevolgen van het gerommel, en dat hij na de kerstdagen gewoon weer in Italië terugkeert.

DE VOLKSKRANT, AUGUSTUS 2015 (BEWERKT)

Wat ging er mis bij Imtech?

Jarenlang was Imtech een van de beurslievelingen van het Damrak, maar sinds begin 2014 ligt het aandeel zwaar onder vuur. Fraude en mismanagement hebben het bedrijf in grote financiële problemen gebracht.

Imtech was een technisch dienstverlener op het gebied van onder meer elektrotechniek en ICT. Het concern bestaat uit een tachtigtal bedrijven, voornamelijk actief in de Benelux, Duitsland en een groot aantal andere Europese landen. Met ruim 20.000 werknemers is het concern goed voor een omzet van een kleine 4 miljard euro.

Op 4 februari 2013 maakte Imtech bekend dat het zich verslikt had in de aanleg van een groot Pools pretpark, een project van 800 miljoen euro dat uiteindelijk totaal niet van de grond kwam en het bedrijf een tegenvaller van honderden miljoenen zou kunnen gaan opleveren. De beurskoers halveerde die dag bijna en bleef verder dalen toen de problemen zich verdiepten en meer duidelijk werd over corruptie, wanbeleid en zelfverrijking binnen het bedrijf in met name Duitsland.

In Polen bleek sprake van fraude en verkeerde informatie over schuldposities. Ook bleken bepaalde projecten, met het pretpark als meest treffende voorbeeld, er veel slechter voor te staan dan gedacht. Ook in Duitsland kwamen grote misstanden aan het licht, waaronder een dubbele boekhouding, het doorschuiven van verliezen en het achterhouden van informatie over tegenvallers bij projecten.

De controle vanuit de Nederlandse top is volgens verschillende rapporten flink tekort geschoten. Zo werd de directie de afgelopen jaren al regelmatig gewaarschuwd voor de misstanden in Duitsland en Oost-Europa, maar werd vervolgens niet of niet voldoende ingegrepen.
In plaats daarvan was eerder sprake van een cultuur om de zaken mooier voor te stellen en problemen te bagatelliseren. Daardoor hielden de problemen aan en werden deze alleen maar groter.

De rechtbank in Rotterdam heeft uiteindelijk op donderdag 13 augustus 2015 het bedrijf failliet verklaard.

Samenvatting

In dit eerste hoofdstuk zijn de oorzaken van de hedendaagse roep om corporategovernanceregelgeving besproken. Die oorzaken zijn de boekhoud- en beursschandalen, met als oorsprong het frauduleuze gedrag van bestuurders. De verstoring van de balans tussen kapitalisme en socialisme is de belangrijkste kern voor de boekhoudschandalen. Om verder schandalen te voorkomen is de gedragscode, de Nederlandse Corporate Governance Code opgesteld. De code regelt de verhoudingen tussen bestuur, commissarissen en aandeelhouders. Zij bevat principes (uitgangspunten) en bestpracticebepalingen die uitwerking geven aan de principes. De code is opgesteld door de Commissie Tabaksblat en aangevuld door de Commissie Frijns. De Amerikaanse wetgeving op dit gebied is opgesteld door Sarbanes en Oxley.
Corporate governance beschermt de belanghebbenden; dit zijn natuurlijke personen en rechtspersonen die belang hebben bij het welslagen van de onderneming, ofwel stakeholders. De belanghebbenden zijn de aandeelhouders, de werknemers en de maatschappij.

Vragen en opdrachten

1.1 Welke situatie heeft tot de ondergang geleid van internetaanbieder World Online?

1.2 Wat was de doelstelling van het Centraal Bureau Sociale Adviezen?

1.3 Welk gevolg heeft de invoering van de Arbeidswet gehad voor de invloed door werknemers?

1.4 **a** Wat wordt bedoeld met de boekhoudschandalen?
b Geef vier voorbeelden waarbij boekhoudschandalen hebben geleid tot de ondergang van een onderneming.

1.5 Welke ondernemingstaken dienen als uitgangspunt voor de Corporate Governance Code?

1.6 Naar wie is de Nederlandse Corporate Governance Code genoemd?

1.7 Wie zijn volgens de gedragscode verantwoordelijk voor de governancestructuur binnen een onderneming?

1.8 Wat wordt bedoeld met een 'afvinkmentaliteit ' ten aanzien van de gedragscode?

1.9 Waar gaat het Placaat van Karel V over?

1.10 Wat wordt bedoel met het begrip stakeholder?

1.11 Leg uit hoe de stakeholder theory werkt.

1.12 Voor welke ondernemingen is de Nederlandse gedragscode bedoeld?

1.13 Wat wordt in de gedragscode geregeld?

1.14 Waaruit is de gedragscode opgebouwd?

1.15 Welk toezichtmodel is als uitgangspunt genomen voor de inrichting van de Nederlandse gedragscode?

1.16 Wat zijn de twee steunpilaren van corporate governance volgens de Commissie Frijns?

1.17 Wat was de kern van de problematiek in het Enron-schandaal?

1.18 Welke omzet was cruciaal in de zaak Lernout en Hauspie?

1.19 Bij de zaak WorldCom ging het om een rekening-courantvordering op de directeur. Welk bedrag was hiermee gemoeid?

1.20 Waarom ging het mis bij Parmalat?

1.21 Waarom ging het mis bij Imtech?

2 Bestuur van de organisatie

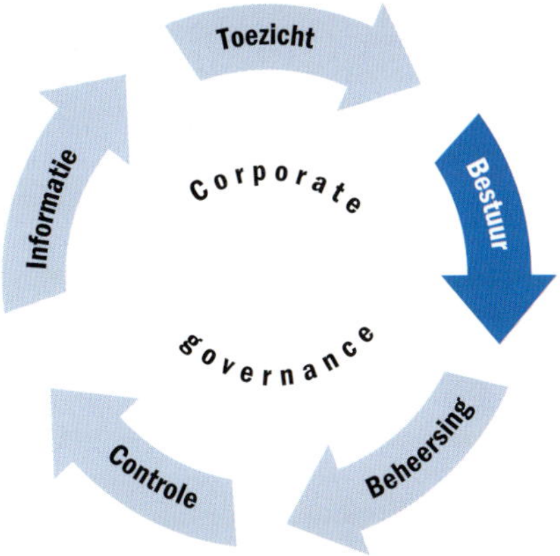

Het eerste element in de governance-cirkel betreft het bestuur van de organisatie. In een ondernemingsplan worden de ondernemingsdoelen bepaald. De ondernemingsactiviteiten nemen hun aanvang. Doelstellingen, strategie, risicoprofiel, resultaat, maatschappelijke aspecten en beloond worden, dat zijn kenmerkende governance-elementen van bestuur. Kort gezegd: hoe een bestuurder een organisatie moet besturen. De doelstellingen uit het ondernemingsplan zijn de leidraad voor ondernemingsbestuur. De bestuurder is verantwoordelijk voor het behalen van de gestelde doelen. Voor het behalen van de doelen wil de bestuurder vervolgens wel een passende beloning ontvangen. Bij die beloning hoort een afweging tussen kundigheid en resultaat. Kundigheid is meetbaar, bijvoorbeeld aan de hand van behaalde resultaten in het verleden. Dat zegt natuurlijk niet alles over de toekomst. Belangrijk bij het beoordelen op resultaat is in hoeverre

de bestuurder invloed kan uitoefenen op dit resultaat. Natuurlijk kan iemand de cijfers 'maken', maar invloed op de economie uitoefenen is een ander verhaal. De beloning kan dus niet uitsluitend gebaseerd zijn op de realisatie van gestelde doelen.
Een goed bestuurder heeft zijn focus op de belangen van zijn onderneming en laat zich niet in met functies en werkzaamheden die een strijdigheid met dit belang van de onderneming kunnen oproepen.

2.1 Langetermijnwaardecreatie

Principe Lange termijn waardecreatie

PRINCIPE 1.1 LANGE TERMIJN WAARDECREATIE
Het bestuur is verantwoordelijk voor de continuïteit van de vennootschap en de met haar verbonden onderneming. Het bestuur richt zich op de lange termijn waardecreatie van de vennootschap en de met haar verbonden onderneming en weegt daartoe de in aanmerking komende belangen van de stakeholders. De raad van commissarissen houdt toezicht op het bestuur terzake.

Het eerste hoofdstuk uit de nieuwe code gaat over de langetermijnwaardecreatie van een organisatie. Een belangrijke oorzaak van recente boekhoudschandalen is gelegen in druk op het ondernemingsbestuur om de aandeelhouderswaarde (beurskoers en dividend). Sjoemelsoftware en de Panamapapers zijn sprekende voorbeelden van een onzorgvuldig gekozen strategie voor de waardecreatie. De kortetermijnvisie speelde een doorslaggevende rol in deze voorbeelden. Gevolg is dat er onrust ontstaat, waarbij de brede kring aan belanghebbenden zich niet meer verbonden voelt met de normen van een organisatie. Het gaat in de moderne maatschappij niet uitsluitend over winst. Een stabiele organisatie met oog voor de maatschappelijke ontwikkelingen draagt bij aan een gezond economisch klimaat op de lange termijn.

Maatschappelijk verantwoord ondernemen is daarom enige jaren steeds meer kernpunt van het ondernemingsbeleid in de Westerse landen. In de vorige code werd hier reeds aandacht aan geschonken, maar niet zo expliciet als in de nieuwe code. Langetermijnwaardecreatie en ondernemingscultuur zijn kernbegrippen in de nieuwe code. De uitgangspunten van het GRI over geïntegreerd rapporteren passen hier uitstekend bij. In hoofdstuk 5 kom ik hier uitgebreid op terug.

Langetermijnwaardecreatie vraagt om een gedegen strategie. Het bestuur van een organisatie is verantwoordelijk voor het opstellen en uitvoeren van deze strategie. In dit hoofdstuk ga ik in op de strategie en doelstellingen van een organisatie en breng deze in samenhang met de business balanced scorecard.

Strategische keuzes leiden tot risico's, maar bieden ook kansen. Het bestuur maakt weloverwogen keuzes en draagt zorg voor een adequate beheersing van de gesignaleerde risico's In hoofdstuk 3 komt de risicobeheersing aan bod.

Hoe bestuurt het bestuur een onderneming? Om deze vraag te kunnen beantwoorden, moet ik eerst vaststellen wat een onderneming is. De definitie in de Van Dale luidt:

> Een onderneming is een op winst gericht bedrijf dat voor eigen risico werkt.

Onderneming

Een onderneming betreft van oudsher een activiteit van één of meerdere personen gericht op het behalen van voordeel (winst). In de huidige samenleving is een onderneming natuurlijk veel maar dan een 'winstmachine'. Maatschappelijke belangen spelen bij middelgrote en grote ondernemingen een belangrijke rol. De uitgangspunten van het ondernemen zijn uiteindelijk terug te vinden in de gestelde doelen van de onderneming. Ik vergelijk het besturen van een onderneming met het besturen van een auto, door middel van het figuur van het ondernemingschassis, waarin de ondernemingsdoelstellingen het chassis van de onderneming vormen. Deze ondernemingsdoelstellingen staan in het ondernemingsplan en moeten vertaald worden naar doelstellingen op tactisch en operationeel niveau.

Ondernemingschassis

2.1.1 Ondernemingschassis

Een onderneming bestaat uit een samenvoeging van mensen en middelen. Door het toepassen van een optimale mix vindt de realisatie van de doelstellingen plaats. De kunst is dus om deze mix goed te bepalen, te behouden en vervolgens ook steeds verder te optimaliseren. De onderneming kan goed worden vergeleken met een auto. De basis wordt verkregen door een stevig chassis van doelstellingen. Ik noem dit model het ondernemingschassis (zie figuur 2.1). Deze doelstellingen worden gedragen door een goede samenwerking tussen mensen en middelen. Zodra de auto optimaal is samengesteld, kunnen perfecte rij-prestaties worden verkregen. Het enige wat dan nog ontbreekt, is de bestuurder. Een rijbewijs alleen is niet voldoende om een goed bestuurder te zijn. Zo moet de bestuurder bijvoorbeeld letten op veranderende omstandigheden in het verkeer en indien hij niet let op de brandstofmeter, staat de auto plotseling stil. Een goede bestuurder moet dus letten op omstandigheden buiten de auto en controle houden over de werking van de auto. De bestuurder moet daarom ook zorgdragen voor het onderhoud aan de auto.

FIGUUR 2.1 Ondernemingschassis

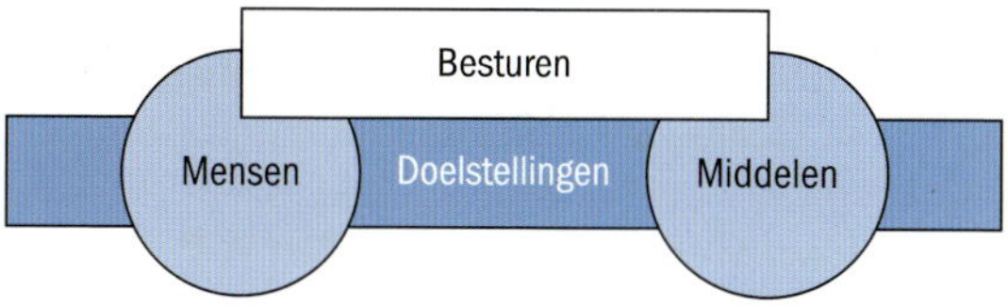

Ondernemingsdoelen

Het werkt voor de bestuurder van een onderneming net als voor de bestuurder van de auto. De bestuurder moet alert zijn op omstandigheden die van invloed zijn op het welslagen van de ondernemingsdoelen.

Omdat het besturen een lastige klus is, moet de kwaliteit van de bestuurder regelmatig beoordeeld worden. De governancecode stelt dat een bestuurder voor een periode van maximaal vier jaar benoemd wordt. Herbenoeming is mogelijk; de onderneming wil iemand die goed presteert, niet graag kwijt.

Strategie voor lange termijn waardecreatie

BEST PRACTICE 1.1.1 STRATEGIE VOOR LANGE TERMIJN WAARDECREATIE

Het bestuur ontwikkelt een visie op langetermijnwaardecreatie van de vennootschap en de met haar verbonden onderneming en formuleert een daarbij passende strategie. Afhankelijk van de marktdynamiek kunnen korte termijn aanpassingen van de strategie nodig zijn.
Bij het vormgeven van de strategie wordt in ieder geval aandacht besteed aan:

I. de implementatie en haalbaarheid van de strategie;
II. het door de vennootschap gevolgde bedrijfsmodel en de markt waarin de vennootschap en de met
III. haar verbonden onderneming opereren;
IV. kansen en risico's voor de vennootschap;
V. de operationele en financiële doelen van de vennootschap en de invloed ervan op de toekomstige
VI. positie in relevante markten;
VII. de belangen van de stakeholders; en
VIII. andere voor de vennootschap en de met haar verbonden onderneming relevante aspecten van ondernemen, zoals milieu, sociale en personeelsaangelegenheden, de keten waarin de onderneming opereert, eerbiediging van mensenrechten en bestrijding van corruptie en omkoping.

2.1.2 Doelstellingen en ondernemingsplan

Een goede formulering van de ondernemingsdoelen verschaft een goed beeld van de risico's die een onderneming loopt in de verwezenlijking van die doelstellingen. Kapitaalverschaffers weten waar ze aan toe zijn. Ook de code bepreekt het belang van een goede formulering van ondernemingsdoelstellingen. In de bestpracticebepalingen over het besturen is opgenomen dat het bestuur van de onderneming een ondernemingsplan opstelt en dit plan ter goedkeuring voorlegt aan de raad van commissarissen. In dit voor te leggen plan dienen de volgende vier onderwerpen aan de orde te komen:

Ondernemingsplan

1 de operationele en financiële doelstellingen van de vennootschap;
2 de strategie die moet leiden tot het realiseren van de doelstellingen;
3 de randvoorwaarden die bij de strategie worden gehanteerd, bijvoorbeeld ten aanzien van de financiële ratio's; en
4 de voor de onderneming relevante maatschappelijke aspecten van ondernemen.

Om het ondernemingsplan te kunnen maken, moet de onderneming een beeld hebben van haar ondernemingsdoelstellingen. Dit is geen eenvoudige zaak. Een goede formulering van de doelstellingen is de basis voor succes. Slecht geformuleerde doelstellingen leiden tot verwarring en uiteindelijk tot een onbestuurbare organisatie.

Een systematische indeling van de doelstellingen vereenvoudigt de opstelling en versterkt de uitvoerbaarheid van het plan. De hoofddoelen van een organisatie kunnen als volgt worden ingedeeld:

a economisch georiënteerde doelstellingen:
- ondernemingswaarde
- continuïteit
- marktaandeel

b sociaal georiënteerde doelstellingen:
- milieu
- werkgelegenheid
- omgeving

Economisch georiënteerde doelstellingen

Continuïteit

Ad a Economisch georiënteerde doelstellingen

De groei van de ondernemingswaarde is van oudsher een fundamentele doelstelling van een profitorganisatie.

Aandeelhouderswaarde

De aandeelhouderswaarde is in het economisch perspectief een cruciaal element van de ondernemingswaarde. Eigenvermogenverschaffers moeten geïnteresseerd worden om risicodragend kapitaal te verschaffen. De verschaffer van risicodragend kapitaal wenst een behoorlijke vergoeding voor het gelopen risico. In de doelstelling zal opgenomen moeten worden welk rendement op het risicodragend (eigen) vermogen wenselijk is. Verwachte ratio's zoals de rentabiliteit op het eigen vermogen (REV) en het rendement op aandelen (payout ratio) zijn onderdeel van de doelstellingen.

Ondernemingswaarde

Ook de andere belanghebbenden (stakeholders) zijn betrokken bij de ondernemingswaarde.

Een sterke waarde geeft immers meer zekerheid over de rentevergoeding en aflossing van vreemd vermogen. De werknemer is verzekerd van zijn arbeidspositie en de overheid verkrijgt belastingopbrengsten.

Bij de non-profitorganisatie is deze doelstelling vanzelfsprekend van minder betekenis. Hierbij merk ik wel op dat ook in deze sector steeds vaker gestuurd wordt op de ondernemingswaarde. Denk hierbij aan de discussies in de jaren 2008 en 2009 binnen de zorgsector. Ook zorginstellingen kunnen failliet gaan. Een gezonde vermogenspositie is ook bij deze organisaties van een steeds groter belang. Behoud en stabiele aangroei van het vermogen zullen dan ook onderdeel zijn van de doelstellingen.

Continuïteit is veelal ook een elementaire doelstelling. Er kan strijdigheid optreden met de doelstelling van ondernemingswaarde, zeker indien het rendement op korte termijn hoger is dan op lange termijn. Door het uitmelken van de markt bijvoorbeeld: nadat de markt verzadigd is, komt de continuïteit op het spel te staan.

De twee hoofddoelstellingen gaan echter ook goed samen. Zonder winst geen continuïteit. Zonder continuïteit geen aandeelhouderswaarde.

Ook bij de formulering van deze hoofddoelstelling vormen de verwachte ratio's een onderdeel van de doelstelling, met name de solvabiliteit (debt ratio) en liquiditeit.

Continuïteit hoeft op zich geen hoofddoel te zijn. Er zijn organisaties die opgericht worden voor een bepaald project of met een vastomlijnde duur. In de bouwsector komen vaak samenwerkingsvormen voor die opgezet zijn voor een bepaald project, zoals het aanleggen van de kanaaltunnel. Zodra de tunnel opgeleverd is, houdt het samenwerkingsverband op.

Non-profitacties zoals 'Help de slachtoffers van de tsunami' houden op met bestaan zodra de activiteit afgewikkeld is.

De laatste economische doelstelling is het behalen van een bepaald *markt-aandeel*. Om als organisatie te kunnen functioneren, moet zij een helder beeld hebben van de markt waarin zij een rol wil spelen. Hoe groot is de markt en welk marktaandeel kan worden verworven? Omzet is kenmerkend voor deze doelstelling. Verwachte omzetgroei en omzetomvang in verhouding tot de markt zijn meetbare grootheden die in de doelstellingen worden opgenomen.

Omzetmaximalisering kan een doel zijn, maar ook omzetstabilisering kan dat zijn. Concurrentie in de markt houdt de onderneming scherp. De enige aanbieder (monopolist) zijn lijkt een ideaal, maar kan leiden tot gemakzucht. Stapt er vervolgens een nieuwe aanbieder in de markt, dan kan dat enorme gevolgen met zich meebrengen. De werknemers van TPG Post ondervinden deze gevolgen aan den lijve.

Groeidoelstelling Athlon Holding

Winstgroei en continuïteit zijn de ondernemingsdoelen van Athlon Holding. Volumegroei is hiervoor een voorwaarde. Ten eerste om de internationale concurrentiepositie te kunnen handhaven in Europese markten waarin naar verwachting op termijn een beperkt aantal grote spelers dominant zal zijn. Ten tweede om schaalvoordelen te kunnen behalen, bijvoorbeeld op het gebied van financiering, inkoop en ICT.
Als financiële doelstelling wil Athlon, te rekenen vanaf 1 januari 2004, de omzet en de leaseportefeuille tot 2009 met ten minste 50% laten groeien, deels autonoom, deels door acquisities. Deze groei mag geen afbreuk doen aan de winst per contract. Dit kan worden bereikt door verlaging van inkoop- en onderhoudskosten, genereren van volume en uitbreiding van het dienstenpakket.
Acquisities moeten na minimaal een jaar bijdragen aan de groei van de winst per aandeel.

Daarnaast streeft Athlon naar een resultaat voor belastingen van jaarlijks gemiddeld minimaal 20% van het eigen vermogen en een jaarlijkse gemiddelde autonome groei van de winst per aandeel van 5 tot 10%. Voorts is het beleid erop gericht de huidige credit ratings van Standard & Poor's en Moody's ten minste te handhaven en waar mogelijk te verbeteren.

Bij het realiseren van de ondernemingsdoelen richt Athlon zich op internationale zakelijke markten. Uit onderzoek blijkt dat bij het Europese bedrijfsleven de tendens van outsourcing nog steeds toeneemt.
De Europese leasemarkten zouden in elk geval tot 2010 nog groeien met zo'n 4% per jaar. In de landen waarin Athlon actief is, varieert de gemiddelde jaarlijkse groei naar verwachting tussen 2 en 4%. In Spanje wordt een groei van circa 8% verwacht.

Ad b Sociaal georiënteerde doelstellingen
Bij de sociaal georiënteerde doelstellingen worden de uitgangspunten van duurzaam ondernemen geformuleerd. Internationaal spreekt men over sustainability. Duurzaam ondernemen betreft de wijze waarop de organisatie omgaat met de omgeving, het milieu en de werkgelegenheid, en welke plaats de onderneming inneemt binnen de maatschappij, lokaal, nationaal en internationaal. Naarmate het maatschappelijk belang van het welslagen van de onderneming groter wordt, neemt de relevantie van deze hoofddoelstelling toe.

Sociaal georiënteerde doelstellingen

Sustainability

In de huidige maatschappij is de zorg voor de omgeving niet meer weg te denken. De organisatie maakt gebruik van de omgeving en moet als tegenprestatie iets terugdoen voor deze omgeving. Een zorgvuldige afweging van de maatschappelijke aspecten zal leiden tot een grote acceptatie van overlast door de omgeving. In hoofdstuk 5 wordt de maatschappelijke verslaggeving behandeld.

2

De operationele en financiële doelstellingen moeten aan de raad van commissarissen ter goedkeuring worden voorgelegd, zo stelt de governancecode. Ook de strategische keuzes die moeten leiden tot de realisatie van de doelstellingen, behoeven goedkeuring.

2.2 Vertalen van de ondernemingsdoelstellingen binnen de organisatie

In de gedragscode wordt de verantwoordelijkheid voor het behalen van de doelen gelegd bij het bestuur. Het bestuur moet dus grip hebben op de manier waarop de werknemers deze doelen kunnen behalen. Nadat de ondernemingsdoelstellingen gedefinieerd zijn, moeten deze vertaald worden naar taken en instructies voor de werknemers binnen de organisatie. Deze taken en instructies moeten leiden tot het nemen van verantwoordelijkheid door de werknemer. Een instrument om dit te effectueren is management by objectives.

Management by objectives

De ondernemingsdoelstellingen moeten dus worden omgezet in strategieën. Om een gesteld doel te bereiken is een vastomlijnd plan een absolute voorwaarde. In dit plan legt de onderneming per doelstelling de te nemen stappen vast. Deze stappen leiden tot taken en instructies voor de werknemers. De opgestelde taken en instructies worden samengevat als administratieve organisatie en het geheel aan maatregelen van interne beheersing. Doordat werknemers binnen de organisatie betrokken worden bij de realisatie van de doelstellingen, zal er een zekere mate van beslissingsbevoegdheid bij de betreffende werknemers komen te liggen. Iemand kan immers een taak lastig uitvoeren als hij de daarbij behorende bevoegdheden niet krijgt. Een verkoper die niets mag verkopen, zal vermoedelijk weinig omzet inbrengen. Door het opstellen van taken voor de verkoper, het maken van omzetdoelstellingen en het meetbaar maken van de realisatie van deze doelstellingen door de verkoper worden de ondernemingsdoelstellingen vertaald naar werkbare instructies waarvan de resultaten meetbaar worden. Een instrument om de resultaten meetbaar te maken is de *business balanced scorecard.*

Strategieën

Business balanced scorecard

2

Management by objectives

Een instrument dat de manager helpt om grip op de uitvoering van de taken en instructies door de werknemers te krijgen, is *management by objectives* (dat wil zeggen: managen met behulp van de doelstellingen). Peter Drucker introduceerde dit begrip in het midden van de vorige eeuw. Het uitgangspunt is dat de werknemers worden afgerekend op meetbare doelen die zijn afgeleid uit de doelen van de afdeling en uit die van de organisatie als geheel. De werknemers dragen verantwoordelijkheid voor de aan hen toebedeelde doelstellingen.
Om het afleggen van verantwoording door medewerkers vorm te geven, worden er hoge eisen gesteld aan de kwaliteit en kwantiteit van bestuurlijke informatie. De interne verslaggeving moet op orde zijn.
Veel eigentijdse managementsystemen zijn afgeleid van de uitgangspunten van Drucker. Het tegenwoordig veel toegepaste systeem van *value based management* is hiervan een voorbeeld.

Value based management

De uitgangspunten van management by objectives zijn primair gericht op de ondernemingswaarde. Het systeem van management by objectives is uitstekend toe te passen in kleinere organisaties. Fixeren op winst is immers een kortetermijnvisie. Vermogensopbouw is ook in de kleinere onderneming minstens zo belangrijk, als een buffer voor de magere jaren.

Van strategisch plan naar operationeel plan

Het managen van een onderneming vindt plaats op drie niveaus: op strategisch, tactisch en operationeel niveau. Door het opstellen van een ondernemingsplan worden de uitgangspunten voor de bestuurlijke niveaus benoemd. Dit ondernemingsplan in dan ook verdeeld in een strategisch plan met strategische doelstellingen met een langetermijnvisie (meerjarenplan), een tactisch plan met operationele doelstellingen met een kortetermijnvisie (plan voor het komend jaar) en een operationeel plan met individuele doelstellingen voor de dagelijkse gang van zaken. Het toezichthoudende orgaan zal de vertalingen van de strategische doelstellingen naar de operationele doelstellingen toetsen aan het ondernemingsplan en waar nodig het dagelijkse bestuur aanspreken op tekortkomingen. Zie figuur 2.2.

Ondernemingsplan

FIGUUR 2.2 Besturen en plannen

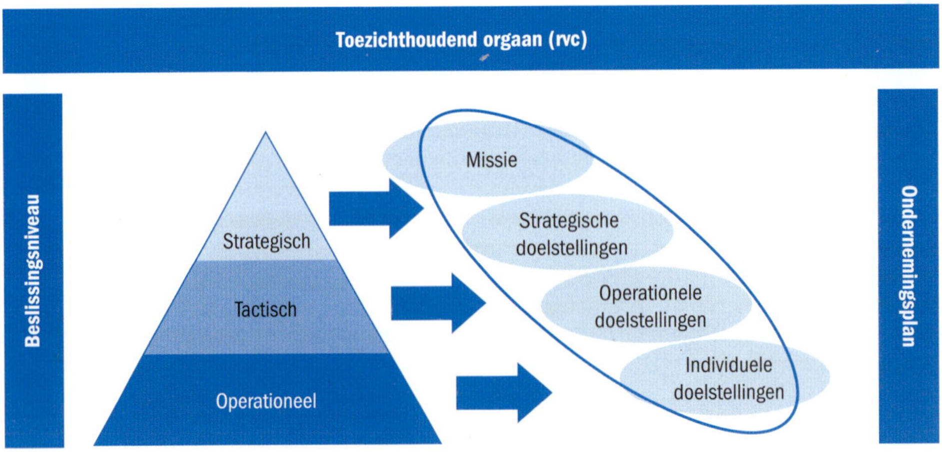

De bedrijfsprocessen zijn uitgangspunt voor het ondernemingsplan. In een op winst georiënteerde organisatie wordt de te realiseren opbrengst bereikt binnen het verkoopproces. De verwachte uitkomst van dit proces is dan bepalend voor de doelstellingen van de overige processen. Het ondernemingsplan wordt vervolgens vertaald naar de taakstellende afdelingsbudgetten binnen de onderneming. Per afdeling worden functionarissen verantwoordelijk gesteld voor de te realiseren doelstellingen.

De drie lagen hebben ieder hun eigen verantwoordelijkheid in de rapportage.
De bestuurlijke informatie behoeft een steeds grotere mate van gedetailleerdheid naarmate de bestuurlijke functie een lager niveau betreft. De hoogste leiding kan niet op strategisch niveau sturen indien zij een zeer gedetailleerde rapportage ontvangt, zij ziet dan door de bomen het bos niet meer. Besturen zonder adequate informatie leidt tot een stuurloze organisatie. Dit geldt voor alle bestuurslagen binnen de organisatie, strategisch, tactisch en operationeel.

Balanced scorecard
Bij het formuleren van strategische doelstellingen gaat het om de langetermijnvisie. Niet alle facetten van de doelstellingen worden in detail opgenomen. Dat zou veel te complex zijn.

Maar waaraan moeten de doelstellingen dan wel aandacht besteden? Om op lange termijn te kunnen overleven moet het bestuur een beeld hebben van de sterke en zwakke kanten van de organisatie. Hierbij gaat het om de cruciale onderdelen ofwel succesbepalende factoren. Robert Kaplan en David Norton introduceerden hiertoe in 1992 het begrip critical succes factor (kritieke succesfactor of kritische succesfactor, KSF) als onderdeel van de *business balanced scorecard* (of kortweg: de balanced scorecard).

Kritieke succesfactor

Balanced scorecard

Een *kritieke succesfactor* is een kenmerk van de organisatie of van de omgeving, dat essentieel is voor de levensvatbaarheid en het succes van die organisatie. Dat kan zowel positief als negatief zijn. In hoofdzaak gaat het erom dat iets zo belangrijk is dat de organisatie er op bestuurlijk niveau aandacht aan moet besteden.

Kaplan en Norton stellen dat een strategie een beperkt aantal kritieke succesfactoren moet bevatten, zeven tot tien. Met te veel succesfactoren is besturing ervan al snel onoverzichtelijk en verwatert de aandacht te veel. Bovendien moeten de kritieke succesfactoren in balans zijn, evenredig verspreid over de verschillende aandachtsgebieden van het besturen van een organisatie. Men onderscheidt hierbij vier perspectieven (zie figuur 2.3):
1 financieel perspectief
2 intern perspectief
3 klantperspectief
4 innovatief perspectief

2

FIGUUR 2.3 Business balanced scorecard

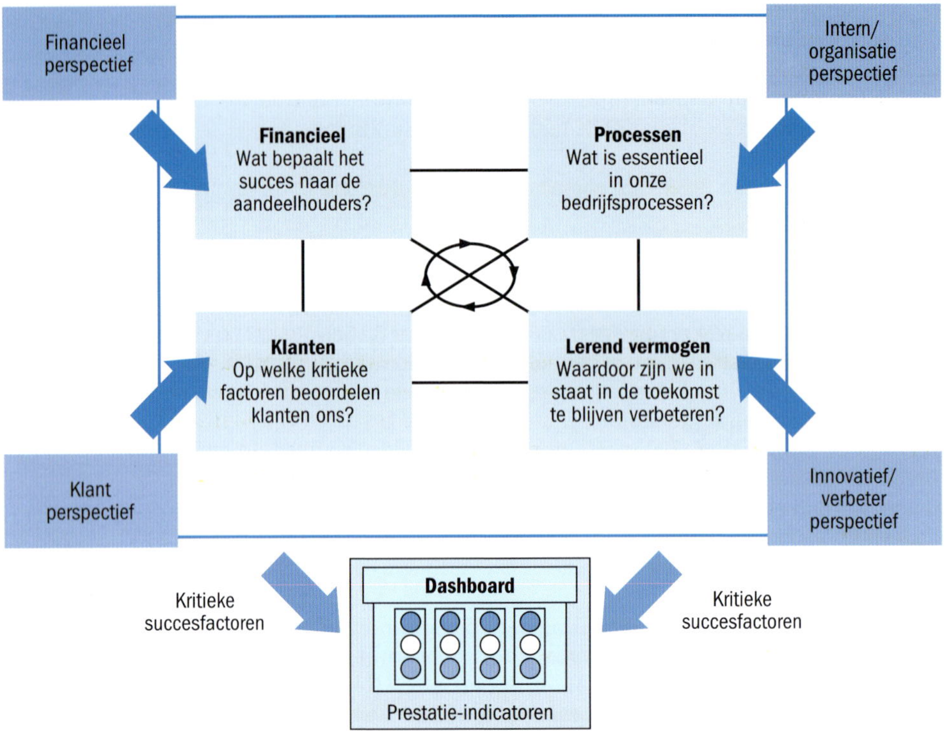

Kritieke prestatie-indicatoren

Kerngedachte bij toepassing van de business balanced scorecard is dat de organisatie inzicht krijgt in de kritieke factoren en deze daarna meetbaar maakt door middel van kritieke prestatie-indicatoren (KPI) ook wel-prestatiemetingen genoemd. *Prestatie-indicatoren* zijn meetbare kenmerken van producten, diensten, processen en operaties, die het bedrijf gebruikt om haar prestatie te volgen en te verbeteren. De organisatie moet dié indicatoren selecteren, die het best leiden tot een betere klant-, operationele en financiële prestatie. Een uitvoerige reeks maatregelen of indicatoren, die met de klant- en/of bedrijfsprestatievereisten zijn verbonden, levert een duidelijke basis op voor het in overeenstemming brengen van alle activiteiten met de doelstellingen van het bedrijf. Door een analyse van de verkregen gegevens, kunnen de indicatoren zelf worden geëvalueerd en worden veranderd om deze doelstellingen nog beter te ondersteunen.

Het meten van de prestaties moet leiden tot een zorgvuldige analyse. De gestelde doelen zijn bij uitvoerende functionarissen bekend. De neiging in de rapportage zal zijn om zo veel mogelijk tegemoet te komen aan de gestelde doelen. De organisatie moet er dus voor zorgen dat er voldoende meetpunten zijn om de realiteit van de metingen te waarborgen. Tegengestelde belangen kunnen daarbij behulpzaam zijn. Indien bijvoorbeeld maximale bezetting van het productieapparaat een kritieke succesfactor is, dan zal de productiechef vanuit zijn taakstelling zo veel mogelijk productie willen verantwoorden. De magazijnchef wil daarentegen niet te veel verantwoord krijgen bij ontvangst in het magazijn gereed product, hij wordt immers op tekorten in de voorraad aangesproken.

De resultaten uit de metingen moeten worden gebruikt om verbeteringen door te voeren binnen de organisatie. Het is een continue proces, meten en verbeteren; alleen dan werpt de business balanced scorecard zijn vruchten af.

Samenvatting

In dit hoofdstuk is de langetermijnwaardecreatie behandeld.

De langetermijnwaardecreatie heeft betrekking op het formuleren van de ondernemingsdoelstellingen en het behalen van deze doelstellingen. Hiertoe is een indeling gemaakt naar strategisch, tactisch en operationeel management. Belangrijke moderne middelen om te besturen zijn management by objectives en de balanced scorecard. Managen is meten. In het kader van de balanced scorecard kunnen kritieke prestatie-indicatoren (KPI) worden ingezet om te kunnen meten. Doordat de prestaties op sleutelposities van de organisatie worden gemeten, kan een beeld verkregen worden in hoeverre de doelstellingen van de activiteiten gerealiseerd zijn.

Vragen en opdrachten

2.1 Wat wordt verstaan onder besturen volgens het principe over taak en werkwijze in de gedragscode?

2.2 Wat is de maximale duur van een benoemingsperiode van een bestuurder volgens de code?

2.3 Om een onderneming goed te kunnen besturen moeten de doelstellingen geformuleerd zijn. Benoem de hoofdindeling van de doelstellingen.

2.4 Wat wordt bedoeld met sustainability en in welk governanceverband is dit begrip te plaatsen?

2.5 Noem de vier aspecten die het bestuur in verband met de ondernemingsdoelstellingen aan de raad van commissarissen ter goedkeuring moet voorleggen.

2.6 Op welke wijze worden de doelstellingen vertaald in de organisatie?

2.7 Met welke managementmethode kunnen de doelstellingen gebruikt worden om functionarissen te managen?

2.8 Benoem de indeling van de te onderscheiden doelstellingen in het ondernemingsplan.

2.9 Benoem de beslissingsniveaus in de onderneming.

2.10 Noem twee voorbeelden van kritieke succesfactoren bij elke van de twee in dit hoofdstuk benoemde hoofddoelstellingen.

2.11 Kritieke prestatie-indicatoren (KPI's) zijn meetinstrumenten om zicht te krijgen op de realisatie van de doelstellingen. Welke vier invalhoeken kent het model van Kaplan en Norton voor de indeling van deze KPI?

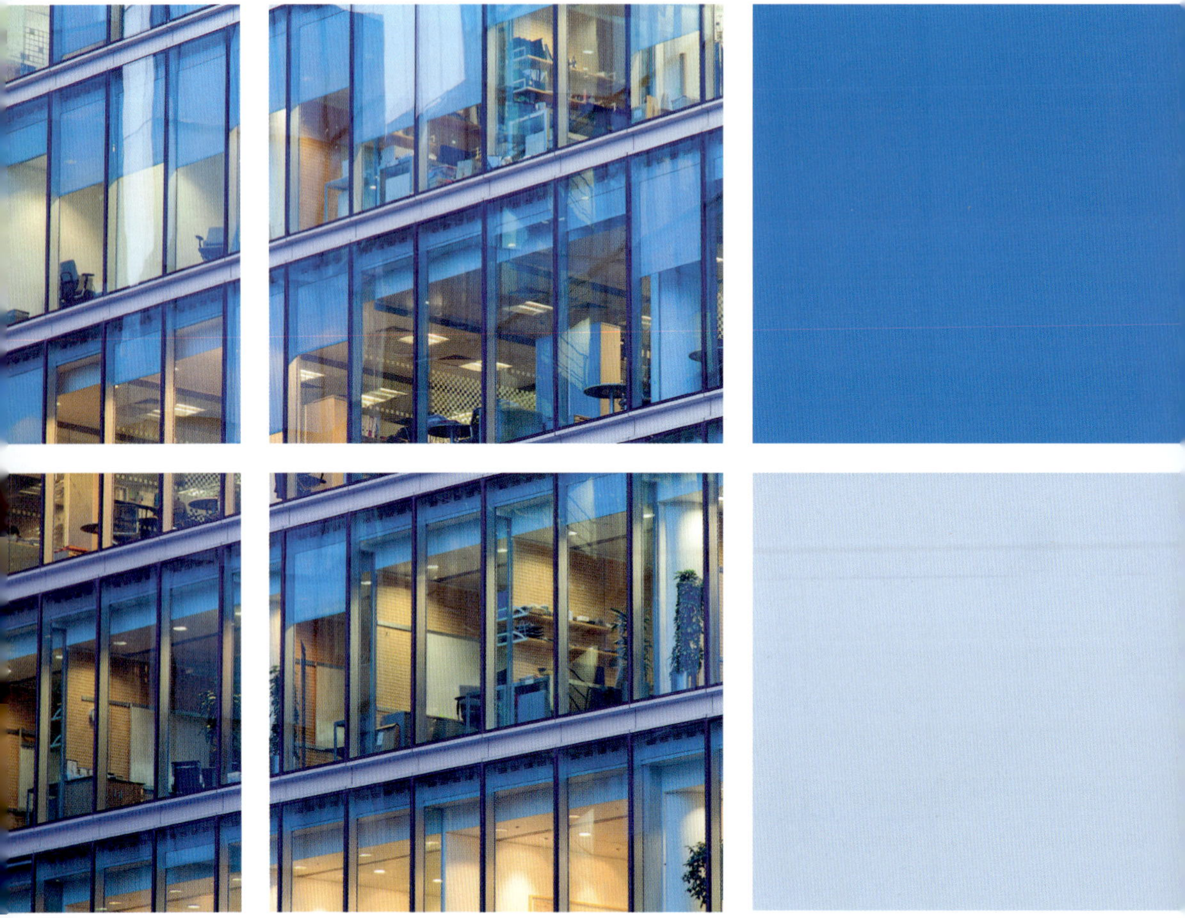

3 Beheersing van de risico's

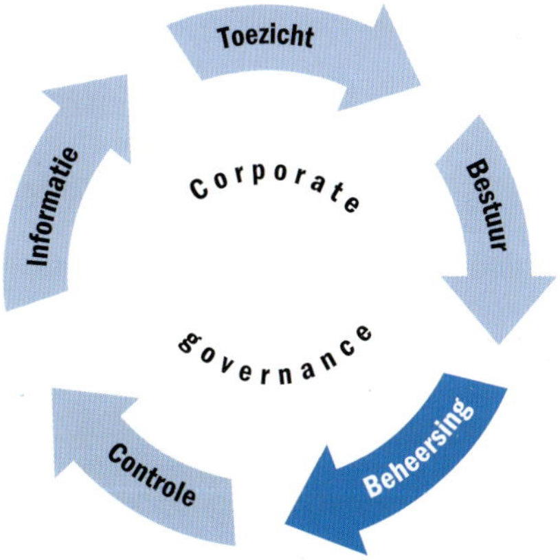

Om grip te krijgen op het besturen van een onderneming moeten de bedrijfsprocessen beheerst worden. Hiervoor zijn door vooraanstaande economen instrumenten ontwikkeld.
Uit de doelstellingen van de onderneming worden de strategische plannen opgesteld en vervolgens worden de kritieke onderdelen (bedrijfsrisico's) hieruit inzichtelijk gemaakt door bijvoorbeeld toepassing van de business balanced scorecard, zoals besproken in hoofdstuk 2. Als bekend is waar de bedrijfsrisico's liggen, is het zaak om deze risico's beheersbaar te maken. De onderneming weet nu waar zij op moet letten, dus neemt zij maatregelen om de bekende risico's zo veel mogelijk te beperken.

Het geheel aan maatregelen die worden genomen om risico's te beperken, noemt men maatregelen van interne beheersing, met als onderdeel de interne controle. Het bestuur van een organisatie is vanuit de gedragscode gehouden aan het nemen van adequate beheersingsmaatregelen. Er zijn modellen van risicobeheersing ontwikkeld, die toegepast kunnen worden in de dagelijkse praktijk. In dit hoofdstuk worden de reguliere modellen besproken. Hierbij leg ik een link tussen de uitgangspunten van de gedragscode, de theorie en toepassing in de praktijk.

3.1 Interne controle en interne beheersing

Principe Risicobeheersing

PRINCIPE 1.2 RISICOBEHEERSING
De vennootschap beschikt over adequate interne risicobeheersings- en controlesystemen. Het bestuur is verantwoordelijk voor het identificeren en beheersen van de risico's verbonden aan de strategie en de activiteiten van de vennootschap.

Interne beheersing

Interne beheersing heeft als doel om de bedrijfsrisico's te beperken. Interne beheersing moet zekerheid geven. Maar zonder controle geen zekerheid! Starreveld (*Bestuurlijke Informatieverzorging* Deel 1, Starreveld e.a.) omschreef het begrip *interne controle* als:

> Interne controle is de controle op de betrouwbaarheid van door het informatiesysteem geproduceerde informatie.

Interne controle
Internal control

Interne controle wordt vaak verward met 'internal control' (Engelse term voor *interne beheersing*) – hierna control genoemd – dat zich richt op de beheersing van processen binnen de organisatie door middel van prestatie-indicatoren en normen. Interne controle is wel een wezenlijk onderdeel van control (in control zijn). De schrijvers hebben de definitie van Starreveld daarom nader genuanceerd. In de 5de editie (*Bestuurlijke Informatieverzorging* deel 1, blz. 252):

> Interne controle definiëren wij als de controle op de oordeelsvorming en de activiteiten van anderen, voor zover die controle ten behoeve van de leiding van de betrokken huishouding door of namens die leiding wordt uitgeoefend.

Het begrip informatie is niet direct terug te vinden in de definitie. Indien je het woord oordeelsvorming vervangt door informatie, dan stel je vast dat het nog steeds gaat over het systeem van informatievoorziening. Het systeem is gebaseerd op de werkzaamheden van anderen dan de leiding, dat wordt in de gewijzigde definitie benadrukt.
In de traditionele literatuur spreekt men in plaats van over interne beheersing ook wel over administratieve organisatie en maatregelen van interne controle (AO/IC) en in de moderne literatuur over bestuurlijke informatievoorziening (accounting information systems). Dit benadrukt nog eens dat het feitelijk gaat over het een betrouwbaar systeem van interne informatie.

3.2 Risicobeheersings- en controlesysteem

Beheersing en betrouwbaarheid van de bedrijfsprocessen zijn belangrijke aspecten in de bedrijfsvoering. De gedragscode geeft in de best practice bepalingen 1.2.1 t/m 1.2.3 aanwijzingen voor het opstellen van een systeem voor het beheersen van de risico's in de bedrijfsprocessen en de controle daarop.
Voor een goede aanpak van risico's is het van belang om de verschillende risico's te kunnen benoemen. Deze bedrijfsrisico's worden inherente risico's genoemd, de risico's die samenhangen met de bedrijfsactiviteiten. Deze risico's moeten beheersbaar gemaakt worden door het inrichten van een systeem van interne beheersing.

Inherente risico's

3.2.1 Indeling van bedrijfsprocessen

De behoefte aan betrouwbaarheid ligt aan de basis van de informatievoorziening in de organisatie. Wanneer het management op basis van deze informatie sturing wil geven, dan betreft het begrip control (grip op de activiteiten) de kern van de problematiek. Om grip te krijgen moeten de ondernemingsactiviteiten inzichtelijk worden gemaakt. Door indeling van de activiteiten in bedrijfsprocessen wordt die inzichtelijkheid gecreëerd. De bestuurder weet dan wat zich in elk bedrijfsonderdeel afspeelt. Wanneer de bedrijfsprocessen naar tevredenheid zijn ingericht en effectief zijn, is de vervolgstap de verbetering van de efficiency van de processen met als gevolg kostenverlaging. De onderneming is dan in control.
Figuur 3.1 geeft schematisch het proces van interne beheersing weer: besturen, controleren en informeren.

In control

FIGUUR 3.1 Besturen en beheersen vanuit processen

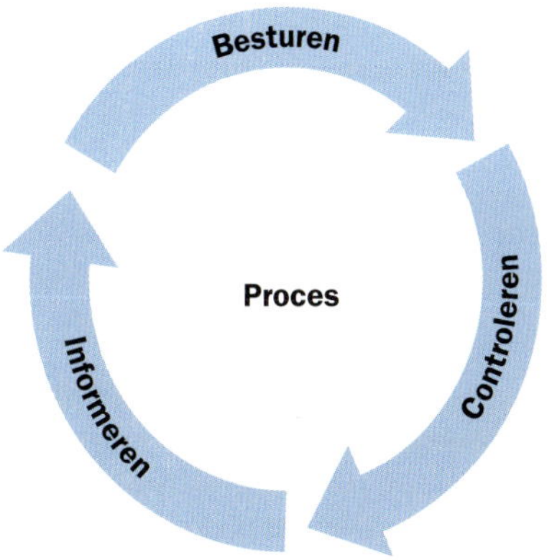

3.2.2 Eisen aan het risicobeheersings- en controlesysteem

De bestpracticebepalingen in de gedragscode stellen eisen aan de risicobeheersing.

Risicobeheersing

Instrumenten voor het interne risicobeheersings- en controlesysteem

In de vennootschap moet een op de vennootschap toegesneden intern risicobeheersings- en controlesysteem aanwezig zijn. Als instrumenten voor het interne risicobeheersings- en controlesysteem hanteert de vennootschap in ieder geval:

1 risicoanalyses van strategie en de activiteiten van de vennootschap en de met haar verbonden ondernemingen;
2 in de werkprocessen geïntegreerde systemen van risicobeheersing en controle;
3 een systeem van monitoring en rapportering.

3

Vreemd genoeg is er, naast de bepaling dat in de verslaggeving gerapporteerd moet worden over de risicobeheersing, niets naders beschreven over de beheersing van risico's. Uit het oogpunt van governance is beheersing van de bedrijfsactiviteiten in de volle omvang van groot belang. Een goede gouvernante voor de kinderen weet alles van deze kinderen en kent alle bijzonderheden van het gezin; alle risico's in de opvoeding zijn bekend. Dit geldt net zo goed voor de bestuurder van een organisatie: hij moet weten waar de risico's liggen en proberen deze beheersbaar te maken. Dan kan hij zorgdragen voor behoud en aangroei van de ondernemingswaarde.

In de toelichting op de code geeft de Commissie Corporate Governance Code een uitleg van de beheersingsmaatregelen, die inhoudt dat het interne risicobeheersings- en controlesysteem moet zijn toegesneden op de desbetreffende vennootschap. Dit geeft kleinere beursvennootschappen de mogelijkheid om met minder omvangrijke procedures te volstaan.

Het bestuur van een organisatie moet in de jaarlijkse rapportage aangeven welk raamwerk of normenkader zij heeft gekozen voor het beheersbaar maken van risico's. De commissie geeft als voorbeeld het COSO-raamwerk. In dit hoofdstuk worden voorbeelden van risicobeheersingraamwerken besproken, waaronder het ERM-raamwerk (zie par. 3.5).

3.2.3 Inherente en beheersingsrisico's

Beheersing gaat over kwantiteit en kwaliteit. Hoe beheerst de leiding de organisatie?
De deur op slot en niemand erin of eruit zonder toestemming van de leiding; dat is de maatregel die Johan Enschede neemt in zijn bedrijf voor het drukken van de eurobiljetten. Bij de zandhandel kan iedereen gewoon in- en uitlopen. Twee uitersten in het bedrijfsrisico van onttrekken zonder toestemming van de leiding.

Inherente risico's

Elk bedrijfstype kent zijn specifieke bedrijfsrisico's ofwel *inherente risico's*, dus risico's die samenhangen met de betreffende onderneming. Het risico van diefstal is bij Johan Enschede als een inherent risico te beschouwen; bij de zandhandel speelt het risico van diefstal nauwelijks een rol.

Deming cycle

Er zijn in de loop der jaren veel theorieën en modellen ontwikkeld, die kunnen bijdragen aan de interne beheersing van risico's. De typologie van Starreveld zegt iets over de inherente risico's die samenhangen met (on)volledige verantwoording. De Deming cycle (cyclus van Deming) leert de organisatie na te denken over de aan de organisatie verbonden kwaliteitsrisico's. De JIT-theorie (just in time) geeft inzicht in de risico's van tijdigheid in productie.

De inherente risico's moeten verkleind worden door maatregelen van interne beheersing. De risico's die onvoldoende beheersbaar zijn, verdienen extra aandacht in het controleproces. Dit noemt men de internecontrolerisico's ofwel interne *beheersingsrisico's*.

Interne beheersingsrisico's

Het risico van diefstal bij Johan Enschede is een inherent risico en wordt beheersbaar gemaakt door het instellen van strikte toegangscontrole met aanvullende maatregelen zoals fouilleren. De beheersingsfunctie in de organisatie ziet toe op de te nemen maatregelen en zorgt voor aanvullende controles. De controlefunctie wordt in hoofdstuk 4 behandeld.

3.3 Administratieve organisatie en interne controle

Administratieve organisatie

Zonder stevig fundament zakt elk bouwwerk in elkaar. De administratieve organisatie en maatregelen van interne controle (AO/IC) vormen de traditionele bouwstenen voor de bestuurlijke informatieverzorging en het fundament van goed ondernemerschap. Sterker: zonder goede AO/IC kan geen enkele organisatie goed functioneren. Risk management, transparantie, compliance, corporate governance, Sarbanes en Oxley en de Commissie Tabaksblat zijn inmiddels vertrouwde begrippen voor ondernemers.

De discussie over goed ondernemerschap en meer toezicht heeft geleid tot hernieuwde aandacht voor AO/IC. Waar strengere externe regels gelden, is het minstens zo belangrijk om ook de werkafspraken met bijvoorbeeld medewerkers, leveranciers en afnemers eens kritisch onder de loep te nemen.

De definitie van *administratieve organisatie* luidt:

> De administratieve organisatie is het geheel van maatregelen met betrekking tot het systematisch verzamelen, vastleggen en verwerken van gegevens gericht op het verstrekken van stuur- en verantwoordingsinformatie ten behoeve van besturen, doen functioneren en beheersen van een organisatie.

Controletechnische functiescheiding

Van oudsher is de kern van de administratieve organisatie gelegen in de *controletechnische functiescheiding*. Door het invoeren van de beschikkende, bewarende, registrerende en controlerende functie als basis voor de beschrijving van een administratieve organisatie wordt de interne organisatie beheersbaar gemaakt. De gedachte is dat een verdeling van werkzaamheden tussen functionarissen, die tegengestelde belangen laat ontstaan waarvoor de verschillende functionarissen verantwoordelijk worden gesteld, een versterkende werking zal hebben in de volledigheid van verantwoording van bedrijfsactiviteiten.

Maatregelen van interne controle vallen uiteen in preventieve maatregelen en repressieve maatregelen. *Preventief* door het voorkomen van onjuistheden. *Repressief* door het achteraf vaststellen van onjuistheden, ter voorkoming van herhaling in de toekomst. De werknemers moeten op de hoogte worden gebracht van de genomen maatregelen. Het moet hen duidelijk zijn dat er sprake is van controle. Het bekendmaken van controlemaatregelen kan worden gezien als een maatregel op zich.

Ik heb ooit een cliënt met een restaurant gehad die dummy's van een videocamera had geplaatst om aan het personeel zichtbaar te maken dat er toezicht was bij afwezigheid van het management. Een schilder zag de camera's tijdens de schilderwerkzaamheden en dacht dat het beter was om deze in dezelfde kleur van het plafond te schilderen, omdat hij dacht dat het niet de bedoeling was dat het personeel wist dat er toezicht was. Het beoogde effect werd daarmee dus tenietgedaan als gevolg van onwetendheid. Onthoudt u dat de opmerking die de restauranthouder maakt bij het afrekenen 'Vraagt u om de bon!' niet bedoeld is om te voorkomen dat u te veel betaalt. De werknemer weet daarmee dat de ontvangst van het geld in de administratie verantwoord is en zal dus zorgvuldig letten op een juiste afdracht van het ontvangen geld.

Typologie

De administratieve organisatie is van oudsher gekoppeld aan de typologietheorie van Starreveld. Door het herkennen van typen bedrijven (typologie) kan een beeld worden geschetst van de risico's en de meetpunten in de bedrijfsactiviteiten. Zo weet men dat er bij een handelsonderneming sprake is van een goederenstroom aan de hand waarvan de opbrengstverantwoording kan worden gevolgd. Is er sprake van detailhandel, dan worden er vermoedelijk contante betalingen verricht met risico van 'lenen' uit de kas. Is er sprake van groothandel dan worden de goederen op rekening verkocht met risico van wanbetaling door de afnemer. De risico's worden beheersbaar gemaakt vanuit de bedrijfstypologie.

Bestuurlijke informatievoorziening

Typologiemodel

Tegenwoordig denkt men niet meer alleen vanuit de bedrijfstypologie, maar ook vanuit processen. Het vak Administratieve organisatie ontwikkelt zich stap voor stap naar beheersing van bedrijfsprocessen door bedrijfsprocesmanagement (business process management ofwel bestuurlijke informatievoorziening). Het typologiemodel wordt daarbij niet geheel losgelaten. Er ontstaat een mooie combinatie door toepassing van typologie en indeling van risico's naar bedrijfsproces. Zie paragraaf 3.4.

3.4 Bestuurlijke informatievoorziening

Romney en Steinbart

Cycle

Control environment

Romney en Steinbart beschouwen de beheersingsmaatregelen vanuit procesbeheersing, zij spreken over een 'cycle', wat vrij te vertalen is als (bedrijfs)proces. Het door hen geschreven boek heet niet voor niets *Accounting Information Systems* (13de druk, 2014). Zij hebben onderkend dat het beheersen van een organisatie gebaseerd is op betrouwbare interne informatiestromen. Interne controle krijgt dan een andere dimensie. Men spreekt dan over de beheersingsomgeving (control environment), de houding en actieve betrokkenheid van de leiding ten opzichte van AO/IC en het belang daarvan voor de organisatie.
Het vak Administratieve organisatie heeft zich hiermee ontwikkeld naar het vak Bestuurlijke informatievoorziening. Inmiddels hebben de uitgangspunten van Romney en Steinbart ook in Nederland navolging gekregen. Deel 2A en deel 2B van de serie van Starreveld e.a. (5de editie, 2002) hebben als titel *Bestuurlijke informatieverzorging*. In deel 2A wordt gesproken over cycli in aansluiting op de begrippen uit Romney en Steinbart.

In figuur 3.2 wordt de samenhang tussen de bedrijfsprocessen en de beheersingsmaatregelen in beeld gebracht uitgaande van de procesbenadering van Romney en Steinbart. De procesbeheersing wordt ingegeven door een continue monitoring van de processen en het zo nodig bijsturen van (delen) van een proces.

Proces-benadering

FIGUUR 3.2 Processen in de bestuurlijke informatievoorziening

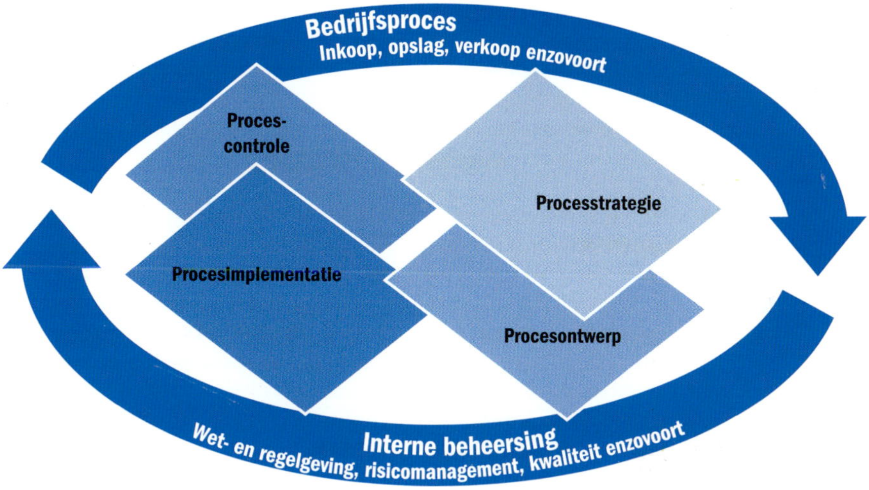

3

3.4.1 Processen

In de bestuurlijke informatievoorziening worden de verschillende bedrijfsprocessen belicht vanuit de beheersingsgedachte. Als de onderneming in staat is om risico's die verbonden zijn aan haar bedrijfsprocessen te beheersen, dan leidt dit tot een betrouwbare informatiestroom binnen de onderneming.
De risico's worden herkend aan de algemene bedrijfskenmerken (typologie van Starreveld) en de aanvullende bijzondere risico's van de betreffende onderneming. De in hoofdstuk 2 besproken kritieke succesfactoren spelen bij de vaststelling van de bijzondere risico's een belangrijke rol. De strategische uitgangspunten voor de realisatie van ondernemingsdoelstellingen bepalen namelijk hoe bepaalde keuzes binnen de processen worden gemaakt. Zo zal een bedrijf dat snelle levering van goederen als strategie heeft, een grote voorraad als kritische succesfactor acceptabel achten, met alle risico's van dien: het vermogensbeslag op voorraden kan daardoor te groot zijn en het risico van 'winkeldochters' wordt vergroot.

Uiteindelijk kan 'alles' als proces worden gedefinieerd, los van de standaard geformuleerde processen in de literatuur van het vak Bestuurlijke informatievoorziening. De systematiek van processen met beheersingsmaatregelen (internal controls) zijn ook terug te vinden in het door de COSO-commissie geformaliseerde risicobeheersingsmodel (Enterprise Risk Management), dat een raamwerk voor integraal risicomanagement moet gaan vormen.

3.4.2 Maatregelen per bedrijf

Om de risico's zo goed mogelijk te beheersen, moeten voor alle bedrijfsprocessen beheersingsmaatregelen worden opgesteld. Deze maatregelen moeten helder worden beschreven. Het bestuur van de onderneming dient deze maatregelen nadrukkelijk te onderschrijven voordat tot invoering van deze maatregelen wordt overgegaan. Een goed werkend systeem van interne beheersing is onontbeerlijk voor het welslagen van de onderneming. Risico's moeten dus gemanaged worden.

Risicomanagement

Risicomanagement van bedrijfsprocessen is daarom in deze tijd onlosmakelijk verbonden aan het ondernemen. Wie zijn risico's kent en beheerst, kan beter sturen en dat zal uiteindelijk leiden tot een hogere performance van de onderneming als geheel.

Top-down en bottom-up

Voor het beheersbaar maken van risico's zijn twee methoden van risicomanagement te hanteren: top-down en bottom-up.

In de uitwerking van een casus waarin de beschrijving van een administratieve organisatie wordt gevraagd, moet je uitgaan van de top-downbenadering, omdat in de casus uitsluitend hoofdlijnen van een bedrijf gegeven zijn. Top down in dit verband wil zeggen dat je uitgaat van de bedrijfsactiviteiten als geheel en van daaruit de risico's in kaart brengt. De fasen in de te beschrijven beheersingsmaatregelen zijn dan in volgorde van 'top' naar 'down':

1. vaststelling van risico's vanuit de typologie;
2. vaststelling van bijzondere bedrijfsrisico's;
3. beoordeling van deze risico's;
4. indeling van de risico's naar bedrijfsproces;
5. de omvang van het risico bepalen voor het bedrijf als geheel (kwantificeren);
6. te nemen beheersingsmaatregelen.

In de praktijk kan ook gekozen worden voor een *bottom-upbenadering*. De fasen 1 en 2 worden dan vanuit de bedrijfsafdelingen aangestuurd door werkgroepen risico's vast te laten stellen. De verzamelde risico's worden in een matrix geanalyseerd en gegroepeerd tot risico's per bedrijfsproces. Welke methode gehanteerd wordt, hangt af van de organisatievorm. Overheidslichamen kiezen vaak voor de bottom-upmethode. Strak gestuurde profitorganisaties zullen vermoedelijk voor de top-downbenadering kiezen. De bottom-upbenadering kan tot een grotere betrokkenheid van personeel leiden, maar heeft als gevaar dat de doorlooptijd van de risico-inventarisatie uit de hand kan lopen.

Onafhankelijk van de gekozen methode moet uiteindelijk per proces of samenhangende processen de risico's worden geclassificeerd, voor wat betreft de kans van het optreden van het risico en de impact ervan. Vervolgens vindt een evaluatie plaats van de kans, impact en frequentie van de benoemde risico's. Afhankelijk van de weging worden vervolgens op dit niveau beheersingsmaatregelen benoemd en geïmplementeerd.
De redenering van het risicomodel op basis van het bedrijfsprocesmodel, is dan als volgt:

1. bedrijfsproces;
2. inherent risico van het bedrijfsproces (in termen van kans, impact, frequentie);
3. noodzakelijke beheersingsmaatregel.

Vervolgens worden intern spelregels opgesteld over hoe het risicomanagement per proces plaatsvindt in de vorm van directierichtlijnen en taak en functiebeschrijvingen.

3.4.3 Procesanalyse

Na het opstellen en invoeren van beheersingsmaatregelen is het niet de bedoeling dat de bestuurder achterover leunt en geniet van de uitgevoerde werkzaamheden. Risicobeheersing betreft een vierploegendienst. Het is zaak om zorg te dragen voor een continue toetsing van de ingevoerde beheersingsmaatregelen door middel van een regelmatige analyse van de resultaten van de interne beheersing (cyclische monitoring).

Cyclische monitoring

Een bedrijfsproces moet dus geanalyseerd worden vanuit een cyclische benadering. Hierdoor ontstaat een referentiekader voor de inrichting van de bestuurlijke informatievoorziening (accounting information system). In de analyse wordt vanuit de informatiebehoefte en mogelijke informatietechnologie een indeling gemaakt van de processen. Met behulp van een data flow diagram (DFD) – een stroomschema van gegevens – wordt een schematische opstelling gemaakt van het proces.
Nadat de cyclus doorlopen is, kunnen de risico's die optreden binnen deze cyclus in kaart worden gebracht. De organisatie blijft voortdurend bekijken of zij verbeteringen aan kan brengen in de efficiëntie en effectiviteit van het primaire proces en de informatievoorziening die voortvloeit uit dit proces. De verbeteringen leiden tot aanpassing van het proces en het data flow diagram wordt aangepast aan de nieuwe situatie. De cyclus van beschrijven, risico's inventariseren, evalueren en verbeteren wordt steeds herhaald.

Figuur 3.3 geeft een voorbeeld van hoe het data flow diagram eruit kan zien.

Data flow diagram

FIGUUR 3.3 Data flow diagram

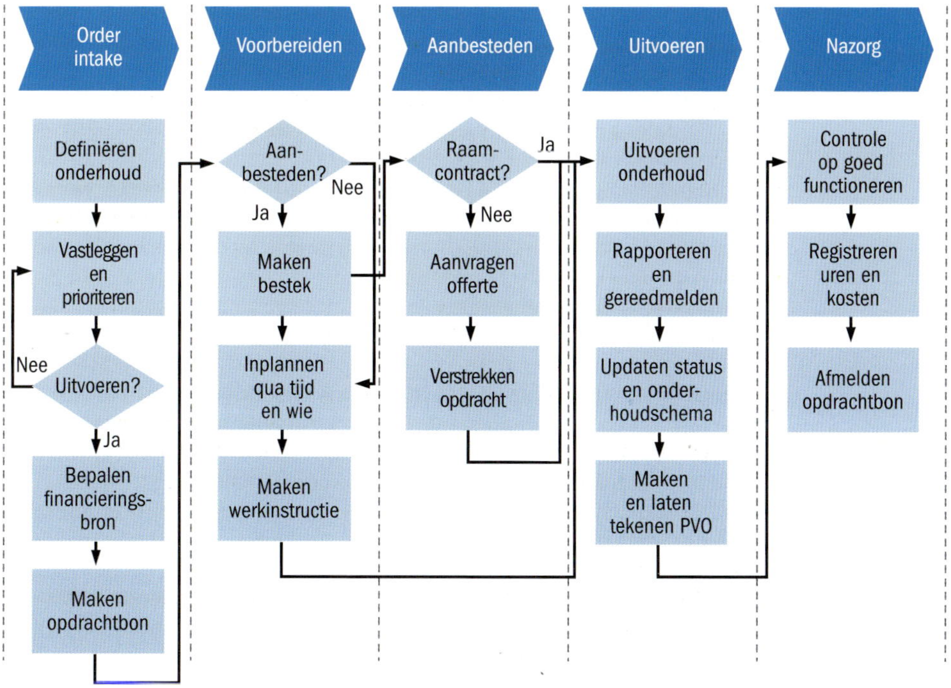

3.5 Modellen voor risicobeheersing

In paragraaf 3.4 is vastgesteld dat bedrijfsprocessen beheersbaar gemaakt moeten worden. Door het verschaffen van bestuurlijke informatie wordt de werking van het interne beheersingssysteem zichtbaar gemaakt. Om de juiste beheersingsmaatregelen bij de betreffende risico's te kunnen nemen, moet de organisatie goed inzicht hebben in de aanwezige risico's. Om dat inzicht te krijgen, zijn er modellen ontwikkeld.

COSO
COSO-framework

Allereerst is er het door de Committee of Sponsoring Organizations of the Treadway Commission (COSO) ontwikkelde Enterprise Risk Management raamwerk (COSO-raamwerk of COSO-framework). Eerst was er het COSO I-model, dat alleen richtlijnen gaf voor interne controle en interne beheersing. Dat model is in 2009 geactualiseerd en richt zich op het gehele interne beheersingssysteem; COSO II of ERM-raamwerk. In 2013 is het COSO-model verder doorontwikkeld, waarbij de uitgangspunten van COSO nader uitgewerkt zijn in 17 principes. Internationaal wordt dit raamwerk gezien als hét model van risicobeheersing.
Verder is er het door het NBA ontwikkelde Analyse- en Beoordelingsinstrument Interne Beheersing (ABIB), een alternatief voor het COSO-raamwerk. Ten slotte is er het tax control framework voor risicobeheersing vanuit een fiscaal perspectief.
Een beschrijving van de modellen geeft een indruk van de wijze waarop een organisatie met risicobeheersing kan omgaan. Over de betreffende modellen is voldoende literatuur beschikbaar, een diepgaande bespreking van de beheersingsmodellen valt buiten de kaders van dit boek.

3.5.1 COSO-raamwerk

In het COSO-rapport wordt interne beheersing als volgt gedefinieerd:

> Interne beheersing is een proces, uitgevoerd door de directie van een organisatie, het management of ander personeel, gericht op het verkrijgen van een redelijke mate van zekerheid omtrent het bereiken van doelstellingen in de volgende categorieën:
> - de effectiviteit en efficiëntie van bedrijfsprocessen;
> - de betrouwbaarheid van de financiële informatieverzorging;
> - de naleving van relevante wet- en regelgeving.

In de Nederlandse Corporate Governance Code is het COSO-raamwerk genoemd als voorbeeld van een normenkader voor interne beheersing. Het bestuur van een onderneming dient aan te geven dat de interne risicobeheersing en interne controle effectief zijn. Het COSO-raamwerk richt zich nadrukkelijk op risicobeheersing en wordt internationaal gezien als hét raamwerk voor interne beheersing.

Alle componenten van het COSO-raamwerk zijn onderverdeeld in een aantal elementen/bouwstenen (zie figuur 3.4) en per bouwsteen is aangegeven hoe dit voor organisaties moet worden ingevuld. Dit is echter een algemene beschrijving. Deze algemene beschrijving kan verder geconcretiseerd worden, waarbij verschillende typen organisaties de componenten op verschillende wijzen vormgeven om te voorkomen dat beheersing ten koste gaat van de flexibiliteit.
Het betreft een raamwerk. Ofwel het is een conceptueel kader waarbinnen risicobeheersing plaatsvindt. Een organisatie is uniek, een organisatie kan

het raamwerk dus niet hanteren als wondermiddel. In elke organisatie moet bekeken worden op welke elementen uit het raamwerk de nadruk ligt en op welke wijze de elementen uit het raamwerk inzetbaar zijn voor risicobeheersing.

FIGUUR 3.4 COSO-kubus

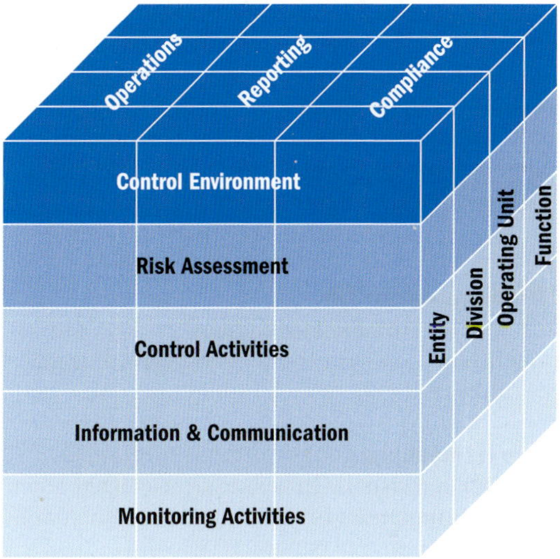

Zoals te zien in figuur 3.4 bestaat het COSO-model uit vijf elementen. Het COSO-model wordt gepresenteerd als een kubus waardoor de onderlinge samenhang tussen de elementen en de betrokken afdelingen zichtbaar worden. Bovendien wordt duidelijk gemaakt dat alle elementen per bedrijfsonderdeel beoordeeld moeten worden en dat de elementen van het COSO-model niet uitsluitend los per bedrijfsonderdeel te bezien zijn, maar dat zij onlosmakelijk verbonden zijn aan het geheel der bedrijfsactiviteiten. Deze elementen zijn de bouwstenen van interne beheersing. Ik leg de essentie van elke bouwsteen uit. Hierbij heb ik de Engelse uitleg opgenomen zodat enige kennis wordt verkregen van de oorspronkelijke tekst van het raamwerk, om in internationale ondernemingen mee te kunnen praten.

1 Control environment

Interne (controle)omgeving

De interne (controle)omgeving vormt de basis van het COSO-raamwerk. In deze bouwsteen komt tot uitdrukking wat de methoden of werkwijzen voor risico en interne beheersing zijn binnen de organisatie. Enkele fundamentele beginselen binnen de organisatie zijn hierbij van belang, in het bijzonder de filosofie, risicohouding en tolerantie van de onderneming, de integriteit en ethiek van de leiding, de structuur van de organisatie, de competenties van de werknemers en de verdeling van bevoegdheden en verantwoordelijkheden.
Dat is op zich een fraaie opsomming, maar waar gaat het nu feitelijk om? Heel eenvoudig. Is de strategie van de onderneming om veel geld te verdienen en het maakt haar niet uit hoe zij dat waarmaakt, dan zal de nadruk

voor haar op risicohouding en tolerantie liggen. Integriteit en ethiek zijn ondergeschikt, en competenties van werknemers zijn zeer relevant.
Een onderneming bekijkt dus wat haar doelstelling is en bepaalt vervolgens waarop voor haar de nadruk ligt. Uit deze door de organisatie te hanteren normen en waarden blijkt welke risico's zij bereid is te accepteren. Deze normen en waarden zijn vastgelegd in de corporate governance van de organisatie. Ook de informele omgang tussen werknemers speelt bij de bepaling van de normen en waarden een belangrijke rol. De beschreven taken en richtlijnen zijn namelijk continu aan verandering onderhevig. Hierdoor ontstaat stap voor stap een informele organisatie naast de beschreven formele organisatie. Dit moet door regelmatige toetsing uiteindelijk weer leiden tot een formalisering in de beschreven taken en richtlijnen.
De risicotolerantie geeft vaak richting aan de strategie van een huishouding. Om dit te verduidelijken, is te verdedigen dat een grotere tolerantie meestal samenvalt met een risicovollere en agressievere strategie.

2 Risk assessment

Risk assessment

Inschatten van risico's

Risk assessment is het inschatten van risico's.
Bij het inschatten van risico's worden twee beoordelingen gemaakt: de kans dat een kritieke gebeurtenis zich voordoet en de omvang van de gevolgen van de kritieke gebeurtenis indien deze zich inderdaad voordoet (Vaassen, 2004).
Risico's worden beoordeeld op de gevolgen voor de organisatie. Welke actie is gewenst bij het optreden van een risico? Op welke wijze kan het risico beperkt worden en zijn alle bedreigingen daardoor weggenomen, of moet er rekening gehouden worden met een niet te beperken risico?
Het smelten van de ijskap is een niet te beperken risico. De organisatie kan met de exploitatie van de activiteiten al rekening houden met dit onomkeerbare feit. Hoe snel dit feit zich zal voltrekken, dat weet niemand.
Een gebeurtenis kan zich verwacht of juist onverwacht voordoen. Voor het laatste geval is een inschatten nodig van de kans dat een bepaald voorval zich voordoet (risicobeoordeling).

6 Control activities

Control activities

Geïmplementeerde controles

Control activities zijn de geïmplementeerde controles voor risicobeheersing.
Beleid en instructies zorgen voor een uiteenzetting van taken, waarbij procedures laten zien op welke manier dit dient te gebeuren. Hierin is duidelijk het gedachtegoed van de business balanced scorecard te herkennen.
Door het instellen van een systeem van interne beheersing kunnen risico's tijdig worden gesignaleerd. Tegenwoordig is er sprake van een verregaande automatisering van informatiestromen. De risico's die verbonden zijn aan automatisering zijn anders dan de gewone bedrijfsrisico's en zij worden op een specifieke wijze beheerst. Men spreekt over application controls, gericht op de werking van software en over general IT controls, gericht op de continuïteit van de hardware en toegang tot de systemen.

7 Information and communication

Relevant information is identified, captured, and communicated in a form and timeframe that enable people to carry out their responsibilities. Effective communication also occurs in a broader sense, flowing down, across, and up the entity.

Informeren en communiceren

Informeren en communiceren gaat over het verwerken van relevante informatie. Informatie die van belang is voor de organisatie moet tijdig, volledig en juist worden geformuleerd. Kwaliteit van informatie is van groot belang voor een goede uitvoering van de werkzaamheden. Indien informatie laat beschikbaar komt, dan kunnen belangrijke beslissingen niet op tijd worden genomen.
Informatie wordt gedefinieerd als 'datgene wat het bewustzijn van de mens bereikt en bijdraagt tot zijn kennisbeeld'. Informatie moet dus voor de ontvanger nieuw en relevant zijn. 'Communicatie beoogt het tot stand brengen van wederzijds begrip tussen mensen of groepen van mensen.' (Starreveld, 2002).

3

8 Monitoring

The entirety of enterprise risk management is monitored and modifications made as necessary. Monitoring is accomplished through ongoing management activities, separate evaluations, or both.

Monitoring
Beoordelen en evalueren van risico's

Monitoring is het beoordelen en evalueren van risico's.
Informatie leidt tot het nemen van beslissingen. Deze beslissingen brengen risico's met zich mee. Een beoordeling van deze risico's bepaalt de keuzes bij het nemen van de beslissingen. De beheersingsmaatregelen moeten continue beoordeeld worden en zonodig aangepast worden aan veranderende situaties.
Monitoring kan doorlopend tijdens activiteiten plaatsvinden of periodiek. Indien zij tijdens de activiteiten plaatsvindt, kan zij effectiever worden uitgevoerd per activiteit aangezien fouten of onjuistheden direct worden opgemerkt. De risico's kunnen ook geheel periodiek worden beoordeeld. Hiervan wordt met name gebruikgemaakt indien er grote organisatorische veranderingen plaatsvinden; er dient in dat geval een nieuwe risicobeoordeling te komen afhankelijk van de doelstellingen die voor de veranderde organisatie zijn gesteld in de component 'objective setting'.
Figuur 3.5 geeft schematisch het beoordelen en evalueren van risico's van een bedrijfsdoel weer.

FIGUUR 3.5 ERM monitoring risks

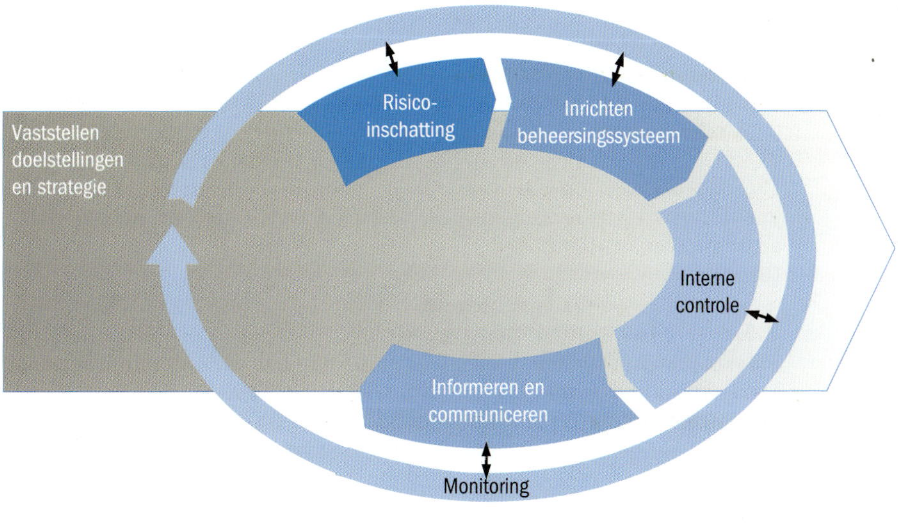

3.5.2 Analyse- en Beoordelingsinstrument Interne Beheersing

Analyse- en Beoordelingsinstrument Interne Beheersing

In Nederland heeft het Nederlands Instituut van Registeraccountants in 1999 een instrument ontwikkeld voor interne beheersing, het Analyse- en Beoordelingsinstrument Interne Beheersing (ABIB). Dit hulpmiddel stelt ondernemers, al dan niet met behulp van interne en/of externe accountants, in staat om een analyse te maken van de effectiviteit van het eigen interne beheersingssysteem. De kern hiervan bestaat uit een vragenlijst waarmee de onderneming een analyse kan uitvoeren.

Bij dit instrument wordt voor interne beheersing praktisch dezelfde definitie gehanteerd als in het COSO-rapport, en ook de componenten van het ABIB komen overeen met de ERM-componenten. Deze componenten zijn alle weer opgesplitst in deelcomponenten. Om een oordeel te geven over de mate van interne beheersing op een bepaald aspect van de bedrijfsvoering wordt bij ABIB gebruikgemaakt van de management(control)cyclus. Deze cyclus bevat de volgende fasen:

1 opzet/beleid
2 uitvoering
3 toetsing
4 evaluatie en bijsturing

Alle deelcomponenten worden volgens de vier fasen van de managementcyclus uitgewerkt en er worden per fase verschillende aandachtsgebieden benoemd en vragen gesteld om de mate van beheersing te kunnen bepalen. In het document 'Handreikingen voor implementatie en gebruik van ABIB' wordt aangegeven dat gebruikers het ABIB hierdoor goed toepasbaar vinden omdat de managementcyclus voor veel gebruikers zeer herkenbaar is. Deze herkenbare aanpak vergroot de bewustwording omtrent interne beheersing bij alle betrokkenen in een bedrijf.

Het ABIB geeft inzicht in de volgende vraagstukken:

- Hoe gaat de onderneming om met de interne en externe risico's die het realiseren van de organisatiedoelstellingen in de weg staan?
- Hoe zorgt de onderneming ervoor dat datgene wat moet gebeuren ook daadwerkelijk wordt uitgevoerd?
- Hoe waarborgt de onderneming dat de informatie die nodig is om werkzaamheden goed uit te voeren, bij de juiste personen aanwezig is en wordt gebruikt?
- Hoe zorgt de onderneming ervoor dat de werkprocessen tot de gewenste effectiviteit en efficiëntie leiden?
- Hoe kan de onderneming er zeker van zijn dat zij op de juiste wijze wordt bestuurd?

Door beantwoording van deze vragen en een analyse van de antwoorden kan de organisatie vervolgens zelf vaststellen welke verbeteringen gerealiseerd moeten worden.
(Bron: NBA)

3.5.3 Tax control framework

Eerst aandacht voor een relevante ontwikkeling bij de Nederlandse fiscus. Deze zet – onder de noemer horizontaal toezicht – steeds meer in op een vertrouwensrelatie met de belastingplichtige. Kort samengevat krijgen belastingplichtigen het vertrouwen van de Belastingdienst, maar zij worden

dan wel geacht eerlijk en open hun relevante fiscale risico's aan de fiscus voor te leggen. De Belastingdienst doet hiermee een beroep op het verantwoordelijkheidsbesef van het ondernemingsbestuur.
Het streven naar een vertrouwensrelatie met ondernemingen blijkt bijvoorbeeld uit de handhavingsconvenanten die de Belastingdienst met verschillende grote ondernemingen gesloten heeft. In een convenant worden afspraken gemaakt over de wijze en de intensiteit van het toezicht, en over de manier waarop partijen samenwerken. Inmiddels is uit een evaluatie gebleken dat ondernemers deze werkwijze positief beoordelen.

Zelfregulering

De basis van een convenant is behalve vertrouwen ook zelfregulering. Dit sluit het aan bij de regels rond corporate governance en financiële verslaglegging. Voor het bedrijfsleven wordt interne beheersing steeds belangrijker.

Tax control framework

Een vorm van zelfregulering is het tax control framework (TCF) waarmee de fiscale risico's inzichtelijk worden gemaakt en de fiscale processen beheerst kunnen worden.
Bedrijven moeten en willen in control zijn. Daarvoor beschikken zij over een internal control framework, waarvan het tax control framework een onderdeel is. Het TCF richt zich op de interne beheersing van de fiscale processen en heeft betrekking op alle belastingmiddelen. Een TCF is maatwerk en wordt opgesteld door en voor de onderneming.
De mate waarin een onderneming in control is, bepaalt in hoge mate de vorm en de intensiteit van het toezicht door de Belastingdienst.

PRINCIPE 1.4 VERANTWOORDING OVER RISICOBEHEERSING
Het bestuur legt verantwoording af over de effectiviteit van de opzet en de werking van de interne risicobeheersings- en controlesystemen.

Het bestuur legt verantwoording af in een bestuursverslag over de risicobeheersing. Onderwerpen die aan de orde komen zijn:

I. de uitvoering van de risicobeoordeling en beschrijving van de voornaamste risico's waarvoor de vennootschap
II. zich geplaatst ziet in relatie tot haar risicobereidheid. Hierbij kan gedacht worden aan strategische,
III. operationele, compliance en verslaggevingsrisico's;
IV. de opzet en werking van de interne risicobeheersings- en controlesystemen over het afgelopen
V. boekjaar;
VI. eventuele belangrijke tekortkomingen in de interne risicobeheersings- en controlesystemen die in het
VII. boekjaar zijn geconstateerd, welke eventuele signi cante wijzigingen in die systemen zijn aangebracht, welke eventuele belangrijke verbeteringen van die systemen zijn voorzien en dat deze onderwerpen besproken zijn met de auditcommissie en de raad van commissarissen; en
VIII. de gevoeligheid van de resultaten van de vennootschap voor materiële wijzigingen in externe omstandigheden.

3

Financiële verslaglegging
De Rabobank Groep streeft voortdurend naar verbetering van de corporate governance en de in de markt groeit het besef van mondiale best practices op het gebied van bestuur en interne beheersing, en de Rabobank Groep is een groot voorstander van ethische normen, transparantie en verantwoording.

In het licht van het voorgaande heeft de Rabobank Groep op vrijwillige basis haar beheersing van de financiële verslaggeving onderzocht en geëvalueerd. De Rabobank Groep heeft dit onderzoek uitgevoerd op een wijze die vergelijkbaar is met de manier waarop in de Verenigde Staten gevestigde bedrijven Sarbanes-Oxley 404 plegen toe te passen. De Rabobank Groep is daartoe niet verplicht, want ze is geen registrant bij de Amerikaanse Securities and Exchange Commission en is daarom niet onderworpen aan de daarvoor geldende regelgeving en het bijbehorende toezicht.

De Rabobank Groep is van mening dat onderzoek naar de interne beheersing van de financiële verslaggeving de effectiviteit ervan heeft verbeterd en mogelijkheden biedt om eventuele tekortkomingen eerder te identificeren en op te lossen. Dit leidt voor alle belanghebbenden tot meer transparantie van de kwaliteit van de financiële verslaggeving van de Rabobank Groep. Als gevolg van het onderzoek zijn gebieden vastgesteld waarop bepaalde bedrijfsprocessen verder kunnen worden verbeterd, vereenvoudigd en gestandaardiseerd.

De Rabobank Groep hanteert een uitgebreid systeem van interne beheersingsmaatregelen om te waarborgen dat transacties worden verricht zoals ze zijn goedgekeurd, dat de financiële verslaggeving juist en betrouwbaar is, en dat de activa worden bewaakt.

De Rabobank Groep heeft een proces ingevoerd op grond waarvan financiele en operationele managers binnen de Rabobank Groep de juistheid van de financiële gegevens beoordelen en certificeren, en zich uitspreken over de toereikendheid en werking van de interne beheersing van de financiële verslaggeving.
Procedures en maatregelen zijn ingevoerd die:
- betrekking hebben op het voeren van een administratie waarin transacties en verkopen van activa nauwkeurig, juist en redelijk gedetailleerd worden gedocumenteerd;
- een redelijke mate van zekerheid verschaffen dat transacties zodanig worden vastgelegd dat de jaarrekening kan worden opgemaakt in overeenstemming met de International Financial Reporting Standards zoals aanvaard binnen de Europese Unie, en dat inkomsten en uitgaven slechts plaatsvinden met de goedkeuring van het management;
- een redelijke mate van zekerheid verschaffen omtrent het voorkomen en tijdig ontdekken van ongeoorloofde verwerving, gebruik of verkoop van activa die van materiële betekenis zou kunnen zijn voor de jaarrekening.

Het interne beheersingskader voor de organisatie en de beheersing van de activiteiten van de Rabobank Groep zijn gebaseerd op het raamwerk van de Committee of Sponsoring Organizations of the Treadway Commission (COSO). Zoals opgenomen in de verklaring bij de jaarrekening is de raad van bestuur van mening dat de interne risicobeheersings- en controlesystemen toereikend en doeltreffend zijn en een redelijke mate van zekerheid geven dat de financiële verslaggeving van de Rabobank Groep geen onjuistheden van materieel belang bevat. De financiële verslaglegging van de Rabobank Groep is in overeenstemming met de uitgangspunten zoals vastgesteld door COSO.

In figuur 3.6 wordt het tax control framework schematisch weergegeven. De basis van dit framework sluit aan bij de uitgangspunten van het COSO-framework. Eerst een raamwerk opzetten en onderhouden waarin beheersingsmaatregelen zijn opgenomen waardoor het risico van onjuiste belastingafdracht wordt voorkomen. Vervolgens vaststellen dat de genomen maatregelen werken, de risico's analyseren uit de verkregen interne informatie en ten slotte de externe rapportage opstellen, de belastingaangiften.

FIGUUR 3.6 Tax control framework

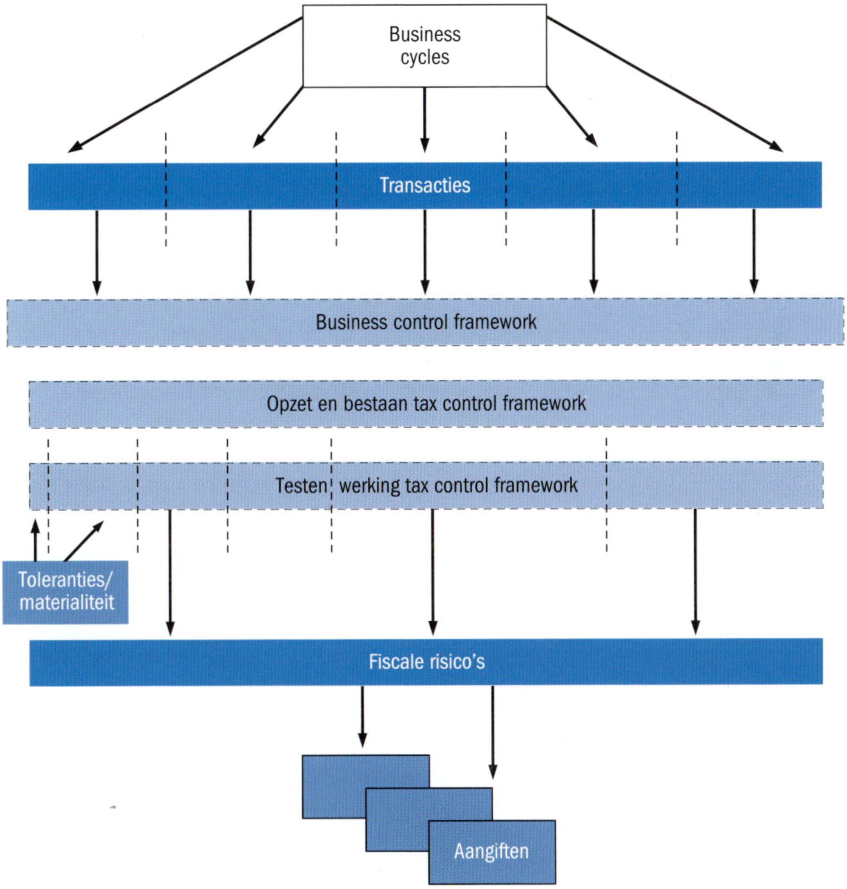

Samenvatting

Interne beheersing leidt tot behoud van de waarden van de organisatie, in de Engelse taal spreekt men over internal control. Door een goed werkend systeem van interne beheersing krijgen betrokkenen een positief gevoel bij de ondernemingsactiviteiten. Als op die beheersingmaatregelen ook voldoende intern toezicht wordt uitgeoefend, de interne controle, dan kan men stellen dat er alles aan gedaan is om grip op de ondernemingsactiviteiten te krijgen en te behouden. Men spreekt dan van een in-controlsituatie. Het voortbestaan van de onderneming is gewaarborgd.

Interne beheersing wordt verkregen door het opstellen van een raamwerk van maatregelen, in de literatuur ook wel de administratieve organisatie genoemd. Het beheersbaar maken start bij het vaststellen van de bedrijfstypologie als kapstok voor de algemene bedrijfsrisico's. Vervolgens worden de bedrijfsspecifieke risico's bepaald. De bedrijfsactiviteiten worden nader geanalyseerd en opgedeeld in bedrijfsprocessen (businesscycle). Ten slotte worden de beheersingsmaatregelen per bedrijfsproces beoordeeld en aan de hand van gesignaleerde omissies in de beheersingsmaatregelen de interne beheersingsrisico's vastgesteld.

Bij de borging van bedrijfsrisico's spelen twee organisatorische aspecten een belangrijke rol:
- de transparantie van het geheel van beheersingsmaatregelen;
- de organisatie van de interne controle.

Op basis van een analyse van de bedreigingen kunnen passende reacties worden gegeven, waarbij het risico als acceptabel wordt beschouwd of die het risico wel reduceert. Ook vermijden en overdragen van risico behoort tot de opties.
Regelmatig moeten de bestaande risico's worden geïdentificeerd, aangezien een organisatie in haar omgeving continu in beweging is. Romney en Steinbart spreken over een bedrijfsproces (cycle).
Risico's kunnen worden gesignaleerd en beheerst door toepassing van beheersingsmodellen. ERM, ABIB en het tax control framework zijn hiervan voorbeelden. Beslist geen limitatieve opsomming, maar wel de belangrijkste instrumenten van risicobeheersing op dit moment. Een gewaarschuwd mens telt voor twee! Als de leiding de risico's kent in haar organisatie, dan weet ze wat haar te doen staat.

Vragen en opdrachten

3.1 Aan wie rapporteert het bestuur als het de risicobeheersing betreft?

3.2 Wat wordt bedoeld met in control zijn?

3.3 Welke vier instrumenten van risicobeheersing noemt de gedragscode?

3.4 Welk raamwerk van interne beheersing wordt door de Commissie Corporate Governance Code genoemd?

3.5 Op welke risico's ziet de Deming cycle toe?

3.6 Wat is het doel van het definiëren van een typologie van een organisatie?

3.7 Wat wordt bedoeld met het begrip 'control environment'?

3.8 Benoem de zes fasen in de beschrijving van de beheersingsmaatregelen.

3.9 Leg uit wat bedoeld wordt met de bottom-upbenadering bij het beschrijven van de beheersingsmaatregelen.

3.10 Wat is een data flow diagram?

3.11 Wie heeft het COSO-raamwerk ontwikkeld?

3.12 Wat wordt bedoeld met het begrip 'raamwerk'?

3.13 Welke drie categorieën zijn uitgangspunt in de definitie van interne beheersing volgens het COSO-rapport?

3.14 Uit welke bouwstenen/elementen bestaat het COSO-raamwerk?

3.15 Leg uit waar de samenhang ontstaat tussen de risico's en de interne omgeving van een organisatie.

3.16 Geef een voorbeeld van een objective zoals bedoeld in het ERM-raamwerk.

3.17 Waar zullen nieuwe kansen voor een onderneming toe leiden indien het ERM-raamwerk wordt toegepast?

3.18 Geef aan waar de afkorting ABIB voor staat.

3.19 Door wie is het ABIB opgesteld?

3.20 Waar bestaat de management(control)cyclus uit die gebruikt wordt bij het ABIB?

3.21 Wat wordt bedoeld met horizontaal toezicht?

3.22 Waar richt het tax control framework zich op?

4 Controle op de beheersing en verantwoording

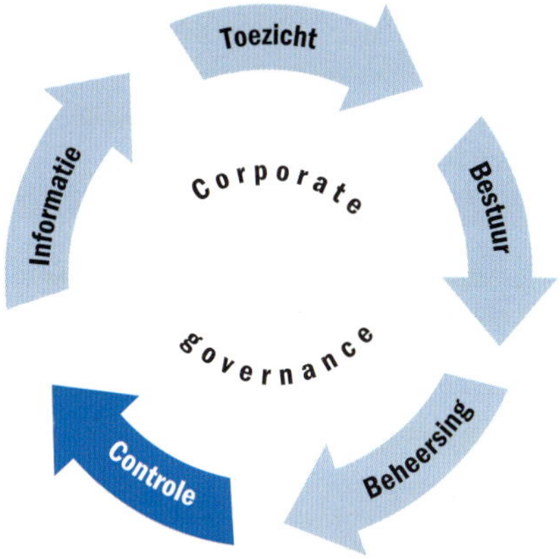

Als de organisatie een beeld heeft van de risico's en nagedacht heeft over de maatregelen die zij moet nemen om de risico's beheersbaar te maken, komt zij aan de controle op de genomen maatregelen van interne beheersing. Dit boek is geschreven voor studenten die werkzaam zijn in een financiële functie. Ik richt mij daarom op de controle van de financiële verantwoording. Naast controle op de financiële verantwoording vindt ook controle plaats op de operationele activiteiten (operational control). De wetgeving richt zich ook nadrukkelijk op de controle van de financiële verantwoording. Wie controleert wie en hoe er moet worden gecontroleerd, zijn belangrijke vragen. De wetgever stelt de controle bij middelgrote en grote ondernemingen verplicht, dit is de wettelijke controle. Voor beursgenoteerde ondernemingen geldt dat het toezichthoudend orgaan in het bedrijf door middel van een auditcommissie zorgdraagt voor een onafhankelijke positie van een externe accountant, dit is geregeld in de gedragscode. Vooral bij grote ondernemingen maakt de externe accountant dankbaar gebruik van de werkzaamheden van de interne accountantsdienst ofwel de interne controlefunctie. De interne controlefunctie heeft dagelijks zicht op de gebeurtenissen in de onderneming, de externe controleur slechts periodiek. Een goede samenwerking tussen de twee functies zal leiden tot een solide basis voor het doen van uitspraken over de betrouwbaarheid van de rapportages door de onderneming.

4.1 Interne audit functie

4

Het is van belang onderscheid te maken tussen de controlerende, toezichthoudende, besturende en beheers- en beheerfuncties, waarbij ook de positie en verantwoordelijkheden van de externe toezichthouder, de externe accountant en de algemene vergadering van aandeelhouders mee dienen te worden genomen. Een verschuiving van verantwoordelijkheden en uitbreiding of inperking van bevoegdheden kan tot gevolg hebben dat er onduidelijkheden ontstaan voor de interne organisatie maar ook voor externe toezichthouders en investeerders.

Interne auditfunctie

Het toezicht op de werking van de interne beheersingsmaatregelen wordt in grote organisaties opgedragen aan de interne accountant. In kleinere organisaties wordt deze functie toebedeeld aan de controller of het hoofd van de administratie. Samengevat spreken we over de interne auditfunctie. De externe accountant beoordeelt of er voldoende maatregelen van interne beheersing genomen zijn en baseert op de genomen maatregelen de aanpak voor de controle van de externe verantwoording. In die zin werkt de interne controle ondersteunend voor de externe controle.

De interne auditfunctie onderzoekt of de opzet en werking van processen op het gebied van risicomanagement, beheersing en besturing toereikend zijn om de doelstellingen van de organisatie te realiseren. Zij geeft daarmee zekerheid (assurance) en adviseert daarover aan het verantwoordelijke management, het bestuur en de auditcommissie.
Er worden verschillende soorten onderzoeken (audits) uitgevoerd. De meest voorkomende zijn:

Operational audits
- operational audits naar de kwaliteit van de beheersing van processen, afdelingen of projecten, inclusief de betrouwbaarheid van de daartoe benodigde informatie;

IT-audits
- IT-audits naar de opzet en inrichting van IT-governance en naar de beheersing van de IT-processen en -systemen;

Compliance audits
- compliance audits naar de naleving van relevante wet- en (externe en interne) regelgeving;

Financial audits
- financial audits, gericht op de betrouwbaarheid van de financiële informatie. Met name bij financiële instellingen wordt de audit van financiële processen vaak meegenomen in de operational audits. Veel organisaties hebben ervoor gekozen de audit van de financiële verslaggeving geheel of gedeeltelijk over te laten aan de externe accountant.

PRINCIPE 1.3 DE INTERNE AUDITFUNCTIE
De interne audit functie heeft als taak de opzet en de werking van de interne risicobeheersings- en controlesystemen te beoordelen. Het bestuur is verantwoordelijk voor de interne audit functie. De raad van commissarissen houdt toezicht op de interne audit functie en heeft regelmatig contact met diegene die de functie vervult.

Principe Interne accountant

De gedragscode stelt dat de interne accountant dient te opereren in opdracht van de raad van bestuur. Voor een zuiver toezicht op de opzet en werking van het geheel van interne beheersings- en betrouwbaarheidsmaatregelen kan echter ook worden gekozen om de auditcommissie deze rol te laten vervullen. De raad van bestuur en het onderliggende lijnmanagement zullen dan voor het beheersen en beheren van het stelsel van interne beheersings- en betrouwbaarheidsmaatregelen gebruikmaken van de hiervoor logische partner: de interne auditfunctie.

Het laten aansluiten van het controleprogramma van de externe accountant op het gecombineerde audit- en controleprogramma van een organisatie, stelt ook de externe accountant in staat zijn inzicht in de opzet en werking van het geheel aan interne beheersings- en betrouwbaarheidsmaatregelen te vergroten. De bestpracticebepalingen uit de gedragscode geven daarom aan dat de externe accountant en de auditcommissie worden betrokken bij het opstellen van het werkplan van de interne accountant. Zij nemen ook kennis van de bevindingen van de interne accountant. De interne accountant moet rechtstreeks met de externe accountant kunnen communiceren en onderhoudt contacten met de voorzitter van de auditcommissie. Indien een interne auditfunctie ontbreekt, evalueert de auditcommissie jaarlijks of er behoefte bestaat aan een interne accountant. Aan de hand van deze evaluatie doet de raad van commissarissen hierover, op voorstel van de auditcommissie, een aanbeveling aan het bestuur en neemt deze op in het verslag van de raad van commissarissen.

In Nederland zijn vier beroepsorganisaties en bijbehorende opleidingen en titels van belang voor de diverse interne accountants:
1 het Instituut van Internal Auditors (IIA) Nederland, de grootste organisatie met 2.100 leden;
2 de vakgroep INTAC van de NBA;
3 de Nederlandse Orde van Register EDP Auditors (NOREA); en
4 de Stichting Verenigde Register Operational Auditors (VRO).

Figuur 4.1 geeft een overzicht van de plaats van de controlefuncties met betrekking tot corporate governance die tot nu toe besproken zijn.

FIGUUR 4.1 Governancefuncties

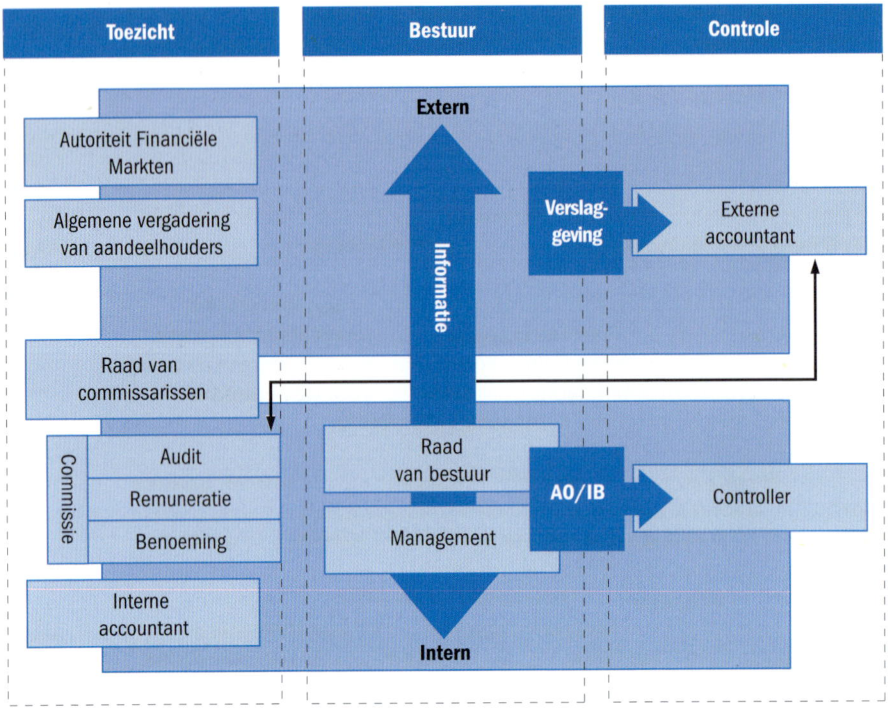

4

4.2 Externe accountant

4.2.1 Regelgeving voor accountants

De werkzaamheden van de accountant worden beheerst door gedragsregels voor ethisch handelen (code of ethics) en beroepsregels opgenomen in de Nadere voorschriften controle- en overige standaarden (NV COS). Deze regels zijn van toepassing op zowel de interne accountant als de externe accountant. De interne accountant wordt aangemerkt als accountant in business, de externe accountant als openbaar accountant. Voor de accountant in business gelden in vergelijking met de externe accountant een beperkter aantal beroepsregels. Op de wettelijke controle van de grote ondernemingen (organisaties van openbaar belang, OOB) is de Wet toezicht accountantsorganisaties (Wta) van toepassing. De Autoriteit Financiële Markten ziet toe op de naleving van deze wet.

Nadere voorschriften controle- en overige standaarden

Organisaties van openbaar belang

Interne accountant

De interne accountant draagt zorg voor de controle op de interne beheersingsmaatregelen.
De controle door de externe accountant betreft de verplichte wettelijke controle en de vrijwillige controle van de jaarstukken en de overige controles.
De controlewerkzaamheden van de externe accountant moeten vervolgens worden gesplitst in de controle van organisaties van openbaar belang waarop de Wet toezicht accountantsorganisaties van toepassing is, en andere organisaties.

Hoewel de controle in de wet geregeld is, wordt de nota van de externe accountant door de gecontroleerde organisatie betaald. Naleving van wetgeving wordt doorgaans door de overheid bekostigd. Dit schept een grotere mate van onafhankelijkheid van de controleur ten opzichte van de gecontroleerde organisatie. Controle op juiste belastingaangifte, controle op arbeidsomstandigheden enzovoort wordt betaald uit de middelen van de overheid. In 2009 betaalden Nederlandse beursfondsen gemiddeld 4,7 miljoen euro voor een accountantscontrole. Voor accountantsorganisaties leidt de wettelijke controletaak dus tot een substantieel bedrag aan omzet. Dit kan toch wel enige spanning opleveren in de naleving van de regelgeving ten opzichte van de belangen van de gecontroleerde organisatie.

In figuur 4.2 is in schema de van toepassing zijnde regelgeving voor accountants opgenomen. Dit is bedoeld om een beeld te geven van de hoeveelheid aan regels die voor accountants gelden. Voor de behandeling van de regelgeving verwijs ik naar de literatuur voor Audit & Assurance van de accountantsopleidingen.

FIGUUR 4.2 Schema regelgeving voor accountants

	Gedragsregels	Beroepsregels	Toezicht
Voor alle werkzaamheden van accountants			
	VGBA	NVPE	Tuchtrecht
Specifieke opdrachten			
Wettelijke controle	Wta en Bta	NV COS en ViO	AFM en RvT
Overige assurance opdrachten	VGBA	NV COS en ViO	RvT
Aan assurance verwante opdrachten		NV COS	RvT
Overige opdrachten			

4.2.2 Toezicht op accountants en accountantsorganisaties

Op 1 oktober 2006 is de Wet toezicht accountantsorganisaties (Wta) van kracht geworden.

De Wet toezicht accountantsorganisaties heeft tot doel de publieke functie van de controleverklaring te waarborgen en het vertrouwen in de financiële markten te bevorderen. Een controleverklaring is vaak het enige houvast voor de gebruikers van financiële verantwoordingsinformatie die afkomstig is van bedrijven en andere organisaties. De vakbekwaamheid en onafhankelijkheid van de individuele accountant dienen daarom buiten twijfel te staan. Ook moet een accountantsorganisatie haar onafhankelijkheid kunnen aantonen en dient zij te beschikken over een goed werkend systeem van kwaliteitsbeheersing.

Controleverklaring

Kwaliteitsnormen

De Wet toezicht accountantsorganisaties (Wta) ziet toe op de uitoefening van de accountantswerkzaamheden met betrekking tot de wettelijke controle van grote organisaties, dat wil zeggen: organisaties die van groot belang zijn voor de maatschappij, de organisaties van openbaar belang

(OOB). De wet is het vervolg op de EG-richtlijn voor toezicht op de wettelijke controle. Om de jaarrekening van een organisatie van openbaar belang te mogen controleren en certificeren, moet een accountantsorganisatie een vergunning hebben van de (AFM). Deze vergunning wordt uitsluitend verstrekt als het accountantskantoor voldoet aan voorgeschreven kwaliteitsnormen. Deze eisen hebben met name betrekking op de dossiervorming door het accountantskantoor. Alle controleactiviteiten moeten gedetailleerd worden vastgelegd, vanuit de gedachte dat wat niet is vastgelegd ook niet is gedaan. De AFM gaat regelmatig toetsen of de kantoororganisatie voldoet aan de kwaliteitseisen en met name of de dossiervorming voldoet aan de gestelde eisen.

Autoriteit Financiële Markten

Vergunning

Het gaat dus om een kwaliteitssysteem zoals dat verder in het bedrijfsleven ook gehanteerd wordt (bijvoorbeeld ISO). De door de AFM gestelde kwaliteitsnormen zijn echter verregaand; het gaat om zorgplicht, geheimhouding, opdrachtaanvaarding, onafhankelijkheid en integere bedrijfsvoering. De beroepsorganisatie NBA kent vergelijkbare kwaliteitsnormen in de Verordening Gedrags- en Beroepsregels voor Accountants (VGBA). Een groot verschil met de VGBA-normen is dat de kantoororganisatie verantwoordelijk is en niet de individuele accountant. Gaat het mis, dan kan de accountant worden aangesproken op grond van de VGBA en de accountantsorganisatie op grond van de Wta.

Verordening Gedrags- en Beroepsregels voor Accountants

Sancties

Eenieder kan een accountant aanspreken op gedragingen die in strijd zijn met de VGBA. De beroepsorganisaties, de klanten van de accountant, maar ook een willekeurige derde. De klachten over accountants worden behandeld door de tuchtraden bij de rechtbank. Voor de individuele accountant kan de uitspraak leiden tot een berisping, een schorsing of een doorhaling in het accountantsregister.
De AFM kan bij het niet-voldoen aan de eisen verschillende sancties opleggen. Zij kan een boete opleggen en deze maatregel publiceren. Ook kan zij een openbare waarschuwing geven indien een accountantsorganisatie een wettelijke controle uitvoert zonder over een daarvoor benodigde vergunning te beschikken. Indien een accountantsorganisatie het niet eens is met een besluit van de AFM kan zij bezwaar maken bij de AFM tegen dit besluit en daarna zo nodig beroep instellen bij de bestuursrechter te Rotterdam. Eventueel is hoger beroep mogelijk bij het College van Beroep voor het Bedrijfsleven in Den Haag.
De AFM spreekt bij verwijtbaar handelen door een individuele externe accountant in eerste instantie de accountantsorganisatie hierop aan. Zij heeft echter ook de mogelijkheid om de individuele externe accountant voor te dragen bij de tuchtrechter. Indien de accountantsorganisatie wettelijke controles verricht zonder de vereiste vergunning, is dit een strafbaar feit en kan dit leiden tot een veroordeling door een strafrechter.

Geen samenloop van samenstellen en controleren van de jaarrekening

De uitvoering van de controlewerkzaamheden bij een organisatie van openbaar belang kan worden uitgesloten op grond van bepalingen in de Wet toezicht accountantsorganisaties. Art. 23 Wta gaat in op samenloop met overige werkzaamheden door de accountantsorganisatie. Zo is het volgens dit artikel niet toegestaan dat een accountantsorganisatie die belast is geweest met het samenstellen van de jaarrekening tevens de

Samenloop met overige werkzaamheden door de accountantsorganisatie

controle van deze jaarrekening voor haar rekening neemt. Zij controleert dan immers haar eigen werk. Pas als het meer dan twee jaar geleden is dat de accountantsorganisatie voor de laatste keer de jaarrekening heeft samengesteld, kan zij een opdracht tot controle van de jaarrekening aanvaarden. Praktisch bezien kan dan indien zij de jaarrekening van 2008 heeft samengesteld, pas met ingang van de jaarrekening 2011 worden overgegaan tot controle van deze jaarrekening. Natuurlijk wel onder de voorwaarde dat er vanaf 2008 geen jaarrekening samengesteld is door deze accountantsorganisatie. Ook mag de controlerende accountantsorganisatie zich niet bezighouden met de financiële administratie van de te controleren organisatie.

Roulatieplicht

Roulatieplicht binnen het controleteam

In art. 24 Wta wordt ingegaan op de roulatieplicht binnen het controleteam en van de accountant binnen de accountantsorganisatie. Een accountant kan maximaal zeven jaar achtereen verantwoordelijk zijn voor de controle van dezelfde organisatie. Pas na twee jaar van niet-verantwoordelijk zijn kan hij weer als verantwoordelijk accountant optreden. De regelgeving van de accountantsorganisaties gaan overigens verder; die betrekt ook andere medewerkers van het controleteam in de roulatieverplichting.

4

4.2.3 Externe accountant en de raad van commissarissen

PRINCIPE 1.5 ROL RAAD VAN COMMISSARISSEN

De raad van commissarissen houdt toezicht op het beleid van het bestuur en de algemene gang van zaken in de vennootschap en de met haar verbonden onderneming. Hierbij richt de raad zich tevens op de effectiviteit van de interne risicobeheersings- en controlesystemen van de vennootschap en de integriteit en kwaliteit van de financiële verslaggeving.

Jaarlijkse rapportage

De externe accountant is een vertrouwenspersoon. De relatie met de te controleren organisatie is hierop gebaseerd. Onafhankelijkheid ten opzichte van de gecontroleerde organisatie is van belang voor een objectief oordeel door de accountant. Het bestuur en de auditcommissie van de gecontroleerde organisatie rapporteren daarom jaarlijks aan de raad van commissarissen over de ontwikkelingen in de relatie met de externe accountant, waaronder in het bijzonder diens onafhankelijkheid. Ook de roulatieplicht wordt hierin meegenomen en de samenloop met niet-controlewerkzaamheden door de accountantsorganisatie. De Wet toezicht accountantsorganisaties ziet toe op sancties, die in de voorgaande subparagraaf 4.1.2 zijn besproken. De organisatie heeft echter haar eigen verantwoordelijkheid.

Niet alleen de onafhankelijkheid is van belang. Het geheel aan werkzaamheden voor de externe controle wordt beoordeeld door het bestuur en de auditcommissie aan de hand van de vragen of de accountant capabel genoeg is, of de werkzaamheden naar behoren verricht worden en of de prijsstelling in verhouding is met de verrichte werkzaamheden.

Vierjaarlijkse beoordeling

Functioneren van de externe accountant

Het bestuur en de auditcommissie maken ten minste eenmaal in de vier jaar een grondige beoordeling van het functioneren van de externe accountant in de diverse entiteiten en capaciteiten waarin deze fungeert. De belangrijkste conclusies hierover worden aan de algemene vergadering meegedeeld ten behoeve van de beoordeling van de voordracht tot benoeming van de externe accountant.

Principe Externe accountant

Externe accountant

PRINCIPE 1.6 BENOEMING EN BEOORDELING FUNCTIONEREN EXTERNE ACCOUNTANT
De raad van commissarissen doet de voordracht tot benoeming van de externe accountant aan de algemene vergadering en houdt toezicht op het functioneren van de externe accountant.

Wie de externe accountant benoemt, wordt door de wet bepaald (art. 2:393 lid 2 BW). De algemene vergadering van aandeelhouders (ava) is het orgaan om de opdracht te verstrekken. Bij het achterwege blijven van een aandeelhoudersbesluit is de directie bevoegd om de accountant te benoemen. (In de structuur-nv's is de raad van commissarissen een tussenschakel.)
De gedragscode bevestigt dit nog eens. Aanvullend bepaalt de code dat de onderneming terughoudend moet omgaan met het verstrekken van adviesopdrachten aan haar controlerende accountant. Dit sluit aan bij de stelling die de voorzitter van de eerste Commissie Corporate Governance Code (Morris Tabaksblat) had als bestuursvoorzitter van Unilever: 'Ik heb een accountantsorganisatie voor controle en een andere voor het advies.'
Op de accountant en zijn controle is een aantal wetten en regels van toepassing, waarvan vooral de Wet toezicht accountantsorganisaties hier van belang is. Het bestuur en de auditcommissie van de gecontroleerde onderneming beoordelen periodiek het functioneren van de externe accountant. De interne en externe accountant hebben hun eigen taken, die ondersteunend aan elkaar kunnen zijn.

Wet toezicht accountants-organisaties

4.3 Accountantsonderzoek

De externe accountant doet een onderzoek naar de betrouwbaarheid van de financiële verantwoording van organisaties. We bekijken hoe en wat de accountant onderzoekt en hoe zijn rapportage plaatsvindt.

PRINCIPE 1.7 UITVOERING WERKZAAMHEDEN EXTERNE ACCOUNTANT
De auditcommissie bespreekt met de externe accountant het auditplan en de bevindingen van de externe accountant naar aanleiding van zijn uitgevoerde werkzaamheden. Het bestuur en de raad van commissarissen onderhouden reguliere contacten met de externe accountant.

4.3.1 Controle van de jaarrekening

In art. 2:393 BW is het verplichte onderzoek van de jaarrekening geregeld. De uitkomsten van het accountantsonderzoek leiden tot het afgeven van een controleverklaring. Deze verklaring geeft aan of er sprake is van een getrouw beeld.

Controle-verklaring

Art. 2:393 BW (deskundigenonderzoek) luidt:

Deskundigen-onderzoek

'1 De rechtspersoon verleent opdracht tot onderzoek van de jaarrekening aan een registeraccountant of aan een Accountant-Administratieconsulent ten aanzien van wie bij de inschrijving in het in artikel 36, eerste lid, van de Wet op de Accountants-Administratieconsulenten bedoelde register een aantekening is geplaatst als bedoeld in artikel 36, derde lid, van die wet. De opdracht kan worden verleend aan een organisatie waarin accountants die mogen worden aangewezen, samenwerken.

2 Tot het verlenen van de opdracht is de algemene vergadering van leden of aandeelhouders bevoegd. Gaat deze daartoe niet over, dan is de raad van commissarissen bevoegd of, zo deze ontbreekt of in gebreke blijft, het bestuur. De aanwijzing van een accountant wordt door generlei voordracht beperkt. De opdracht kan worden ingetrokken door de algemene vergadering en door degene die haar heeft verleend; de door het bestuur verleende opdracht kan bovendien door de raad van commissarissen worden ingetrokken. De opdracht kan enkel worden ingetrokken om gegronde redenen; daartoe behoort niet een meningsverschil over methoden van verslaggeving of controlewerkzaamheden. De algemene vergadering hoort de accountant op diens verlangen omtrent de intrekking van een hem verleende opdracht of omtrent het hem kenbaar gemaakte voornemen daartoe. Het bestuur en de accountant stellen de Stichting Autoriteit Financiële Markten onverwijld in kennis van de intrekking van de opdracht door de rechtspersoon of tussentijdse beëindiging ervan door de accountant en geven hiervoor een afdoende motivering.

3 De accountant onderzoekt of de jaarrekening het in artikel 362 lid 1 vereiste inzicht geeft. Hij gaat voorts na, of de jaarrekening aan de bij en krachtens de wet gestelde voorschriften voldoet, of het jaarverslag, voor zover hij dat kan beoordelen, overeenkomstig deze titel is opgesteld en met de jaarrekening verenigbaar is, en of de in artikel 392 lid 1, onderdelen b tot en met g vereiste gegevens zijn toegevoegd.

4 De accountant brengt omtrent zijn onderzoek verslag uit aan de raad van commissarissen en aan het bestuur. Hij maakt daarbij ten minste melding van zijn bevindingen met betrekking tot de betrouwbaarheid en continuïteit van de geautomatiseerde gegevensverwerking.

5 De accountant geeft de uitslag van zijn onderzoek weer in een verklaring omtrent de getrouwheid van de jaarrekening. De accountant kan een afzonderlijke verklaring afgeven voor de enkelvoudige jaarrekening en voor de geconsolideerde jaarrekening.
De controleverklaring omvat ten minste:
a een vermelding op welke jaarrekening het onderzoek betrekking heeft en welke wettelijke voorschriften op de jaarrekening toepasselijk zijn;
b een beschrijving van de reikwijdte van het onderzoek, waarin ten minste wordt vermeld welke richtlijnen voor de accountantscontrole in acht zijn genomen;
c een oordeel of de jaarrekening het vereiste inzicht geeft en aan de bij en krachtens de wet gestelde regels voldoet;
d een verwijzing naar bepaalde zaken waarop de accountant in het bijzonder de aandacht vestigt, zonder een verklaring als bedoeld in lid 6, onderdeel b, af te geven;

4

e een vermelding van de gebleken tekortkomingen naar aanleiding van het onderzoek overeenkomstig lid 3 of het jaarverslag overeenkomstig deze titel is opgesteld en of de in artikel 392 lid 1, onder b tot en met g, vereiste gegevens zijn toegevoegd;
f een oordeel over de verenigbaarheid van het jaarverslag met de jaarrekening.

6 De controleverklaring, bedoeld in lid 5, heeft de vorm van:
a een goedkeurende verklaring;
b een verklaring met beperking;
c een afkeurende verklaring; of
d een verklaring van oordeelonthouding. De accountant ondertekent en dagtekent de controleverklaring.

7 De jaarrekening kan niet worden vastgesteld, indien het daartoe bevoegde orgaan geen kennis heeft kunnen nemen van de verklaring van de accountant, die aan de jaarrekening moest zijn toegevoegd, tenzij onder de overige gegevens een wettige grond wordt medegedeeld waarom de verklaring ontbreekt.

8 Iedere belanghebbende kan van de rechtspersoon nakoming van de in lid 1 omschreven verplichting vorderen.'

4.3.2 Onderzoeksmethoden

De externe accountant kent twee onderzoeksmethoden: de gegevensgerichte controle en de systeemgerichte controle.

Jaarrekening

Gegevens-geichte controle

De buitenwereld denkt bij de accountantscontrole vaak aan het in detail beoordelen van alle informatie die opgenomen is in de jaarrekening. Dan weet de accountant immers of alles deugt. De *gegevensgerichte controle* komt het dichtst bij deze denkwijze. Bij de gegevensgerichte controle worden de oorspronkelijke gegevens gecontroleerd. De accountant gaat voor de in de jaarrekening opgenomen cijfers de onderliggende stukken beoordelen. Het is onmogelijk om alle onderliggende stukken te controleren; dit zou leiden tot een onwerkbare situatie. De accountant van bijvoorbeeld Ahold zou jaren nodig hebben om één jaarrekening te controleren. Hij maakt daarom gebruik van steekproeven en deelwaarnemingen. Er worden dus wel onderliggende stukken gecontroleerd, maar niet alle stukken.

Systeemgerichte controle

Interimcontrole

De *systeemgerichte controle* sluit minder aan bij wat de buitenwereld vaak verwacht van een accountantscontrole. De externe accountant beoordeelt de genomen maatregelen van interne beheersing en beziet of deze voldoende waarborgen in zich hebben om een deugdelijke grondslag te vormen voor de jaarrekening. Als blijkt dat zij inderdaad voldoende waarborgen bieden, dan gaat de accountant periodiek bekijken of de interne beheersingsmaatregelen ook toegepast worden. Dit noemt men wel de interimcontrole. Door het doen van checks beoordeelt de accountant of de maatregelen toegepast worden. Als dit het geval is, dan kan de accountant ervan uitgaan dat de verantwoording redelijkerwijs correct is.

De hiervoor genoemde methoden zijn de twee uitersten. In de praktijk wordt er een mix van werkzaamheden toegepast. Als vastgesteld wordt dat de beheersingsmaatregelen werken, wordt de jaarrekening onderworpen aan een cijferbeoordeling waarin opvallende zaken nader worden onderzocht middels aanvullende gegevensgerichte controles. Als er sprake is van risico's die onvoldoende afgedekt worden door interne beheersingsmaatregelen, zal de accountant de processen die onder deze risico's vallen gegevensgericht controleren.

4.3.3 Onderwerp van de controle

Op grond van art. 2:393 lid 3 BW (zie subpar. 4.2.1) onderzoekt de accountant of de jaarrekening het vereiste inzicht geeft. Hij gaat ook na of de jaarrekening aan de wettelijke voorschriften voldoet, of het jaarverslag volgens de regels is opgesteld en met de jaarrekening verenigbaar is, en of de vereiste gegevens zijn toegevoegd.

Jaarverslag

Eerst even duidelijkheid over de terminologie uit de wet (Titel 9 Boek 2 BW).
Met *jaarverslag* bedoelt men het bestuursverslag, het verslag van de directie.

Bestuursverslag

Met *jaarrekening* wordt bedoeld de balans, de winst-en-verliesrekening en de toelichting hierop.
Met de *overige gegevens* wordt bedoeld de resterende informatie die niet thuishoort in het jaarverslag of de jaarrekening, zoals winstbestemming, stemrecht en gebeurtenissen na balansdatum.

De controleverklaring gaat in op de cijfermatige verantwoording, de jaarrekening.
Inzicht toetsen doet de accountant aan de hand van de normen die het maatschappelijk verkeer stelt aan het inzicht dat vereist is. Deze normen worden gevonden in de regelgeving inzake de jaarrekening, de Richtlijnen van de Raad voor de Jaarverslaggeving. De accountant moet het jaarverslag beoordelen op strijdigheid met de jaarrekening. Indien er bijvoorbeeld sprake is van een verlies, kan de directie van een profitorganisatie in het jaarverslag moeilijk verantwoorden dat het een winstgevend jaar is geweest. Ook moet de accountant onderzoeken of de vereiste overige gegevens zijn opgenomen.

Richtlijnen van de Raad voor de Jaarverslaggeving

Door het opnemen van de controleverklaring in de jaarlijkse rapportage wordt aan de lezer duidelijk gemaakt dat de verantwoording deugt. In welke mate zij juist is, dat is een vervolgvraag. Er is een verschil tussen fout en niet geheel juist. De accountant maakt een verdeling naar materiële en wezenlijke fouten. *Materiële fouten* leiden niet tot een afkeurende verklaring, wezenlijke fouten wel. *Niet-materiële fouten* leiden tot een goedkeurende verklaring. Om dus een goed beeld te hebben van het gewicht van de controleverklaring moet de gebruiker van de controleverklaring eerst bekend zijn met de inhoud van de begrippen (niet-)materiële en wezenlijke fout.
Een fout wordt als wezenlijk beschouwd indien de gebruiker bij het bekend zijn van de fout tot een andere beslissing op grond van de verstrekte informatie zal komen. Een fout wordt als *materieel* beschouwd indien de gebruiker tot een andere beslissing *kan* komen.

Controleverklaring

4.3.4 Rapportage door de externe accountant

BEST PRACTICE 1.7.5
Inzage discussiepunten tussen externe accountant en bestuur
De raad van commissarissen krijgt inzage in de belangrijkste discussiepunten tussen de externe accountant en het bestuur naar aanleiding van de concept management letter dan wel het concept.

Accountantsverslag

BEST PRACTICE 1.7.6
Aanwezigheid externe accountant bij vergaderingen raad van commissarissen
De externe accountant woont in ieder geval de vergadering van de raad van commissarissen bij waarin het verslag van de externe accountant van het onderzoek van de jaarrekening wordt besproken.

Het werkproces van een accountant bestaat in feite uit twee fasen:
1 het bepalen van de norm waaraan wordt getoetst;
2 het toetsingsproces (controleproces).

In de laatste fase wordt bepaald of datgene wat is onderzocht, als voldoende of onvoldoende moet worden gekwalificeerd. Dat is ook de fase waarin de rapportage in de vorm van de controleverklaring tot stand komt.
Alle bevindingen moeten leiden tot een type verklaring die past bij de situatie en die de accountant dus verantwoord vindt.

Ik ga in op de aspecten van de rapportage: de soorten verklaringen van de accountant, de management letter, de rapportage over toepassing van de gedragscode en de in-controlverklaring.

Soorten verklaringen
In accountantsland zijn er drie soorten verklaringen:
1 de controleverklaring: de rapportage over getrouwheid van de verantwoording met een hoge mate van zekerheid;

Beoordelingsverklaring

2 de beoordelingsverklaring: de rapportage over de getrouwheid van de verantwoording met een redelijke mate van zekerheid;

Samenstellingsverklaring

3 de samenstellingsverklaring: de rapportage over de verantwoording zonder iets te zeggen over de getrouwheid.

De controle van de accountant richt zich op de verantwoording door het bestuur in de vorm van een financieel verslag, de balans, de winst-en-verliesrekening, de toelichtingen hierop en de overige gegevens (de jaarrekening), en in de vorm van een tekstueel verslag (jaarverslag).
De controle van de jaarrekening kan uitsluitend leiden tot een oordeel met een hoge mate van zekerheid, de controleverklaring. Bij de externe jaarrekening van een controleplichtige organisatie wordt dus altijd een controleverklaring verstrekt. Indien de jaarrekening in orde is, dan zal er sprake zijn van een goedkeurende verklaring. Is de jaarrekening op zich niet onjuist maar zijn delen niet voldoende te controleren, dan volgt een verklaring met beperking of oordeelonthouding. Is de jaarrekening niet in orde, dan volgt een afkeurende verklaring.

In de algemene vergadering van aandeelhouders kunnen vragen gesteld worden over de inhoud van de verklaring. De externe accountant zal daarom de vergadering bijwonen en zonodig het woord voeren.

Management letter

De accountant rapporteert ook aan het bestuur en de raad van commissarissen. Deze rapportage vindt plaats met een zogenoemde management letter (brief van bevindingen). In deze brief geeft de accountant aanbevelingen ten aanzien van de beheersingsmaatregelen. Hij maakt daarbij ten minste melding van zijn bevindingen over de betrouwbaarheid en continuïteit van de geautomatiseerde gegevensverwerking. De accountant constateert de tekortkoming in de maatregelen, beschrijft de risico's die verbonden zijn aan deze tekortkoming en geeft aanbevelingen ter verbetering. De gedragscode geeft aan dat de rapportage van de accountant omtrent zijn bevindingen gericht moet zijn aan de auditcommissie. In deze situatie is de management letter dus gericht aan de auditcommissie.

Management letter

Rapportage over toepassing van de gedragscode

In de rapportage naar de raad van commissarissen rapporteert de accountant ook over de toepassing van de code door de organisatie. Dit is voor de accountant een nieuwe insteek van de controle. De accountant was gewend uitsluitend een verklaring af te geven over de financiële verantwoording. Cijfers kan men immers controleren. Om ook een oordeel te geven over goed ondernemingsbestuur, dat is andere koek. De verklaring over de toepassing van de code vereist een geheel afwijkende aanpak. Vandaar dat de accountantsorganisatie NBA een handreiking voor de accountant heeft opgesteld.

Ondernemingen die onder de reikwijdte van de gedragscode vallen, moeten dat in het jaarverslag vermelden. Tevens moeten zij uiteenzetten hoe ze de code toepassen.
Het NBA heeft in Praktijkhandreiking 1109 (de Tabaksblat Alert) instructies opgenomen voor accountants die de informatie over de naleving van de code toetsen. De accountant die belast is met de controle op de jaarrekening, verricht op grond van Praktijkhandreiking 1109 in ieder geval de volgende werkzaamheden:

Praktijkhandreiking

Tabaksblat Alert

a Hij toetst op aanwezigheid en uiteenzetting van de corporategovernancestructuur in het jaarverslag. Dit houdt in: vaststellen dat een corporategovernancestructuur in het verslag van het bestuur is opgenomen.
b Hij toetst de rapportage-eisen uit de code voor opname in het jaarverslag en verslag door de raad van commissarissen. Dit houdt in: vaststellen dat het rapport de informatie bevat die in de code verplicht gesteld is.
c Hij toetst op consistentie van uiteenzettingen van het bestuur of de raad van commissarissen in het jaarverslag en de jaarrekening. Dit houdt in: controleren van uiteenzettingen in het jaarverslag over onderwerpen die ook in de jaarrekening zijn opgenomen. Dit gaat bijvoorbeeld specifiek om het onderwerp 'remuneratie'.
d Hij toetst op consistentie van uiteenzettingen in het jaarverslag en het verslag van de raad van commissarissen met uitkomsten van de wettelijke controle. Dit houdt in: nagaan of de uiteenzettingen die betrekking hebben op de naleving van de code consistent zijn met bevindingen die zijn voortgekomen uit de uitvoering van de wettelijke controle.

Bijzondere aandacht vraagt de rapportage van het bestuur over de interne risicobeheersings- en controlesystemen. De uitkomsten van de beoordelingswerkzaamheden van de accountant kunnen aanleiding geven om in overleg te treden met de leiding van het bedrijf. Indien er, na intensief overleg, fundamenteel verschil van inzicht blijft bestaan tussen bestuur en accountant, zal de accountant juridisch advies inwinnen. Indien het juridisch advies het standpunt van de accountant ondersteunt en het bestuur bij haar standpunt blijft, dient de accountant een toelichtende paragraaf in de controleverklaring op te nemen.

Bij de toetsing op de naleving van de principes die tot het bestuur en de raad van commissarissen gericht zijn, en de bestpracticebepalingen uit de code en de verantwoording daarover, zijn de volgende vijf situaties te onderkennen:

1 De bepalingen worden nageleefd en de verantwoording hierover in het jaarverslag is correct.
2 De bepalingen worden niet allemaal nageleefd maar de verantwoording hierover in het jaarverslag is naar de mening van de controlerende accountant toereikend.
3 De bepalingen worden niet allemaal nageleefd en de verantwoording over het niet (volledig) toepassen is niet opgenomen in het jaarverslag.
4 De verantwoording in het jaarverslag inzake de naleving van de bepalingen bevat materiële tegenstrijdigheden ten opzichte van de jaarrekening.
5 De verantwoording inzake de naleving van de bepalingen geeft een materieel onjuiste voorstelling van zaken.

In situatie 5 is overleg met het bestuur van de onderneming noodzakelijk. De accountant dient het bestuur te verzoeken juridisch advies in te winnen. Indien de accountant tot de conclusie komt dat er materieel onjuiste informatie in het jaarverslag voorkomt die het bestuur weigert te corrigeren, dient hij de raad van commissarissen hiervan schriftelijk op de hoogte te stellen. Zoals hiervoor aangegeven zal in de praktijk (ten minste) de auditcommissie al betrokken zijn indien er mogelijk blijvend verschillende gezichtspunten blijken.

Als er foutieve informatie (te lezen als: al dan niet opzettelijke vergissingen) wordt gepresenteerd, en de accountant stelt dat vast, dan moeten deze fouten gecorrigeerd worden, ongeacht de omvang van de fout. Praktisch gesproken betekent dit het volgende. Stel, in het verslag is vermeld dat commissaris X (bijvoorbeeld een financieel expert) een auditcommissievergadering heeft gemist. Als de accountant, bijvoorbeeld naar aanleiding van het doornemen van de notulen van de raad van commissarissen, vervolgens vaststelt dat het drie vergaderingen waren in plaats van één, dan moet hij dit laten corrigeren.

Samenvattend kan worden gesteld dat de accountant een belangrijke verantwoordelijkheid heeft voor de juistheid en volledigheid van de verantwoording die de onderneming in het jaarverslag aflegt over haar corporate governance. Hoewel aan de late kant, heeft het NBA nu een duidelijke lijn aangegeven voor het invullen van die verantwoordelijkheid.

In-controlverklaring

Recente ontwikkelingen op het gebied van het verschaffen van zekerheid door een accountant (assurance) hebben geleid tot het onderzoeken naar de mogelijkheid om een in-controlverklaring af te geven. De Amerikaanse wetgever heeft in de Sarbanes Oxley Act een verplichting tot het afgeven van zo'n soort verklaring opgenomen, de SOX 404-verklaring. Sectie 404 van de Sarbanes Oxley Act (Management assessment of internal controls) bestaat voornamelijk uit een verklaring over de verantwoordelijkheid van het management voor het opzetten en handhaven van een adequaat internal control framework (ICF) en adequate procedures voor de financiële verslaglegging.

In-controlverklaring

SOX 404-verklaring

De accountant dient de beoordeling van het management van de interne controle ook te onderzoeken en daarover te rapporteren.

Ook in Nederland is men gaan nadenken over het belang van een in-controlverklaring. Die verklaring zegt namelijk iets over de kwaliteit van een onderneming.

HET FINANCIEELE DAGBLAD, 11 MEI 2009 AANGEPAST

E&Y wil voor risico's tekenen

Ernst & Young wil de mogelijkheid onderzoeken van een controleverklaring over de risicobeheersing van bedrijven. Dat zegt Pieter Jongstra, die in februari Jan Nooitgedacht opvolgde als bestuursvoorzitter van Ernst & Young Nederland en België, in een gesprek met Het Financieele Dagblad. Accountant opent debat over goedkeurende verklaring bij risicoprofiel onderneming.

De topman wil daarover een debat entameren met bestuurders, toezichthouders, overheid en werkgevers. Nog nergens in de wereld voorzien accountants, behalve de jaarrekening, ook de risicoanalyses van bedrijven van een handtekening. 'Wij zitten niet op de stoel van de ondernemer', benadrukt Jongstra. 'Maar ik wil wel een debat aangaan over de vraag: hoe ver reikt de zekerheid die wij kunnen bieden? Misschien is het verstandig om dat uit te breiden naar risicomanagement en moeten we daar ook een verklaring over afgeven.' Hij wil de vraag aan de orde stellen bij de brancheorganisatie NBA.

Zo'n uitbreiding van de controletaak kent haken en ogen. Een vraag is hoe goed accountants die risico's kunnen inschatten. Niemand heeft het moment en de duur van de kredietcrisis voorzien. Bovendien loopt de beroepsgroep daarmee een verhoogd risico om aansprakelijk gesteld te worden. 'We kunnen het ons niet permitteren daar wild in te stappen', zegt Jongstra. 'Ook in de huidige crisis vind ik dat de accountant daar op onevenredige wijze op wordt aangesproken.'
(...)

Samenvatting

De werkzaamheden van de accountant worden beheerst door gedragregels voor ethisch handelen (code of ethics) en beroepsregels uit de Nadere voorschriften controle- en overige standaarden (NV COS). Deze regels zijn van toepassing op zowel de interne accountant als de externe accountant. Op de wettelijke controle van de grote ondernemingen (organisaties van openbaar belang, OOB) is de Wet toezicht accountantsorganisaties (Wta) van toepassing. De AFM kan bij het niet-voldoen aan de eisen verschillende sancties opleggen. De uitvoering van de controlewerkzaamheden bij een organisatie van openbaar belang kan worden uitgesloten op grond van art. 23 Wta, bijvoorbeeld als de accountantsorganisatie belast is geweest met het samenstellen van de betreffende jaarrekening. Art. 24 Wta regelt de roulatieplicht van de accountant binnen de accountantsorganisatie: een accountant kan maximaal zeven jaar achtereen verantwoordelijk zijn voor de controle van dezelfde organisatie en pas na twee jaar van niet-verantwoordelijk zijn kan hij weer als verantwoordelijk accountant optreden. Onafhankelijkheid ten opzichte van de gecontroleerde organisatie is van belang voor een objectief oordeel door de externe accountant. Het bestuur en de auditcommissie van de gecontroleerde organisatie rapporteren daarom jaarlijks aan de raad van commissarissen over de ontwikkelingen in de relatie met de externe accountant en het geheel aan werkzaamheden voor de externe controle.

Het toezicht op de werking van de interne beheersingsmaatregelen wordt in grote organisaties opgedragen aan de interne accountant en in kleinere organisaties aan de controller of het hoofd van de administratie. Dit is de interne auditfunctie. De interne auditfunctie onderzoekt of de opzet en werking van processen op het gebied van risicomanagement, beheersing en besturing toereikend zijn om de doelstellingen van de organisatie te realiseren. Zij geeft daarmee zekerheid (assurance) en adviseert daarover aan het verantwoordelijke management, het bestuur en de auditcommissie. Hiertoe worden verschillende soorten onderzoeken (audits) uitgevoerd. De externe accountant beoordeelt of er voldoende maatregelen van interne beheersing genomen zijn en baseert op de genomen maatregelen de aanpak voor de controle van de externe verantwoording. In die zin werkt de interne audit ondersteunend voor de externe audit. De interne accountant opereert in opdracht van de raad van bestuur.

In art. 2:393 BW is het verplichte onderzoek van de jaarrekening geregeld. De externe accountant doet onderzoek naar de betrouwbaarheid van de financiële verantwoording. Hij onderzoekt of de jaarrekening het vereiste inzicht geeft, of de jaarrekening aan de wettelijke voorschriften voldoet, of het jaarverslag volgens de regels is opgesteld en met de jaarrekening verenigbaar is, en of de vereiste gegevens zijn toegevoegd. De uitkomsten zijn onderzoek leiden tot het afgeven van een controleverklaring.

De externe accountant kent twee onderzoeksmethoden: de gegevensgerichte controle en de systeemgerichte controle.

De accountant rapporteert aan de raad van commissarissen en woont de algemene vergadering van aandeelhouders bij waarin de jaarrekening word besproken.

De rapportage bestaat uit: drie soorten verklaringen (de controleverklaring, de beoordelingsverklaring en de samenstellingsverklaring), de management letter, de in-controlverklaring (nieuwe ontwikkeling) en de rapportage over toepassing van de gedragscode. Voor dit laatste is in de Audit Alert 18 van het NBA, de zogenoemde Tabaksblat Alert, een handreiking opgenomen voor de uitvoering van de werkzaamheden van de externe accountant in verband met de Corporate Governance Code. Er zijn vijf situaties mogelijk; deze gaan van 'de bepalingen worden nageleefd en de verantwoording hierover in het jaarverslag is correct' tot 'de verantwoording inzake de naleving van de bepalingen geeft een materieel onjuiste voorstelling van zaken'.

Vragen en opdrachten

4.1 Wat is de taak van de AFM ten opzichte van de externe accountant?

4.2 Wat is geregeld in de code of ethics?

4.3 Is de Wet toezicht accountantsorganisaties gericht op alle werkzaamheden van de accountant?

4.4 Welke sancties kan de AFM opleggen aan een accountantsorganisatie?

4.5 Welke toezichtcommissie beoordeelt het functioneren van de externe accountant van een structuurvennootschap?

4.6 Wat is de taak van de interne auditfunctie?

4.7 Onder welk orgaan binnen de onderneming valt, volgens de Corporate Governance Code, de interne auditfunctie?

4.8 Noem de grootste Nederlandse vereniging van interne auditors.

4.9 Is de plicht tot het doen van een onderzoek naar de jaarrekening geregeld in de Corporate Governance Code?

4.10 Houdt een goedkeurende controleverklaring in dat een jaarrekening juist is?

4.11 Wat wordt verstaan onder het jaarverslag van een onderneming?

4.12 Welke soorten van verklaringen kan een accountant afgeven?

4.13 Wat is beschreven in Praktijkhandreiking 1109 van de NBA?

4.14 Wie is bevoegd tot het verlenen van de opdracht tot controle van de jaarrekening:
- **a** bij de niet-beursgenoteerde vennootschap;
- **b** bij de beursgenoteerde vennootschap?

4.15 Aan wie rapporteert de externe accountant volgens de wettelijke bepalingen?

4.16 Wat is in de principes van de Corporate Governance Code bepaald over de taak van de externe accountant?

5 Informeren over het besturen

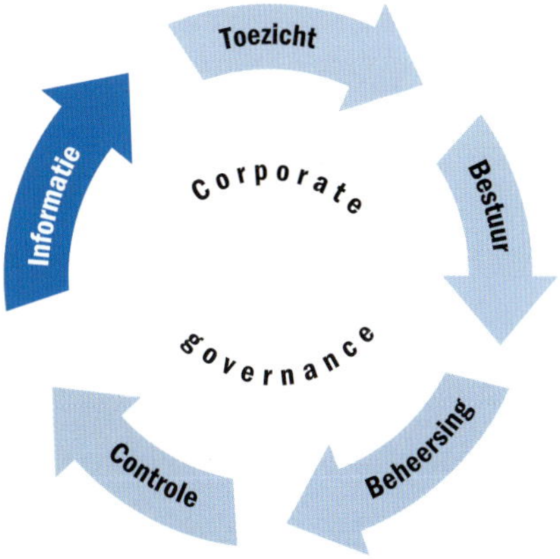

Informatie verschaffen is iets van de dagelijkse praktijk. Keuzes die iemand maakt, hebben gevolgen. Soms moet iemand als gevolg van een onjuiste beslissing een knieval maken en dat valt niet altijd mee. Door het verschaffen van informatie wordt feitelijk verantwoording afgelegd over de verrichte werkzaamheden. Overheidsbestuurders kennen de gevolgen van verantwoording afleggen als geen ander; regelmatig moet een politicus afscheid nemen van de politiek als gevolg van een ambtelijke beslissing. Ook in het bedrijfsleven wordt verantwoording afgelegd: aan de toezichthouders, de aandeelhouders en andere betrokkenen (stakeholders) zoals genoemd in het eerste hoofdstuk. In de huidige maatschappij vraagt ook de maatschappelijke omgeving om verantwoording. Buitensporige beloningen worden aan de kaak gesteld.

5.1 Verantwoording afleggen door het bestuur en de raad van commissarissen

Principe 4.2 Informatieverschaffing en voorlichting
Het bestuur en de raad van commissarissen dragen zorg voor een adequate informatieverschaffing en voorlichting aan de algemene vergadering.

5

Alle belanghebbenden bij een onderneming moeten op de hoogte zijn van belangrijke beslissingen en de gang van zaken. De gedragscode geeft hier een duidelijke invulling aan. De mate waarin de doelstellingen zijn behaald binnen de daartoe gestelde grenzen en de toekomstverwachtingen zijn van groot belang voor investeerders. Maar ook andere belanghebbenden zoals werknemers, overheid, leveranciers en afnemers zijn gebaat bij een goed inzicht in de bedrijfsresultaten. De eis tot verantwoording afleggen is ontstaan door scheiding tussen eigendom en bestuur; dit heet de agencytheorie. De agent (bestuurder) neemt beslissingen over het eigendom van de principaal (de kapitaalverschaffer en in oorspronkelijke context de eigenaar). Eerst ging het dan over verantwoording aan een kleine kring van belanghebbenden; de informatieverstrekking beperkte zich tot de kapitaalverschaffer. Inmiddels is de groep van belanghebbenden die moeten worden geïnformeerd, groter geworden (zie hoofdstuk 1).

Agencytheorie

5.2 Ontwikkeling van de regelgeving voor verslaggeving

Een ondernemer zit niet te trappelen om aan de boekhouding te werken. Dat was zo in de zeventiende eeuw, maar is tegenwoordig niet echt anders. Een ondernemer wil ondernemen en geen last hebben van administratieve rompslomp.
Zoals we al gezien hebben in hoofdstuk 2 kan de bestuurder geen goed bestuur uitvoeren zonder dat hij over de juiste informatie beschikt. Goed boekhouden is daarom een absolute eis. Bij een juist inzicht in de situatie van de onderneming kan tijdig bijgestuurd worden in het beleid. De overheid had dit al snel in de gaten en probeerde ten tijde van de VOC regels op te leggen voor goed bestuur en verslaggeving.

5.2.1 Wetboek van Koophandel

In de negentiende eeuw begon de Franse overheersing in Europa en Napoleon Bonaparte was een kundig bestuurder. Hij legde in Frankrijk de basis voor wetgeving voor ondernemingen.

Op 9 juli 1810 werd Holland ingelijfd bij het Franse keizerrijk, met aan het hoofd keizer Napoleon. In de Nederlanden kwam een Franse Gouverneur-generaal.
De inlijving heeft geleid tot invoering van nieuwe wetboeken: de Code Pénal (het Wetboek van Strafrecht), de Code Civil (Burgerlijk Wetboek) en de Code de Commerce (Wetboek van Koophandel).
Met de Code de Commerce werd verplichting tot boekhouden vastgelegd in een wet. In deze wet werd nog niet ingegaan op het afleggen van verantwoording.

Code Civil

Code de Commerce

Wetboek van Koophandel

Rond 1830 begon de regering zich iets actiever met de naamloze vennootschappen bezig te houden. Bij Koninklijk Besluit van 1 december 1833 werd nadere invulling gegeven aan de inhoud van de statuten van een naamloze vennootschap. Hierin werden enkele beperkingen gesteld aan bestuursvormen door de bepaling dat commissarissen die bestuurstaken vervulden, niet ook de rekening en verantwoording van het bestuur mochten opnemen. Het bleef echter toegestaan om de bevoegdheid 'om de jaarlijksche balans der maatschappij op te nemen, goed te keuren of af te sluiten' op te dragen aan een commissie van aandeelhouders (art. 12) en zodoende de informatie binnen een zeer beperkte kring te houden.

5

In 1838 werd de Code de Commerce vervangen door het Wetboek van Koophandel. Het nieuwe wetboek bevatte een voorschrift over financiële verslaggeving. Art. 55 verplichtte de bestuurders van een naamloze vennootschap jaarlijks aan de aandeelhouders opgave te doen van de winsten en verliezen door de vennootschap in het afgelopen jaar gehad of geleden.

> 'Die opgave kan geschieden, het zij in eene algemeene vergadering, het zij door de toezending van eenen staat aan iederen vennoot, het zij door eene aan de vennooten aangekondigde ter visie ligging der rekening, gedurende zekeren bij de akte bepaalden tijd.'
> Voorts werd in art. 6 tot en met 8 werd bepaald dat elke koopman verplicht was dagboek te houden en jaarlijks 'eenen staat en balans op te maken, in een afzonderlijk daartoe bestemd register in te schrijven en eigenhandig te onderteekenen'.

5.2.2 Boekhoudkundige regels voor verslaggeving

De methode van boekhouden was in de negentiende eeuw nog niet zo gedetailleerd als tegenwoordig. De aan de aandeelhouders verstrekte opgave voldeed niet echt aan de huidige eisen van verslaggeving. De overheid ging ervan uit dat iedereen boekhouding pleegde volgens het Venetiaanse systeem van dubbel boekhouden. Dit was lang niet altijd het geval; hoewel een van de bekendste bedenkers van het huidige systeem van verslaggeving, Simon Stevin, al in 1605 een boek schreef als aanvulling op het Venetiaanse model waarin hij het overbrengen van gegevens in totalen uit journalen naar het grootboek bedacht, was men in 1850 nog lang niet zover dat dit algemeen gehanteerd werd.
De overheid heeft tot ver in de vorige eeuw gebruikgemaakt van het enkelvoudige boekhoudstelsel (kameraal stelsel). In laatste decennia is ook zij overgegaan op het dubbel boekhouden.

Boekhouden vindt van oudsher plaats tegen historisch bepaalde waarden. De inkoopprijs of de vervaardigingsprijs wordt gehanteerd om het

vermogen en het resultaat weer te geven. Door deze methode van boekhouden wordt het vermogen in de onderneming in stand gehouden. Aan de onderneming is geld toevertrouwd, met de opdracht om dit vermogen rendabel te maken. De toename van het ingelegde vermogen, ontstaan door de ondernemingsactiviteiten, is winst. Van winst kan alleen sprake zijn als het vermogen van de onderneming het ingelegde nominale vermogen overtreft; immers aan de doelstelling van instandhouding van het (historisch) ingelegde vermogen is dan voldaan.
Voor het afleggen van verantwoording over het behaalde resultaat op het ingelegde vermogen is de boekhouding op basis van historische waarden een juiste methode. De vermogensverschaffers zien de waarde van het oorspronkelijk ingelegde vermogen toenemen (of afnemen bij verlies) op basis van het werkelijke transactieresultaat.
De historische grondslag is nu nog steeds aanvaard als methode voor het bepalen van vermogen en resultaat in de externe verslaggeving.

Historische grondslag

5

Bij de bepaling op historische grondslagen verliest men echter de waardeontwikkeling van bezittingen en schulden gedurende het aanhouden ervan, uit het oog. Is een schuld van nominaal 10.000 euro die over tien jaar aflosbaar is, op dit moment een schuld van 10.000 euro? De schuldeiser weet dat dit niet het geval is, hij eist daarom een rentevergoeding. Dit is vergelijkbaar met de waarde van de bezittingen in het bedrijf: bij een vordering die op lange termijn opeisbaar is, zal de onderneming rente in rekening brengen. Maar hoe zit het dan met machines en inventaris, ofwel vaste activa?
Boekhouding geschiedt op basis van de aanschafprijzen. Door afschrijving houdt de onderneming het vermogen in stand. Maar als zij na het 'opgebruik' van de machine een nieuwe (vergelijkbare) machine wil aanschaffen, is de aanschafprijs vermoedelijk niet gelijk aan de oorspronkelijke prijs van de vervangen machine. Indien de onderneming meer moet betalen voor de nieuwe machine heeft zij niet genoeg geld gereserveerd in het eigen vermogen (door de afschrijvingen toe te rekenen aan het resultaat) en zal het vermogen dus afnemen door de nieuwe aanschaf. Er is nu niet meer voldaan aan de opdracht tot in stand houden van het ingelegde vermogen.

Inflation accounting

Er zijn daarom alternatieven bedacht. Schmalenbach heeft in 1948 het principe van 'inflation accounting' geïntroduceerd. Hij sprak over gelijkblijvende koopkracht. De instandhouding van het nominale vermogen wordt opgerekt tot de instandhouding van de koopkracht van het vermogen. Boekhouding vindt plaats door rekening te houden met geldontwaarding.

Actuele waarde

De methode van inflation accounting is in Nederland niet toegestaan. Wel is een alternatieve methode ingevoerd: boekhouden op basis van actuele waarden. Door toepassing van deze methodiek wordt uitholling van het vermogen door waardeveranderingen voorkomen.

Boekhouden op basis van actuele waarden

In de huidige wetgeving zijn dus twee methoden van waarderinggrondslagen voor verslaggeving opgenomen: de historische grondslag (verkrijgingsprijs en vervaardigingsprijs) en de actuele waarde. Wat de beste methode is, hangt af van het doel dat de verslaggeving dient: verantwoording afleggen op basis van oorspronkelijk ingelegd vermogen of op basis van instandhouding van dit vermogen. De wetgever laat aan de opsteller de keuze.

5.3 Openbaarmaking van de verslaggeving

Doordat in 1845 in Engeland de corporatie in de wetgeving werd geïntroduceerd, ontstond daar een duidelijke scheiding tussen kapitaalverschaffing en bestuur. De kapitaalverschaffers eisten inzage in de gang van zaken en dwongen het afleggen van verantwoording af.

Afleggen van verantwoording

In Nederland bestond in het midden van de negentiende eeuw ook een traditie waardoor het verband tussen de nv-vorm, aandeelhouderschap en verantwoording op basis van financiële (boekhoudkundige) bescheiden duidelijk herkenbaar was. Het recht op het afleggen van verantwoording was echter nog onduidelijk als gevolg van de soms verregaande beperking van de kring van personen aan wie daadwerkelijk rekenschap werd afgelegd. Van balanspublicatie ten behoeve van anderen dan aandeelhouders was in elk geval geen sprake. Ook omtrent de vorm van de rekenschap bestond onzekerheid. Hoewel de regering kennelijk aanstuurde op het gebruik van comptabele documenten zoals de balans, was de eigenlijke wettekst op dit punt bepaald niet eenduidig. Tot op zekere hoogte waren deze onduidelijkheden echter slechts van theoretisch belang, omdat het aantal naamloze vennootschappen nog gering was. Uit het laatste deel van de achttiende eeuw zijn enkele tientallen opgerichte vennootschappen bekend, en het totaal aantal bestaande naamloze vennootschappen nam sterk toe. Tabel 5.1 geeft een overzicht van het aantal naamloze vennootschappen in het verleden.

TABEL 5.1 Naamloze vennootschappen in Nederland 1851-1927

Jaar	Totaal aantal bestaande nv's	Met beursnotering (Amsterdam)
1851	137	5
1861	284	7
1871	456	22
1882	683	55
1892	1.416	142
1901	3.812	358
1911	6.874	490
1927	ca. 20.000	ca. 850

Bron: Nederlands Economisch Historisch Archief

Tegen het einde van de negentiende eeuw bestond in toenemende mate het verschijnsel van de familie-nv of zelfs de eenmans-nv waarin bestaande ondernemingen of afzonderlijke activa om uiteenlopende redenen werden ingebracht. Niet het aantrekken van kapitaal, maar het verkrijgen van beperkte aansprakelijkheid of fiscale voordelen speelden hierbij een rol. Het is te begrijpen dat rekening en verantwoording binnen dergelijke vennootschappen hoogstens in beperkte mate, en publiciteit in het geheel niet aan de orde was.

Tot circa 1840 waren er in feite slechts twee naamloze vennootschappen waarvan de aandelen regelmatig verhandeld werden, De Nederlandsche Bank en De Nederlandsche Handelsmaatschappij. De noodzaak om de verslaggeving te publiceren was dus nog niet echt uitgebreid aanwezig. Bij beide ondernemingen was er sprake van een sterke terughoudendheid in het openbaar maken van gegevens.

De Nederlandsche Bank

De Nederlandsche Bank is opgericht in 1814. Bij de oprichting op 25 maart 1814 door Willem I werd de nieuwe Bank 'geacht' een 'compagnieschap zonder firma' te zijn. Dat de Souvereine Vorst zich bij de oprichting niet geheel gehouden had aan de daartoe strekkende bepalingen uit de Code de Commerce, deed niet zo veel ter zake: hij verenigde op dat moment namelijk zowel de wetgevende als de uitvoerende macht in zijn persoon en beschikte dus over absolute macht.

Nederlandse Handelsmaatschappij

De Nederlandse Handelsmaatschappij is opgericht bij Koninklijk Besluit in 1924.
Koning Willem I is zeer ontevreden over de toestand van de Nederlandse handel en nijverheid. Hij neemt zelf voor 4 miljoen gulden aandelen van het totale pakket van 33 miljoen gulden. De regering zal zich niet bemoeien met de manier waarop de maatschappij haar zaken zal regelen, maar al heel snel wel degelijk uit oogpunt van concurrentiepositie beschermende maatregelen nemen. Uit dit oogpunt was de onderneming ook zeer terughoudend in het verstrekken van concurrentiegevoelige informatie.

In 1949 begonnen in de burelen van De Nederlandsche Bank aan de Oude Turfmarkt nieuwere ideeën door te dringen onder invloed van mr. W.C. Mees, die in 1849 secretaris van de bank geworden was. Het werd de bank nu toegestaan het reservefonds te beleggen, terwijl zij verplicht werd maandelijks opgave te doen in de *Staatscourant* van het bedrag der omlopende bankbiljetten, van het totaal van de verplichtingen in rekening courant en van de omvang van de metaalvoorraad en bovendien jaarlijks bij de aankondiging van het dividend van de stand van het maatschappelijk kapitaal en van het reservefonds. Bij deze gebeurtenis werd de *Staatscourant* voor de eerste keer gebruikt om financiële ondernemingsinformatie te publiceren.

Hoewel in het begin van de twintigste eeuw veel beursgenoteerde ondernemingen vrijwillig publiceerden, is de wettelijke plicht tot openbaarmaking van financiële informatie pas in 1929 ontstaan. Tot voor die tijd was er alleen een verplichting tot het opmaken van koopmansboeken (dagboek en memoriaal). In juli 1929 werd het Wetboek van Koophandel op het onderdeel jaarrekening aangepast. In art. 42c werd de plicht tot publicatie door openbare naamloze vennootschappen opgenomen. Lid 1 schreef voor:

> 'Jaarlijks binnen acht maanden na afloop van het boekjaar der vennootschap worden door het bestuur eene balans en eene winst- en verliesrekening opgemaakt. Balans en winst- en verliesrekening gaan vergezeld van eene toelichting, welke vermeldt naar welken maatstaf de onroerende en roerende zaken der vennootschap zijn gewaardeerd.'

Voor naamloze vennootschappen met een besloten karakter werd in eerste instantie een uitzondering gemaakt. In de aanvulling op de wet in september 1929 werd deze beperking alsnog aangepast. De publicatieplicht werd wel beperkt tot vennootschappen waarbij:

a de statuten de uitgifte van aandelen aan toonder tot meer dan 50.000 gulden toelieten of meer dan dat bedrag aan aandelen aan toonder en certificaten aan toonder uitgegeven was;
b schuldbrieven aan toonder of certificaten aan toonder van schuldbrieven op naam in omloop waren, ongeacht het bedrag;
c aandelen, schuldbrieven of certificaten daarvan officieel genoteerd waren;
d het bedrijf het opnemen van gelden van derden bevatte of de vennootschap assuradeur was.

Publicatieplicht

De publicatieplicht bleef dus beperkt tot beursgenoteerde vennootschappen met uitstaande aandelen aan toonder van meer dan 50.000 gulden of obligaties en vennootschappen die het bank- of verzekeringswezen uitoefenden.

Na de invoering van de eerste EG-richtlijn van 9 maart 1968 werd Nederland gedwongen om de beperking van de publicatieplicht tot naamloze vennootschappen weg te nemen. Doordat tegelijkertijd de invoering van de besloten vennootschap als rechtsvorm werd geïntroduceerd, werd de oude bepaling van art. 42c BW grotendeels overgenomen in de nieuwe artikelen 57u en 57v. De besloten vennootschap werd een veel gebruikt middel om te vluchten naar de beperkte publicatieplicht. Als gevolg van de vierde EG-richtlijn uit 1978 is de publicatieplicht uiteindelijk uitgebreid tot alle vennootschappen. Sinds 1983 is de publicatieplicht opgenomen in art. 2:394 BW.

5.4 Nadere regelgeving omtrent de externe verslaggeving

PRINCIPE 1.4.2 VERANTWOORDING IN HET BESTUURSVERSLAG

Het bestuur legt in het bestuursverslag verantwoording af over:

i. de uitvoering van het risicobeoordeling en beschrijft de voornaamste risico's waarvoor de vennootschap zich geplaatst ziet in relatie tot haar risicobereidheid. Hierbij kan gedacht worden aan strategische, operationele, *compliance* en verslaggevingsrisico's;

ii. de opzet en werking van de interne risicobeheersings- en controlesystemen over het afgelopen boekjaar;

iii. eventuele belangrijke tekortkomingen in de interne risicobeheersings- en controlesystemen die in het boekjaar zijn geconstateerd, welke eventuele significante wijzigingen in die systemen zijn aangebracht, welke eventuele belangrijke verbeteringen van die systemen zijn voorzien en dat deze onderwerpen besproken zijn met de auditcommissie en de raad van commissarissen; en

iv. de gevoeligheid van de resultaten van de vennootschap voor materiële wijzigingen in externe omstandigheden.

Sinds de plicht tot openbaring een voldongen feit is, kunnen bestuurders zich niet meer onttrekken aan het afleggen van verantwoording in de vorm van de jaarrekening en het jaarverslag aan belanghebbenden. Daarmee is de titel van dit hoofdstuk (informeren) deels afgedekt door verantwoording. Transparantie van verslaggeving is echter nog niet aan de orde. Iedereen kan de jaarstukken van een onderneming opvragen, maar als deze in het Russisch gesteld zijn, dan heeft hij er nog steeds niets aan. De vraag is of dan aan de verantwoordingseis is voldaan. Natuurlijk, indien het een Russische onderneming betreft dan is het gebruikelijk om de jaarstukken in het Russisch op te maken.
Voor de Nederlandse ondernemingen ligt dit anders. Verantwoording leggen zij af doordat zij aan belanghebbenden duidelijk kunnen maken hoe de onderneming in elkaar steekt. Om dit voor elkaar te krijgen moest er na de invoering van de publicatieplicht in 1968 nog veel gebeuren. Stap voor stap zijn aanvullende regels opgesteld voor het doen van verslagge-

ving. De Wet op de Jaarrekening is in 1970 ingesteld waarbij de inhoud van de jaarrekening wettelijk werd vastgelegd. Later is deze wet opgenomen in het Burgerlijk Wetboek onder Titel 9 van Boek 2. Als nadere aanvulling op de wettekst van Titel 9 zijn de Richtlijnen van de Raad voor de Jaarverslaggeving opgesteld aan de hand van internationale regelgeving. Sinds 2005 zijn de International Financial Reporting Standards van toepassing voor beursgenoteerde ondernemingen. Al deze regels moeten ertoe leiden dat de verslaggeving een goede weergave is van de feitelijke situatie van de onderneming.

5.4.1 Wet op de Jaarrekeningen van Ondernemingen 1970

In 1960 werd door de minister van Justitie een commissie ingesteld, die onder meer tot opdracht kreeg een onderzoek in te stellen naar de publieke verantwoording van ondernemingen (Commissie Ondernemingsrecht ook wel Commissie Verdam genoemd).
Het rapport van deze Commissie Ondernemingsrecht, dat in 1965 werd gepubliceerd, bevatte onder meer een voorontwerp van de Wet op de Jaarrekening van Ondernemingen (WJO). Een bijzonder detail van de voorstellen van deze commissie betrof toen al het onafhankelijk toezicht op de naleving van het jaarrekeningrecht, zoals men dat sinds kort kent door de AFM. Zo zie je maar dat goede ideeën soms lange tijd nodig hebben om tot uitvoering te komen. Soms komen ideeën gewoon te vroeg, de maatschappij was nog niet rijp voor een verregaande vorm van toezicht.

De commissie stelde vervolgens dat de jaarrekening belanghebbenden in staat moet stellen een 'verantwoord oordeel' te vormen; belanghebbenden moeten een verantwoorde beslissing kunnen nemen. Wie belanghebbende is of kan zijn, werd in de wet niet nader omschreven. In hoofdstuk 1 heb ik het begrip belanghebbende geïntroduceerd. Dit betreft alle partijen die betrokken zijn bij de onderneming, de contractpartijen en de maatschappij. Het begrip belanghebbende was dus zeer ruim uit te leggen. Bij de behandeling in de Eerste Kamer bij het ontwerp van de Wet op de Jaarrekening van Ondernemingen merkte de minister op: 'In dit wetsontwerp spreken wij over iedere belanghebbende om de rechter de ruimte te laten te beoordelen wie dit recht moeten hebben.'

Art. 311 lid 1 WJO kende aan iedere belanghebbende de bevoegdheid toe een zogenoemde jaarrekeningprocedure aan te spannen. Iedere belanghebbende mocht zijn bezwaren tegen een openbaar gemaakte jaarrekening naar voren doen brengen bij de Ondernemingskamer (OK) van het Gerechtshof te Amsterdam. Het begrip belanghebbende is ongewijzigd overgenomen in het Wetboek van Burgerlijke Rechtsvordering (art. 999 e.v.); de onder de WJO gevormde jurisprudentie omtrent dit begrip kan geacht worden haar betekenis te hebben behouden.

Tijdens de totstandkoming van deze wet zei de toenmalige minister van Financiën dat hij ervan uitging dat het georganiseerde bedrijfsleven samen met de accountantsorganisatie tot een overleg zou komen, waarin de normen in het maatschappelijk verkeer een nadere invulling zouden krijgen. Naar aanleiding hiervan is het tripartiete overleg ontstaan tussen opstellers, gebruikers en controleurs van de jaarrekening. Tegenwoordig is dit overleg bekend als de Raad voor de Jaarverslaggeving. De stichting waarin deze raad is geplaatst, heeft ten doel de kwaliteit van de externe verslaggeving, in

Raad voor de Jaarverslaggeving

het bijzonder van de jaarrekening, binnen Nederland door rechtspersonen en andere economisch belangrijke organisaties te bevorderen.

Uiteindelijk is de Wet op de Jaarrekening van Ondernemingen in 1983 opgenomen in Titel 9 van Boek 2 van het Burgerlijk Wetboek. Art. 2:362 BW gaat in op de normen in het maatschappelijk verkeer. De wettelijke verplichting tot publicatie is terug te vinden in art. 2:394 BW. De publicatie kan inmiddels door elektronisch deponeren bij het handelsregister van de Kamer van Koophandel geschieden. Kleine vennootschappen zullen binnen afzienbare tijd vrijgesteld worden van de publicatieplicht.

Wet op de Jaarrekening van Ondernemingen

Titel

5.4.2 Internationale regelgeving voor verslaggeving

Om de groeiende internationalisering in goede banen te leiden heeft de Europese Commissie in 1995 besloten aansluiting te zoeken bij de International Accounting Standards (IAS). De IAS-verordening verplicht Europese beursvennootschappen sinds 1 januari 2005 de geconsolideerde jaarrekening op te stellen overeenkomstig de zogenoemde International Accounting Standards.

International Accounting Standards

De International Accounting Standards worden op mondiaal niveau ontwikkeld door de International Accounting Standards Board (IASB). Zij komen de internationale vergelijkbaarheid en transparantie van de financiele cijfers ten goede. De standaarden die door de IASB na 1 april 2001 zijn aangenomen, worden gepubliceerd als International Financial Reporting Standards (IFRS). Na goedkeuring door de Europese Commissie zijn de International Accounting Standards op grond van de IAS-verordening rechtstreeks van toepassing in de rechtsorde van de lidstaten van de EU.
De IAS gaan in op de inhoud van de verslaggeving. Daarmee is de informatieplicht niet compleet. Ook niet-financiële informatie kan van groot belang zijn voor het maatschappelijke verkeer. Om alle noodzakelijke informatie tijdig zichtbaar te krijgen, is in 2009 de Europese transparantierichtlijn ingesteld.

International Financial Reporting Standards

Transparantierichtlijn

De Europese transparantierichtlijn is erop gericht de informatieverplichtingen van beursvennootschappen te harmoniseren. Tijdige openbaarmaking van accurate informatie over beursvennootschappen draagt bij aan efficiënte en geïntegreerde effectenmarkten en maakt het voor beleggers mogelijk een verantwoord oordeel te vormen over de financiële positie van de uitgevende instellingen.
Om dit doel te realiseren bevat de transparantierichtlijn verplichtingen voor uitgevende instellingen om bedrijfsinformatie openbaar te maken.
De transparantierichtlijn is geïmplementeerd in hoofdstuk 5.1a van de Wet op het financieel toezicht (Wft). Belangrijkste punt is de introductie van een algemene verplichting voor uitgevende instellingen om, naast de jaarrekening, een halfjaarrekening en twee keer per jaar een tussentijds bericht op te stellen en tijdig openbaar te maken. Hierop wordt publiek toezicht gehouden door de AFM.
Ook de Wet toezicht financiële verslaggeving (Wtfv) is aangepast aan de reikwijdte van de transparantierichtlijn. De AFM houdt hierdoor toezicht op zowel de halfjaarlijkse als de jaarlijkse financiële verslaggeving van beursvennootschappen.

Transparantie en vergelijkbaarheid van de financiële verslaggeving van ondernemingen is alleen te bereiken als de verslaggevingsvoorschriften

door de rapporterende beursvennootschappen worden nageleefd. De AFM houdt toezicht op de naleving van de financiële verslaggevingsvoorschriften door Nederlandse beursvennootschappen. Doelstelling van het toezicht is de goede toepassing van de internationale verslaggevingsstandaarden (IFRS) in de externe financiële rapportages van ondernemingen, zodat de transparantie en de vergelijkbaarheid van de externe financiële rapportages worden verbeterd, vooral voor aandeelhouders.
De AFM verricht het toezicht achteraf na deponering van de vastgestelde stukken (met de controleverklaring) door de vennootschap in een door de AFM bij te houden openbaar register. De AFM stelt jaarlijks een onderzoeksprogramma op, met ruimte voor steekproefsgewijs en thematisch onderzoek, evenals onderzoek naar aanleiding van incidenten en/of klachten. Als de AFM twijfelt aan de juiste toepassing van de verslaggevingsvoorschriften, vraagt zij de betrokken onderneming om een nadere toelichting. Heeft de AFM na de gegeven toelichting nog steeds twijfels over de juiste toepassing van de verslaggevingsvoorschriften, dan kan zij de Ondernemingskamer van het Gerechtshof te Amsterdam verzoeken om een aanpassing van de financiële verslaggeving.

5

5.5 Jaarverslag

Jaarverslag

De directie van een grote onderneming is verplicht tot het publiceren van een jaarverslag (of: bestuursverslag). In dit jaarverslag wordt een opsomming gegeven van feiten die van invloed zijn op de ondernemingsactiviteiten. De verplichting tot het opmaken van dit jaarverslag is geregeld in art. 2:391 BW (dit is Titel 9, afdeling 7 van Boek 2 BW).

Duurzaamheidsverslaggeving

Sustainability reporting

De inhoud van het jaarverslag heeft betrekking op de gang van zaken gedurende het boekjaar met een analyse van de prestatie-indicatoren. Het jaarverslag geeft een beschrijving van de voornaamste risico's en onzekerheden. In het jaarverslag komen ook aspecten van maatschappelijk verantwoord ondernemen aan bod, sociale aspecten, maatschappelijke aspecten en milieuaspecten. Internationaal spreekt men over duurzaamheidsverslaggeving (sustainability reporting). In de wet is tevens bepaald dat uitleg over de toepassing van de gedragcode omtrent corporate governance moet zijn opgenomen.

5.5.1 Inhoud van het jaarverslag

Figuur 5.1 geeft een overzicht van de onderdelen van het jaarverslag, op grond van Richtlijn 400 van de Raad voor de Jaarverslaggeving.

FIGUUR 5.1 Inhoud van het jaarverslag

Algemeen	*Doelstellingen*
	bedrijfsdoelstelling
	mission statement
	Activiteiten
	belangrijke producten

FIGUUR 5.1 Inhoud van het jaarverslag (vervolg)

	diensten
	geografische gebieden
	categorieën afnemers en leveranciers
	Structuur
	juridische structuur
	groepsstructuur
	toepassing structuurregime
	Organisatie
	interne structuur
	personele bezetting
	Gevoerd beleid
	belangrijke elementen
Financieel	*Ontwikkeling gedurende het boekjaar*
	Omzet en resultaten
	Solvabiliteit en liquiditeit
	Risico's en onzekerheden
	Kasstromen en financieringsbehoeften
Financiële	*Beleid inzake de afdekking van risico's*
instrumenten	*Gelopen prijs-, krediet-, liquiditeits- en kasstroomrisico's*
Onderzoek en ontwikkeling	*Werkzaamheden op het gebied van onderzoek en ontwikkeling*
MVO	*Algemeen*
	strategie inzake maatschappelijke, milieu, sociale en economische aspecten van producten en diensten (veiligheid, kwaliteit enz.)
	Milieuaspecten
	voorkomen verontreiniging
	doorgevoerde verbeteringen

FIGUUR 5.1 Inhoud van het jaarverslag (vervolg)

	uitvoering milieuwetgeving
	milieuprestaties (energie/water/afval/ CO 2 -emissie)
	verwijzing naar eventueel afzonderlijk milieuverslag
	Sociale aspecten
	werkgelegenheid
	arbeidsvoorwaarden en voorzieningen
	medezeggenschap
	veiligheid en gezondheid
	opleiding
	mensenrechten (kinderarbeid, dwangarbeid, discriminatie)
	integriteit (corruptie)
	sociaal-maatschappelijke betrokkenheid
	Economische aspecten
	financiële bijdrage aan de maatschappij (belasting)
	financiële bijdrage aan stakeholders
	maatschappelijke creatie en verspreiding Onderzoek & Ontwikkeling
Toepassing gedragscode	*Naleving van de Nederlandse Corporate Governance Code*
Overige	*Relevante informatie*
	marketing en distributie
	interne beheersing van processen en procedures
	risicomanagement
	kwaliteitsbeheersing
	informatievoorziening in- en extern
	automatisering
	financiering
Toekomst-paragraaf	*Verwachte gang van zaken (investeringen, financiering, personeelsbezetting, omzetontwikkeling)*
	Onderzoek en ontwikkeling
	Gebeurtenissen na balansdatum

5

5.5.2 Maatschappelijk verantwoord ondernemen in het jaarverslag

Steeds meer ondernemingen zijn zich bewust van hun verantwoordelijkheid ten opzichte van de maatschappij om zich heen. Het ondernemingsbeleid richtte zich in de tweede helft van de vorige eeuw nadrukkelijk op winstmaximalisatie. De economische crisis eind jaren zeventig, begin jaren tachtig wierp nieuw licht op de verantwoordelijkheid van ondernemers: winst werd weer belangrijk, evenals het scheppen van werkgelegenheid. In het laatste decennium van de vorige eeuw ontstond een kentering in de doelstelling. Ondernemingen beseften dat het beleid op economisch, milieu- en sociaal gebied sterke aandacht behoefde. Maatschappelijk (verantwoord) ondernemen beperkt zich niet tot de profitorganisaties, maar is ook van toepassing op non-profitorganisaties en overheidsorganisaties.

In 1972 werd in Stockholm de eerste door de Verenigde Naties georganiseerde World Summit gehouden, waarin gesproken werd over duurzaamheid met als titel 'Only One World'. De tweede bijeenkomst werd in 1992 georganiseerd in Rio de Janeiro. Tijdens deze bijeenkomst werd de basis gelegd voor een ambitieus programma voor het aanpakken van de problemen op milieu-, economisch en sociaal gebied; dit programma is bekend onder de naam Agenda 21. In de derde Summit in Johannesburg in 2002 zijn nadere afspraken over duurzaamheid en maatschappelijk verantwoord ondernemen gemaakt.

Summit

Inmiddels is het begrip maatschappelijk verantwoord ondernemen gemeengoed geworden. Ondernemingen beseffen dat het gebruikmaken van de omgeving betekent dat zij ook iets terug doet voor die omgeving. De wetgever heeft bepaald dat het bestuur in het jaarverslag melding maakt van het toegepaste maatschappelijk verantwoord ondernemen. De Raad voor de Jaarverslaggeving geeft in Richtlijn 400 een nadere toelichting op de verslaggeving omtrent het maatschappelijk verantwoord ondernemen.

Maatschappelijk verantwoord ondernemen

5.5.3 Duurzaamheidsverslaggeving in het jaarverslag

In 1997 is in de Verenigde Staten de basis gelegd van het raamwerk voor duurzaamheidverslaggeving. De eerste richtlijnen (guidelines) werden door de leden van het Global Reporting Initiative (GRI) in 2000 geformuleerd. Twee jaar later werd de tweede versie opgesteld als gevolg van de Word Summit in Johannesburg. De missie van het Global Reporting Initiative is om een betrouwbaar en geloofwaardig kader voor duurzaamheidsverslaggeving te bieden, dat elke organisatie – ongeacht omvang, sector of locatie – kan gebruiken. Figuur 5.2 geeft het raamwerk van het Global Reporting Initiative voor de verslaglegging van duurzaam ondernemen, met een aantal guidelines (G3). Het is bedoeld als illustratie van de inhoud van de rapportage. Wat moet worden gerapporteerd en op welke wijze moet worden gerapporteerd. Ook het GRI heeft richtlijnen opgesteld voor het doen van duurzaamheidsverslaggeving. De richtlijnen zijn gebaseerd op uitgangspunten, principes. In het raamwerk zijn de standaard op te nemen toelichtingen vermeld en de vereiste bedrijfsspecifieke toelichtingen.

Global Reporting Initiative

FIGUUR 5.2 GRI-raamwerk voor duurzaamheidsverslaggeving

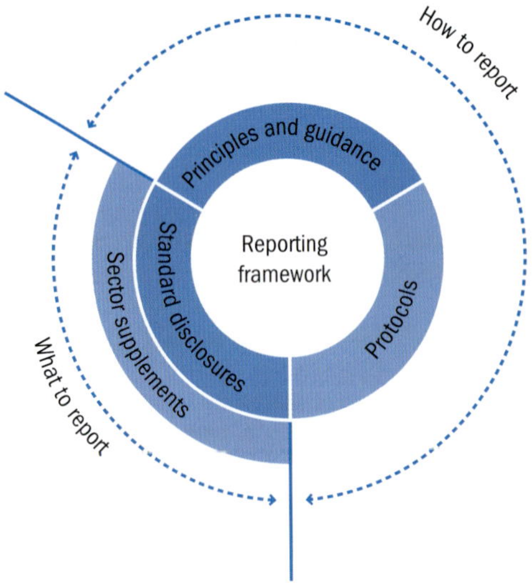

5

GRI-raamwerk

De duurzaamheidsverslaggeving is volgens het GRI-raamwerk gebaseerd op de volgende onderdelen:

- profiel (indeling in een sector): informatie die de algemene context van de duurzaamheidsverslaggeving bepaalt om inzicht te bieden in de prestaties van een organisatie, zoals de strategie, het profiel en de bestuursstructuur;
- managementbenadering (naleving van protocollen en richtlijnen): informatie met betrekking tot de wijze waarop een organisatie omgaat met bepaalde onderwerpen om tot een context te komen die inzicht biedt in de prestaties op een bepaald gebied;
- prestatie-indicatoren: indicatoren die vergelijkbare informatie aan het licht brengen over de economische, milieugerelateerde en sociale prestaties van de organisatie.

De drie dimensies van duurzaamheid zijn:

1 de milieudimensie: de gevolgen van de onderneming op de levende en niet-levende omgeving, inclusief ecosystemen, land, lucht en water (GRI 2002, blz. 48);
2 de sociale dimensie: de gevolgen van de onderneming op de sociale systemen waarmee zij te maken heeft (GRI 2002, blz. 51);
3 de economische dimensie: de directe en indirecte economische gevolgen van de onderneming op de economische omstandigheden van zijn stakeholders, respectievelijk op de economische systemen op lokaal, nationaal en/of internationaal niveau (GRI 2002, blz. 45).

De richtlijnen geven rapporteringbeginselen die ondernemingen in staat moeten stellen een verslag te produceren dat een ‘balanced and reasonable picture’ geeft van deze invloeden van de onderneming op de maatschappij.

5.5.4 Governanceverslaggeving in het jaarverslag

Het bestuur moet in zijn verslag over het afgelopen boekjaar uitleg geven over de toepassing van de principes uit de gedragscode. Per principe uit de code moet zij uitleggen op welke wijze invulling is gegeven aan de best-practicebepalingen. In het verslag moet het nadrukkelijk worden vermeld indien het bestuur onderdelen uit de code niet heeft toegepast.

Besluit Corporate Governance

In het Besluit Corporate Governance van 23 december 2004 is voor de aan de beurs genoteerde naamloze vennootschappen nadere invulling gegeven aan de inrichting van het jaarverslag. Hierin is de Corporate Governance Code aangewezen als de gedragscode voor corporate governance (onder verwijzing naar art. 2:391 lid 5 BW). Dit besluit is op 1 april 2009 uitgebreid, waarbij de vrijwillige toepassing van een andere gedragscode ook onder de wetgeving wordt geplaatst. Ook de toepassing van deze gedragscodes moet worden uitgelegd in het jaarverslag.
In het herziene Besluit Corporate Governance wordt invulling gegeven aan de inhoud van de governanceverslaggeving. In het toegevoegde art. 3a is het volgende opgenomen:

'De naamloze vennootschap doet mededeling omtrent:
- a de belangrijkste kenmerken van het beheers- en controlesysteem van de vennootschap in verband met het proces van financiële verslaggeving van de vennootschap en van de groep waarvan de financiële gegevens in de jaarrekening zijn opgenomen;
- b het functioneren van de aandeelhoudersvergadering en haar voornaamste bevoegdheden en de rechten van de aandeelhouders en hoe deze kunnen worden uitgeoefend, voor zover dit niet onmiddellijk uit de wet volgt;
- c de samenstelling en het functioneren van het bestuur en de raad van commissarissen en hun commissies.'

Jaarverslag van de Nuon

Code	Afwijking en motivering
II Het bestuur	
Bestpracticebepaling II.1.1: Een bestuurder wordt benoemd voor een periode van maximaal vier jaar. Herbenoeming kan telkens voor een periode van maximaal vier jaar plaatsvinden.	De duur van de arbeidsovereenkomst met de heren Van Halderen en Erich was niet in overeenstemming met deze bepaling. Deze overeenkomsten zijn gesloten voordat de Code per 1 januari 2004 van kracht werd. Nuon is van mening dat bestaande overeenkomsten dienen te worden gerespecteerd. De arbeidsovereenkomst met de heren Loseth en Vierstra, die benoemd zijn ná 1 januari 2004, zijn wel in overeenstemming met deze bepaling. Door het terugtreden van de heren Van Halderen en Erich in de loop van 2009 wordt voldaan aan bestpracticebepaling II.1.1.

Jaarverslag van de Nuon (vervolg)

Code	**Afwijking en motivering**
Bestpracticebepaling II.2.6: Reglement inzake bezit van en transacties in effecten door bestuurders.	Nuon volgt deze bepaling met dien verstande dat er geen apart reglement is opgesteld, maar regels omtrent meldingen door bestuurders inzake alle veranderingen in het bezit van en transacties in effecten die betrekking hebben op Nederlandse beursgenoteerde vennootschappen zijn – uit praktische overwegingen – geïntegreerd in het reglement van de Raad van Bestuur.
Bestpracticebepaling II.2.7: De maximale vergoeding bij onvrijwillig ontslag bedraagt eenmaal het jaarsalaris (het 'vaste' deel van de bezoldiging). Indien het maximum van eenmaal het jaarsalaris voor een bestuurder die in zijn eerste benoemingstermijn wordt ontslagen kennelijk onredelijk is, komt deze bestuurder in dat geval in aanmerking voor een ontslagvergoeding van maximaal tweemaal het jaarsalaris.	In verband met het eerdergenoemde uitgangspunt dat bestaande overeenkomsten dienen te worden gerespecteerd, past Nuon deze bepaling niet volledig toe: de heren Van Halderen en Ehrich ontvangen meer dan eenmaal het jaarsalaris (het 'vaste' deel van de bezoldiging) bij onvrijwillig ontslag. De arbeidsovereenkomst met de heren Loseth en Vierstra, die benoemd zijn ná 1 januari 2004, zijn wel in overeenstemming met deze bepaling. Door het terugtreden van de heren Van Halderen en Erich in de loop van 2009 wordt voldaan aan bestpracticebepaling II.2.7.
III De Raad van Commissarissen	
Principe III.5: Indien de Raad van Commissarissen meer dan vier leden omvat, stelt deze uit zijn midden een Auditcommissie, een Renumeratiecommissie en een Selectie- en Benoemingscommissie in.	Bij Nuon is een Auditcommissie ingesteld en zijn de taken van de Remuneratiecommissie en de Selectie- en Benoemingscommissie – aangezien deze nauw verwant zijn – samengevoegd in een gecombineerde Selectie-, Benoemings- en Remuneratiecommissie.
Bestpracticebepaling III.7.3: Reglement inzake bezit van en transacties in effecten door commissarissen.	Nuon volgt deze bepaling met dien verstande dat er geen apart reglement is opgesteld, maar regels omtrent meldingen door commissarissen inzake veranderingen in het bezit van en transacties in effecten die betrekking hebben op Nederlandse beursgenoteerde vennootschappen zijn – uit praktische overwegingen – geïntegreerd in het reglement van de Raad van Commissarissen.

Jaarverslag van de Nuon (vervolg)

Code	Afwijking en motivering
IV Algemene Vergadering van Aandeelhouders	
Principe IV.1: De vennootschap stelt, voor zover in haar mogelijkheid ligt, aandeelhouders in de gelegenheid om op afstand te stemmen en om met alle (andere) aandeelhouders te communiceren.	De Algemene Vergadering van Aandeelhouders van Nuon wordt al een aantal jaren gekenmerkt door een grote opkomst en betrokkenheid. Voorts worden volmachtformulieren meegestuurd bij de oproep van de vergadering. De aandelen luiden bovendien op naam. Vanwege en met inachtneming van het hiervoor vermelde voegt stemmen op afstand nauwelijks iets toe aan het realiseren van deze bepaling.
Bestpracticebepalingen IV.3.1 t/m IV.3.4: over analistenbijeenkomsten en -rapporten.	Deze bepalingen zijn niet van toepassing, omdat de aandelen van Nuon niet beursgenoteerd zijn en omdat ze niet (courant) verhandelbaar en/of vatbaar voor koersgevoelige informatie zijn. Ondanks het feit dat Nuon geen beursgenoteerde onderneming is, vinden er bijeenkomsten met 'rating agencies', bond investors en (groot)aandeelhouders plaats na publicatie van de halfjaar- en jaarcijfers. Ook organiseert Nuon een persconferentie na publicatie van de jaarcijfers die vooraf via de website van Nuon wordt aangekondigd. Nuon onderschrijft het principe van gelijktijdige informatieverstrekking aan alle aandeelhouders, maar acht het te kostbaar voorzieningen te treffen om alle aandeelhouders in de gelegenheid te stellen de in de Code aangeduide bijeenkomsten en presentaties gelijktijdig te volgen. Wel draagt zij er zorg voor dat de presentaties na afloop van de desbetreffende bijeenkomsten op de website van Nuon worden geplaatst.

Opmerking van de auteur: in dit voorbeeld wordt de Code 2008 gehanteerd. Bij het schrijven van de tweede druk begin 2017 was nog geen jaarverslag opgesteld dat aansloot bij de nieuwe code.

5.5.5 Verslag van de raad van commissarissen over de bezoldiging van de bestuurders

In het traditionele tweelaagse bestuursmodel zoals dit in Nederland gebruikelijk is, brengt de raad van commissarissen een verslag uit van haar werkzaamheden in het afgelopen boekjaar. Zij legt hiermee verantwoording af voor het gehouden toezicht op het ondernemingsbestuur. Indien er sprake is van een eenlaags bestuursmodel (zie hoofdstuk 3) dan zullen de bestuurders met een toezichthoudende taak deze rol op zich nemen.
De gedragscode bepaalt dat het beloningsbeleid nadrukkelijk uitgelegd moet worden in het verslag van de toezichthouder. Het verschil tussen de informatieplicht in het jaarverslag en de informatieplicht in de gedragscode is dat het jaarverslag een gedetailleerde opsomming van de bestuursbeloningen moet geven, terwijl de code vraagt om een uitleg van het beleid: waarom heeft de onderneming voor bepaalde beloningsvormen gekozen, op welke wijze is een zorgvuldige afweging gemaakt tussen vaste beloningen en prestatiegerichte beloningen, hoe wordt het beloningsbeleid in overeenstemming gebracht met het risicoprofiel van de onderneming en hoe draagt het gekozen beloningsbeleid bij aan de langetermijndoelstellingen van de organisatie?
Het verslag over het beloningsbeleid kent een toekomstparagraaf waarin het toekomstig beleid wordt toegelicht.
De bestpracticebepalingen geven vervolgens een opsomming van op te nemen informatie. Het gaat met name om een schematische opsomming van bedrijfskosten uit hoofde van bestuursbeloningen onderverdeeld naar soort beloning: aandelen en optieregelingen, andere prestatiegerichte beloningvormen, pensioenregelingen, regelingen voor vervroegd uittreden en toegekende vertrekregelingen.

Samenvatting

In de huidige wetgeving zijn twee methoden van waarderinggrondslagen voor verslaggeving opgenomen: de historische grondslag (verkrijgingsprijs en vervaardigingsprijs) en de actuele waarde. Wat de beste methode is, laat de wetgever aan de opsteller over. De wettelijke plicht tot openbaarmaking van financiële informatie (publicatieplicht) heeft betrekking op alle vennootschappen; zij is opgenomen in art. 2:394 BW. Art. 2:362 BW gaat in op de normen in het maatschappelijk verkeer.
De International Accounting Standards op grond van de IAS-verordening zijn rechtstreeks van toepassing in de rechtsorde van de lidstaten van de EU. Op grond van de Wet op het financieel toezicht (Wft) zijn uitgevende instellingen verplicht om naast de jaarrekening, een halfjaarrekening en twee keer per jaar een tussentijds bericht op te stellen en tijdig openbaar te maken. Hierop wordt publiek toezicht gehouden door de AFM. Op grond van de Wet toezicht financiële verslaggeving (Wtfv) houdt de AFM toezicht op zowel de halfjaarlijkse als de jaarlijkse financiële verslaggeving van beursvennootschappen.
In de toelichting op de jaarrekening dient de rechtspersoon de hoogte van de directiebeloningen op te geven en de bijzondere beloningsvormen toe te lichten, uitgesplitst naar de beloning voor bestuurders en beloning voor commissarissen. Ook moeten leningen, voorschotten en garanties ten behoeve van bestuurders en commissarissen vermeld worden.

De verslaggeving verschuift langzamerhand steeds meer van een cijfermatige opsomming van feiten (de jaarrekening) naar een automatische uitleg van gebeurtenissen en toekomstplannen (het jaarverslag). Het jaarverslag schetst de gang van zaken gedurende het boekjaar met een analyse van de prestatie-indicatoren, en beschrijft de voornaamste risico's en onzekerheden. In het jaarverslag komen ook aspecten van maatschappelijk verantwoord ondernemen aan bod, de duurzaamheidsverslaggeving (sustainability reporting) en een uitleg over de toepassing van de gedragcode omtrent corporate governance moet zijn opgenomen.
De gedragscode bepaalt dat de toezichthouder het beloningsbeleid nadrukkelijk uitlegt in zijn verslag. Waar het jaarverslag een gedetailleerde opsomming van de bestuursbeloningen moet geven, geeft het verslag van de toezichthouder een uitleg van het beleid.

Vragen en opdrachten

5.1 Wat houdt de agencytheorie in?

5.2 Aan wie is het bestuur verantwoording verschuldigd?

5.3 Wat is in de principes van de Corporate Governance Code geregeld over koersgevoelige informatie?

5.4 Wanneer is in Nederland de wettelijke plicht tot boekhouden vastgelegd?

5.5 Op grond van welke internationale regelgeving is de plicht tot openbaarmaking van de jaarrekening voor alle vennootschappen ingesteld?

5.6 Noem de vier in de wet bepaalde beloningsvormen die in de jaarrekening toegelicht moeten worden.

5.7 Wat moet in de jaarrekening over aan het bestuur toegekende optierechten worden toegelicht?

5.8 Wat is beschreven in Richtlijn 400 van de Raad voor de Jaarverslaggeving?

5.9 Wat is de missie van het Global Reporting Initiative?

5.10 Noem de drie dimensies van duurzaamheidsverslaggeving (sustainability reporting).

5.11 Welke drie hoofdgroepen van mededelingen over de toepassing van corporate governance zijn genoemd in het Besluit Corporate Governance van 2009?

5.12 Wat is het verschil in benadering van de toelichting op de bestuursbeloningen tussen de wet en de Corporate Governance Code?

6 Effectief bestuur en toezicht

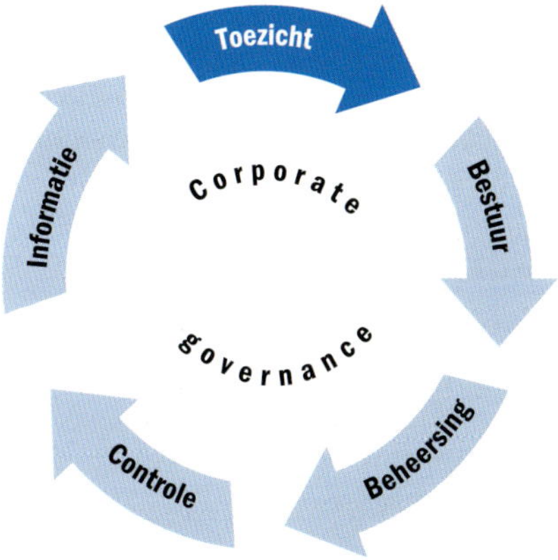

De Nederlandse taal is soms verwarrend. Bij het woord commissaris denk ik automatisch aan de politieseries op de televisie. Een commissaris van politie is de hoogste baas in een politieorganisatie; het betreft een persoon die zich bezighoudt met het besturen van deze organisatie. Ook bij nazoeken in de dikke Van Dale vind ik onmiddellijk een verwijzing naar de politiecommissaris.

Als men het echter heeft over de commissaris in het bedrijfsleven, dan bedoelt men iemand die zich bezighoudt met het toezicht op het besturen. De raad van commissarissen is het orgaan dat toezicht houdt op het beleid van het bestuur van een onderneming.

6.1 Toezicht door de raad van commissarissen

Het principe geeft aan dat er toezicht moet zijn. Toezicht op het functioneren van de dagelijkse bestuurders. Het gaat daarbij om de algemene gang van zaken. Toezicht richt zich niet op de dagelijkse gang van zaken. De toezichthouder draagt mede de verantwoordelijkheid voor het strategische beleid.

Toezicht is van alle tijden. De Romeinen in de oudheid hadden de aedilis (toezichthouder op het marktwezen). In de middeleeuwen hadden ze de hofmeier die toezicht hield op de opbrengsten van de boeren. De VOC kende de Heren Zeventien (Heren XVII) waarin 17 afgevaardigden van de kamers van de VOC zitting hadden. Deze Heren Zeventien voerden het dagelijks bestuur van de VOC. De aandeelhouders van de VOC klaagden over het gebrek aan verantwoording door het bestuur. Om tegemoet te komen aan de klachten werd het College van Hoofdparticipanten ingesteld, dit college bestond in 1623 uit negen mannen, ook wel de kamer van negen genoemd.

Toezicht wordt veelal vanuit de overheid geregeld. Maatschappelijke belangen worden veiliggesteld. Het huidige model van toezicht op de onderneming is ook vanuit deze gedachte ontstaan. In Nederland is het zogenoemde Rijnlandse model van toezicht overgenomen, dat ontstaan is vanuit de wens van de Duitse overheid om het maatschappelijk belang van de onderneming te waarborgen. Bismark introduceerde hiertoe in 1870 de Aufsichtsrat. Dit model van onafhankelijk toezicht op het ondernemersbestuur werd door Nederland met open armen ontvangen. Het Rijnlandse model gaat uit van een afzonderlijk orgaan voor toezicht op het dagelijkse bestuur, internationaal ook wel het tweelaagse (two-tier) bestuursmodel genoemd. Het tweelaagse model wordt toegepast in de landen langs de Rijn (Duitsland, Oostenrijk, Nederland); vandaar de benaming Rijnlands model.

Rijnlandse model

Aufsichtsrat

Op 6 mei 1971 werd de eerste structuurwet aangenomen. Hierin werd de rol van de commissaris in de wet vastgelegd, althans voor de structuurvennootschappen. Deze structuurwet is met invoering van het nieuwe Burgerlijk Wetboek opgenomen in Boek 2. De taak van de raad van commissarissen is in art. 2:140 lid 2 BW als volgt beschreven:

> 'De Raad van Commissarissen heeft tot taak toezicht te houden op het beleid van het bestuur en op algemene gang van zaken in de vennootschap en de met haar verbonden onderneming. Hij staat het bestuur met raad terzijde. Bij de vervulling van hun taak richten de commissarissen zich naar het belang van de vennootschap en de met haar verbonden onderneming.'

In het Duitse toezichtmodel was een rol weggelegd voor de werknemers. De Nederlandse werkgeversorganisaties hebben bij de invoering van de wetgeving omtrent het instellen van een verplichte raad van commissarissen gelobbyd om de rol van de werknemers buiten beschouwing te laten. Dit heeft geleid tot het instellen van een raad van commissarissen die niet namens werknemers, maar ook niet namens aandeelhouders optrad. De commissaris moest strikt onafhankelijk zijn. Mede daarom heeft men bij de invoering van de eerste structuurwet bepaald dat commissarissen rechtstreeks door de raad van commissarissen werden benoemd. Dit heeft uiteindelijk geleid tot het ontstaan van het zogenoemde old boys network, waarbij belangrijke commissariaten binnen een selecte kring van personen (veelal mannen) werden verdeeld.

Op 1 oktober 2004 is de nieuwe structuurregeling ingevoerd. De aanpassing ten opzichte van de oude wetgeving betreft het recht van commissarissen van structuurvennootschappen om zelf commissarissen te benoemen. Sindsdien kan de algemene vergadering van aandeelhouders beslissen over de benoeming en het ontslag van commissarissen bij vennootschappen. Hierdoor is de invloed van het old boys network behoorlijk ingeperkt.
Ook de langgekoesterde wens van de overheid om werknemers meer invloed te geven, is vervuld. De ondernemingsraad heeft het recht om kandidaten voor te dragen voor een derde van de raad. Nu toch terug naar het oorspronkelijke Duitse model waarin werknemers zitting hadden in de Aufsichtsrat.
De raad van commissarissen moet dus meer verantwoording afleggen aan de directe belanghebbenden, de aandeelhouders en de werknemers. Waar in de oorspronkelijke structuurregeling nadrukkelijk gekozen was voor onafhankelijkheid ten opzichte van belanghebbenden, is nu gekozen voor een duidelijke belangenvertegenwoordiging. De commissaris weet voor wie hij werkt.

6

6.2 Bestuurslagen

PRINCIPE 5.1 ONE-TIER BESTUURSSTRUCTUUR
De samenstelling en het functioneren van het bestuur waarvan zowel uitvoerende als niet uitvoerende bestuurders deel uitmaken moeten zodanig zijn dat het toezicht door niet uitvoerende bestuurders naar behoren kan worden uitgevoerd en onafhankelijk toezicht is gewaarborgd.

Principe One-tier bestuursstructuur

Als men spreekt over het bestuur van de onderneming, bedoelt men de hoogste leiding.

De omvang van de onderneming is bepalend voor de samenstelling van het bestuur. Bij een kleine onderneming is het bestuur veelal een eenhoofdige directie. Bij middelgrote ondernemingen is er sprake van een meerhoofdige directie met elk een eigen bestuurlijke verantwoordelijkheid. Bij grote ondernemingen zullen de bestuurstaken nog verder verdeeld zijn doordat er meerdere bedrijfsonderdelen aanwezig zijn met specifieke kenmerken welke eisen stellen aan de kundigheid van bestuurders.

Eenlaags bestuursmodel
One-tier board
Monistisch bestuursmodel
Two-tier board
Dualistisch bestuursmodel

Het bestuur in een onderneming kunnen eenlaags (one-tier board) ofwel monistisch bestuursmodel of tweelaags (two-tier board) ofwel dualistisch bestuursmodel zijn. Men spreekt van een eenlaags bestuur indien er sprake is van een orgaan voor tegelijkertijd toezicht en bestuur. Men spreekt van een tweelaags bestuur indien er sprake is van afzonderlijk een toezichthoudend orgaan (in de vorm van de raad van commissarissen) en een bestuur.

Tweelaags bestuursmodel

Figuur 6.1 illustreert het verschil tussen het eenlaagse bestuursmodel en het tweelaagse bestuursmodel.

FIGUUR 6.1 Eenlaags en tweelaags bestuursmodel

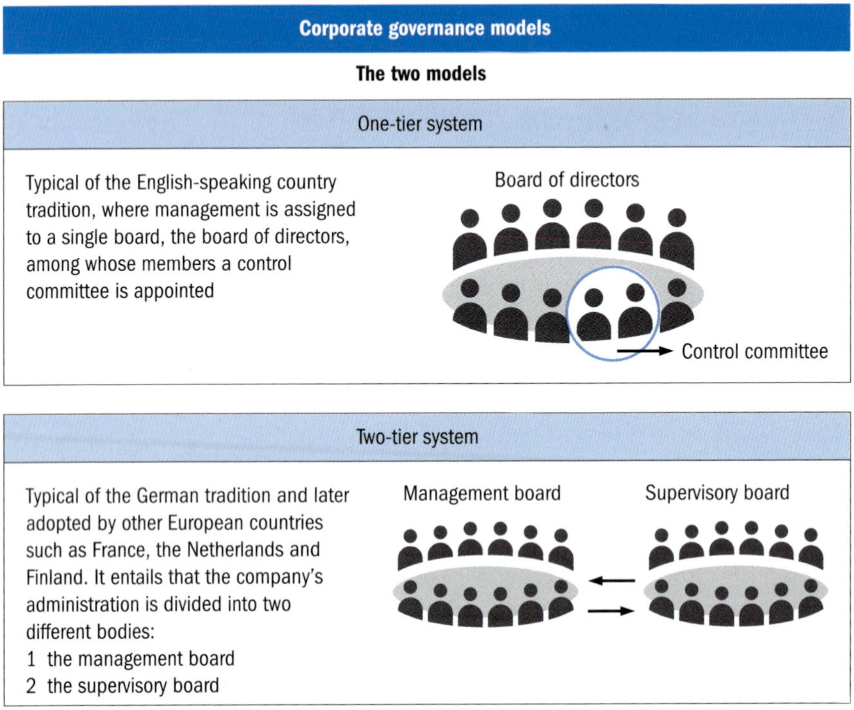

Angelsaksisch model

In Nederland is tot nog toe het tweelaagse bestuursmodel toegepast. Internationaal is ons tweelaagse model minder bekend. Bij aandeelhouders uit Angelsaksische landen leidt dit tot verwarring, omdat daar van oudsher sprake is van een eenlaags bestuursmodel. De Nederlandse wetgever heeft dit herkend en daarom in november 2008 een voorstel neergelegd om in de wet de mogelijkheid op te nemen voor het instellen van een eenlaagse bestuursvorm. Nederlandse naamloze en besloten vennootschappen kunnen hierdoor kiezen voor het tweelaagse model met een bestuur en een raad van commissarissen of voor het eenlaagse model, tenzij de structuurregeling op de vennootschap van toepassing is.

De wetswijziging maakt het mogelijk om taken binnen het bestuur van een onderneming te verdelen over algemene en uitvoerende bestuurders. Als belangrijk voordeel wordt genoemd de directe toegang tot managementinformatie: alle leden van de board of directors beschikken over dezelfde informatie, waarmee het risico van informatieverminking naar de raad van commissarissen wordt vermeden.

In de nieuwe wetgeving is een regeling opgenomen voor de aansprakelijkheid van bestuurders bij onbehoorlijk bestuur en tegenstrijdige belangen.

In het wetsvoorstel tot aanpassing van Boek 2 van het Burgerlijk Wetboek is art. 2:129a BW over het eenlaagse bestuur opgenomen:

> 1 Bij de statuten kan worden bepaald dat bestuurstaken worden verdeeld over één of meer algemene bestuurders en één of meer uitvoerende bestuurders. Tot de taken van het bestuur die niet kunnen worden toegedeeld aan uitvoerende bestuurders behoren het vaststellen van de bezoldiging van uitvoerende bestuurders en het houden van toezicht op de taakuitoefening door een bestuurder. Algemene bestuurders moeten natuurlijke personen zijn.
> 2 Is toepassing gegeven aan lid 1, eerste zin, dan kunnen de uitvoerende bestuurders tezamen niet meer stemmen uitbrengen dan de algemene bestuurders tezamen.
> 3 Bij of krachtens de statuten kan worden bepaald dat een of meer bestuurders rechtsgeldig kunnen besluiten omtrent zaken die tot zijn respectievelijk hun taak behoren. Bepaling krachtens de statuten geschiedt schriftelijk.'

De wetgever maakt een onderscheid tussen algemene taken (waaronder toezicht houden) en uitvoerende taken (dagelijks bestuur). Net als in de regeling voor commissarissen (art. 2:140/250 BW) en de regeling voor algemene bestuurders in een Europese naamloze vennootschap met een monistisch bestuurssysteem (art. 14 Uitvoeringswet verordening Europese naamloze vennootschap) is bepaald dat de algemene bestuurders natuurlijke personen moeten zijn. Rechtspersonen kunnen wel tot uitvoerend bestuurder worden benoemd.

6.3 Regels voor de raad van commissarissen

Toezichthoudende rol

De toezichthoudende rol van de commissaris wordt vanuit twee regelingen bepaald. In Boek 2 BW (Rechtspersonen) zijn in de titels voor verenigingen, stichtingen, naamloze en besloten vennootschappen de wettelijke bepalingen omtrent de commissaris opgenomen. De Corporate Governance Code beschrijft de rol van de commissaris in het governanceproces, door aanvullende taken te omschrijven.
De wetgever maakt onderscheid tussen structuurvennootschappen en gewone vennootschappen. De code ziet toe op het toezicht bij de beursgenoteerde vennootschappen.

6.3.1 Wettelijke regeling

De raad van commissarissen heeft volgens de wet (art. 2:57 lid 2 BW) de taak om toezicht te houden op het beleid van het bestuur en op de algemene gang van zaken in de vennootschap. De raad van commissarissen staat de bestuurder met raad en daad terzijde. De commissarissen richten zich daarbij op het belang van de vennootschap (inclusief dochterondernemingen); het belang van de individuele bestuurder is daaraan ondergeschikt. Mede door de focus op het algemeen belang wordt een risico van tegenstrijdige belangen binnen de raad van bestuur ondervangen.

Bij de invulling van de wettelijke taak moet onderscheid gemaakt worden tussen de commissaris bij een gewone vennootschap en de commissaris bij een structuurvennootschap. Bij de structuurvennootschap zijn de wettelijke taken van de commissaris ruimer dan bij de gewone vennootschap. Structuurvennootschappen zijn verplicht tot het instellen van een raad van commissarissen.

Structuurvennootschap

Voor een vennootschap is aanpassing aan het structuurregime verplicht wanneer zij drie jaar onafgebroken heeft voldaan aan de navolgende criteria:
- Het eigen vermogen bedraagt ten minste 16.000.000 euro.
- De vennootschap heeft een ondernemingsraad ingesteld.
- De vennootschap en haar dochters hebben tezamen ten minste honderd werknemers in dienst.

De raad van commissarissen heeft minstens drie leden. Uit haar leden benoemd de raad van commissarissen een voorzitter. De benoeming van nieuwe commissarissen geschiedt door de algemene vergadering van aandeelhouders. De raad van commissarissen meldt aan de algemene vergadering van aandeelhouders (ava), de ondernemingsraad, en het bestuur van de vennootschap als er vacatures in de raad van commissarissen ontstaan. De algemene vergadering van aandeelhouders, de ondernemingsraad en het bestuur kunnen kandidaten voordragen of aanbevelen.
De statuten van de vennootschap kunnen bepalen dat één of meer commissarissen van overheidswege worden benoemd.

Bij disfunctioneren van een commissaris is ontslag mogelijk middels een procedure bij de Ondernemingskamer van het Gerechtshof te Amsterdam. Deze procedure kan worden aangespannen door het bestuur van de vennootschap, de algemene vergadering van aandeelhouders of de ondernemingsraad.
De algemene vergadering van aandeelhouders heeft het laatste woord over de benoeming en ontslag van commissarissen bij structuurvennootschappen. Aandeelhouders kunnen met een gewone meerderheid van stemmen, vertegenwoordigend ten minste een derde van het geplaatste kapitaal, een voordracht voor benoeming van een commissaris doorbreken en kunnen met dezelfde vereisten de gehele raad van commissarissen naar huis sturen.

De algemene vergadering van aandeelhouders bepaalt de hoogte van de beloning van de commissarissen.

In een structuurvennootschap heeft de raad van commissarissen van de wetgever vergaande bevoegdheden gekregen, namelijk tot het benoemen en ontslaan van bestuurders van de vennootschap, het vaststellen van de jaarrekening en het vaststellen van belangrijke besluiten.
Het benoemen en ontslaan van het bestuur geschiedt bij niet-structuurvennootschappen door de algemene vergadering van aandeelhouders.

Bij structuurvennootschappen kan de algemene vergadering van aandeelhouders wel een voordracht doen, maar deze is niet bindend voor de raad van commissarissen.

Het bestuur van de vennootschap heeft voor belangrijke besluiten toestemming van de raad van commissarissen nodig, zoals voor:
- de uitgifte van aandelen en obligaties;
- het aanvragen of intrekken van een beursnotering;
- het aangaan of verbreken van een duurzame samenwerking met een andere rechtspersoon of vennootschap;
- het deelnemen in een andere vennootschap ter waarde van ten minste een vierde van het geplaatste kapitaal met reserves van de vennootschap, of het ingrijpend vergroten of verminderen van een dergelijke deelneming;
- het doen van investeringen ter waarde van ten minste een vierde van het geplaatste kapitaal met reserves van de vennootschap;
- een statutenwijziging;
- een ontbinding van de vennootschap of een faillissementsaanvraag;
- het beëindigen van de dienstbetrekkingen van een aanmerkelijk aantal werknemers tegelijkertijd, of binnen kort tijdsbestek;
- het ingrijpend wijzigen van de arbeidsomstandigheden van een aanmerkelijk aantal werknemers van de vennootschap.

In de statuten van de vennootschap kunnen bovendien nog extra bevoegdheden van de raad van commissarissen zijn vastgelegd.

Het bestuur van een naamloze vennootschap of een besloten vennootschap kan een verzoek doen bij de minister van Justitie om ontheffing te verkrijgen voor een aantal taken en bevoegdheden van de raad van commissarissen. Het kan bijvoorbeeld gaan om het afwijken van de wettelijk voorgeschreven wijze van benoeming van een commissaris, het afwijken van de wettelijke bepaling van onverenigbaarheid van functies, het afwijken van de wettelijk voorgeschreven taken inzake de jaarrekening of van de wettelijk voorgeschreven goedkeuring van een besluit van het bestuur van de naamloze vennootschap of besloten vennootschap. De ontheffing kan onder beperkingen worden verleend en aan de ontheffing kunnen voorschriften worden verbonden.

Vrijstelling tot de verplichte instelling van een raad van commissarissen

Er zijn twee vormen van vrijstelling tot de verplichte instelling van een raad van commissarissen:

1 Volledige vrijstelling. Voor volledige vrijstelling komt in aanmerking:
   a een vennootschap waarvan de werkzaamheden zich (nagenoeg) uitsluitend beperken tot het beheren en financieren van groepsmaatschappijen en van deelnemingen van de vennootschap en groepsmaatschappijen in andere rechtspersonen, mits de werknemers in dienst van deze vennootschap en de groepsmaatschappijen in meerderheid buiten Nederland werkzaam zijn;
   b een servicevennootschap.

2 Gedeeltelijke vrijstelling. Voor een gedeeltelijke vrijstelling (een verzwakt regime) komt in aanmerking een vennootschap waarin een deelneming voor de helft van het geplaatst kapitaal wordt gehouden:
   a door een rechtspersoon waarvan de werknemers in dienst van de rechtspersoon zelf of diens groepsmaatschappijen in meerderheid

buiten Nederland werkzaam zijn, of door andere afhankelijke maatschappijen daarvan;

b door een aantal van dergelijke rechtspersonen of maatschappijen die volgens onderlinge regeling samenwerken (een joint venture);

c volgens een onderlinge regeling tot samenwerking tussen de rechtspersonen of maatschappijen als onder *b* genoemd en rechtspersonen die zijn onderworpen aan het structuurregime (volledig/zwak).

6.3.2 Regeling in de Corporate Governance Code

Principe 2.1 Samenstelling en omvang

PRINCIPE 2.1 SAMENSTELLING EN OMVANG

De raad van commissarissen heeft tot taak toezicht te houden op het beleid van het bestuur en op de algemene gang van zaken in de rechtspersoon en de daarmee verbonden onderneming. Hij staat het bestuur met raad ter zijde. Bij de vervulling van hun taak richten de commissarissen zich naar het belang van de rechtspersoon en de daarmee verbonden onderneming.

Als je toezicht houdt, moet je wel kunnen begrijpen waar de ondernemingsactiviteiten over gaan. Het betreft de algemene gang van zaken, de hoofdlijnen. Commissarissen zullen dus zorgvuldig moeten worden uitgezocht. De kwaliteiten van een commissaris betreffen vaak een specifieke deskundigheid: financieel, bedrijfskundig, arbeidsrechtelijk, kennis van de bedrijfstak. In de Corporate Governance Code worden specifieke taken genoemd voor het toezichthoudend orgaan. Ook worden er in de code principes gegeven om de raad van commissarissen haar taken in onafhankelijkheid van het bestuur te kunnen laten uitoefenen.

6.4 Taken en commissies van de raad van commissarissen

Kerncommissies rvc

Taken en commissies

Principe Inrichting raad van commissarissen en verslag

PRINCIPE 2.3 INRICHTING RAAD VAN COMMISSARISSEN EN VERSLAG

De raad van commissarissen draagt zorg dat hij effectief functioneert. De raad van commissarissen stelt commissies in om de besluitvorming van de raad voor te bereiden. Het voorgaande doet geen afbreuk aan de verantwoordelijkheid van de raad van commissarissen als orgaan en van de individuele leden van de raad van commissarissen voor het inwinnen van informatie en het vormen van een onafhankelijk oordeel.

Selectie- en benoemingscommissie

Indien de raad van commissarissen meer dan vier leden omvat, stelt de raad van commissarissen uit zijn midden een auditcommissie, een remuneratiecommissie en een selectie- en benoemingscommissie in.

De taken van de raad van commissarissen worden uitgevoerd door drie commissies:

1 de auditcommissie, die het contact met de externe accountant onderhoudt; **Auditcommissie**
2 de remuneratiecommissie, die zich bezighoudt met het beloningsbeleid in de organisatie; **Remuneratie-commissie**
3 de selectie- en benoemingscommissie, met als taak de (her)benoeming van commissarissen en bestuurders.

6.4.1 De auditcommissie

Op 8 augustus 2008 is de algemene maatregel van bestuur (AMvB) in werking getreden waarmee de auditcommissie een wettelijke basis heeft gekregen. De in dit besluit neergelegde verplichting om een auditcommissie in te stellen, is gebaseerd op art. 21a Wet toezicht accountantsorganisaties (Wta). Daarmee is uitvoering gegeven aan een Europese richtlijn uit 2006 over wettelijke controles van jaarrekeningen en geconsolideerde jaarrekeningen. Art. 21a Wta luidt:

> 'Bij algemene maatregel van bestuur kunnen regels worden gesteld ten aanzien van de instelling door organisaties van openbaar belang van een auditcomité of een orgaan met gelijksoortige taken.'

Organisaties van openbaar belang zoals de Nederlandse vennootschappen met aan de beurs genoteerde effecten en de Nederlandse niet-beursgenoteerde kredietinstellingen en verzekeraars, moeten in beginsel een auditcommissie instellen die onder meer toezicht houdt op het financiële verslaggevingsproces, de wettelijke controle van de jaarrekening en de geconsolideerde jaarrekening alsmede het risicomanagementsysteem van de vennootschap.

6

Bevoegdheden van een auditcommissie zijn onder andere:

- het recht de raad van commissarissen te adviseren met betrekking tot de benoeming van de accountant;
- het recht te spreken met de voorzitter van het bestuur (of: chief executive officer), de bestuurder verantwoordelijk voor financiële zaken (of: chief financial officer) en de interne accountantsdienst alsmede met de externe accountant.

De taken van de auditcommissie zijn:

- het houden van toezicht op de werking van de risicobeheersings- en interne controlesystemen van de vennootschap;
- het houden van toezicht op de naleving van relevante wet- en regelgeving alsmede op de werking van gedragscodes;
- het houden van toezicht op de financiële informatieverschaffing door de vennootschap, waaronder het toezicht op de toepassing van (nieuwe) accountingprincipes en het toezicht op specifieke 'schattingsposten' in de jaarrekening;
- het periodiek bespreken van de voornaamste controlebevindingen van zowel de externe als de interne accountant, waaronder de management letter, eventuele fraudeconstateringen en verschillen van mening met het bestuur;

- het houden van toezicht op het naleven van aanbevelingen van de externe en interne accountant;
- het evalueren van het functioneren van de externe accountant en tevens het beoordelen van het honorarium gefactureerd door de externe accountant voor de verschillende geleverde diensten, evenals het toezicht houden op de onafhankelijkheid van de externe accountant;
- het toezicht houden op het functioneren van de interne accountantsdienst;
- het adviseren van de raad van commissarissen met betrekking tot de voordracht aan de algemene vergadering van aandeelhouders tot benoeming van een externe accountant;
- het houden van toezicht op het beleid van de vennootschap met betrekking tot taxplanning;
- het houden van toezicht op de financiering van de vennootschap;
- het houden van toezicht op de toepassingen van de informatie- en communicatietechnologie (ICT);
- het beoordelen van de manier waarop de externe accountant wordt betrokken bij de inhoud en publicatie van financiële berichten, anders dan de jaarrekening.

Taken en bevoegdheden van de auditcommissie van NUON

De auditcommissie is door de Raad van Commissarissen ingesteld ter ondersteuning bij het toezicht op:

- de werking van de interne risicobeheersings- en controlesystemen, waaronder de naleving van wet- en regelgeving en werking van gedragscodes;
- de financiële informatieverschaffing door de vennootschap;
- de naleving van aanbevelingen en de opvolging van opmerkingen van de internal audit-afdeling en de externe accountant;
- het 'in-controlstatement';
- de rol en het functioneren van de afdeling internal audit van de onderneming;
- de relatie met de externe accountant, in het bijzonder de onafhankelijkheid, de bezoldiging en de eventuele niet-controlewerkzaamheden ten behoeve van de onderneming;
- de financiering van de vennootschap;
- de toepassing van informatie- en communicatietechnologie.

Een auditcommissie is samengesteld uit leden van de raad van commissarissen of uit leden van het bestuursorgaan die niet belast zijn met het uitvoerend bestuur van de onderneming. Wanneer een organisatie van openbaar belang een auditcommissie instelt en relevante principes en bestpracticebepalingen van de Nederlandse Corporate Governance Code in acht neemt, wordt aan de eisen van de Europese richtlijn voldaan. Aan de leden van de auditcommissie worden eisen gesteld van onafhankelijkheid ten opzichte van de onderneming.

Kleine organisaties mogen afzien van het instellen van een auditcommissie, wanneer zij de taken van die commissie opdragen aan de gehele raad van commissarissen. Dit voorkomt dat een kleine raad van commissarissen een auditcommissie moet instellen. Wel moet dan in het jaarverslag worden vermeld dat de raad van commissarissen de taken van de auditcommissie heeft vervuld en moet de samenstelling van de raad worden aangegeven.

6.4.2 De Remuneratiecommissie

PRINCIPE 3.1 BELONINGSBELEID BESTUUR
Het beloningsbeleid voor bestuurders is duidelijk en begrijpelijk, is gericht op lange termijn waardecreatie van de vennootschap en de met haar verbonden onderneming en houdt rekening met de interne beloningsverhoudingen binnen de onderneming. Het beloningsbeleid zet bestuurders niet aan tot gedrag in hun eigen belang noch tot het nemen van risico's die niet passen binnen de geformuleerde strategie en de vastgestelde risicobereidheid. De raad van commissarissen is verantwoordelijk voor het formuleren van het beloningsbeleid en de implementatie daarvan.

Principe Beloningsbeleid bestuur

Remuneratiecommissie

De remuneratiecommissie doet voorstellen aan de raad van commissarissen voor een goed beloningsbeleid. Het belonen van bestuurders is een maatschappelijk vraagstuk geworden, soms zo sterk dat het verstrekken van bonussen publiekelijk wordt veroordeeld gelijk het middeleeuws nagelen aan de schandpaal. Het opstellen van een verantwoord beloningsbeleid is daarom geen eenvoudige klus. Alle schijn van afhankelijkheid en partijdigheid in de beslissingen omtrent de beloningen moet voorkomen worden. Indien de remuneratiecommissie advies inwint inzake het beloningsbeleid, moet zij vaststellen of de adviseur onafhankelijk is van het bestuur en de vennootschap.
De code bepaalt daarom dat er geen sprake kan zijn van een combinatie van voorzitterschap van deze commissie en dagelijkse bestuur van de organisatie of andere organisaties. Voormalige bestuurders zijn ook uitgesloten van het voorzitterschap.
Om een goed vergelijk met bestuursbeloningen mogelijk te maken stelt de code dat ten minste één lid van de commissie bestuurder is bij een andere beursgenoteerde vennootschap.

Als voorbeeld van een remuneratierapport is het rapport van Eriks opgenomen. Eriks is een industrieel dienstverlener op het gebied van werktuigbouwkundige componenten.

Remuneratierapport Bezoldigingsbeleid
Het bezoldigingsbeleid voor de leden van de raad van bestuur heeft ten doel gekwalificeerde bestuurders met ervaring in de bedrijfstak aan te trekken, te motiveren en te behouden. De beloningsstructuur behoort gericht te zijn op een optimale verhouding tussen de kortetermijnresultaten van de onderneming en haar doelen voor de lange termijn.
Het huidige bezoldigingsbeleid is in de algemene vergadering van aandeelhouders van 18 mei 2008 goedgekeurd en bestaat uit de volgende componenten:

6

Een vast basissalaris
Dit wordt gesteld op het mediaanniveau van de referentiemarkt voor ieder van de leden van de raad van bestuur.

Variabele beloning
- Een korte termijn variabele beloning: de hoogte daarvan is afhankelijk van vooraf vastgestelde doelstellingen en bedraagt bij realisatie van de doelstellingen ('at target') 50 procent van het basissalaris, met als maximum 60 procent bij overtreffen van de vooraf overeengekomen doelstellingen. De korte termijn variabele beloning wordt in contanten uitbetaald. De doelstellingen worden jaarlijks vastgesteld en liggen op het vlak van groei (25 procent), rendement op geïnvesteerd vermogen (25 procent) en persoonlijke doelstellingen (50 procent).
- Een lange termijn variabele beloning, onder te verdelen naar:
  - Ieder jaar worden voor een periode van drie jaar doelstellingen vastgesteld. Bij realisatie ('at target') na drie jaar bedraagt de uitkering 50 procent van het vaste basissalaris, met als maximum 60 procent (bij overtreffen van de doelstellingen). De uitkering geschiedt in contanten. De doelstellingen hebben betrekking op groei van de omzet en rendement op geïnvesteerd vermogen.
  - Een Bonus Investment Matching Share Plan. Bij investering van de kortetermijnbonus in aandelen ERIKS (tot maximaal 50 procent van de bruto kortetermijnbonus), 'matcht' ERIKS voorwaardelijk na drie jaar een gelijk aantal aandelen. Deze 'match'-aandelen kunnen twee jaar na de 'matching' worden verzilverd.

In het verslagjaar zijn bijna alle doelstellingen gerealiseerd.

Pensioenen
Een vergoeding voor pensioenen en arbeidsongeschiktheidsregelingen tot maximaal 35 procent van het vaste basissalaris. De heren Van der Zouw en De Boer ontvangen jaarlijks een extra vergoeding van 6,0 resp. 9,75 procent van hun vaste salaris ter compensatie van neerwaartse bijstellingen in hun pensioenopbouw.

De onderneming verstrekt geen leningen, voorschotten en garanties aan de leden van de raad van bestuur.
Periodiek, voor het laatst in het voorjaar 2008, wordt het bezoldigingsbeleid en de daarbij behorende bezoldigingscomponenten en de hoogte daarvan via een onderzoek vergeleken met de beloningen van leden van de raad van bestuur bij andere beursgenoteerde ondernemingen met een ongeveer gelijke omvang en complexiteit als ERIKS. De peergroep bestaat uit de tien grootste ondernemingen uit de AScX en overige lokale fondsen (smallcaps), de tien kleinste ondernemingen uit de AMX (midcaps) en een sectorspecifieke referentiegroep.

Alkmaar, 26 februari 2009

6.4.3 De selectie- en benoemingscommissie

PRINCIPE 2.2 BENOEMING, OPVOLGING EN EVALUATIE
De raad van commissarissen draagt zorg voor een formele en transparante procedure voor het benoemen en herbenoemen van bestuurders en commissarissen en voor een gedegen plan voor opvolging. Daarbij wordt rekening gehouden met het diversiteitsbeleid. Het functioneren van het bestuur en de raad van commissarissen als collectief en het functioneren van individuele bestuurders en commissarissen wordt regelmatig geëvalueerd.

Principe Benoeming, opvolging en evaluatie

Selectie- en benoemingscommissie

Coöptatie

De selectie- en benoemingscommissie houdt zich bezig met het beleid voor de benoeming van commissarissen en bestuurders. Dit houdt in dat de raad van commissarissen zelf zorg draagt voor benoeming van commissarissen. Dit noemt men ook wel een systeem van coöptatie (zelfbenoeming). Ook houdt de commissie toezicht op het beleid voor benoeming van het hoger management. Een goed benoemingsbeleid voorkomt het verval van onafhankelijk benoemen door het bestaan van een old boys network. Een zorgvuldig gekozen samenstelling van bestuur en raad van commissarissen leidt tot een evenwichtige vertegenwoordiging van belangen bij het nemen van strategische beslissingen. Bedrijfsbelangen, werknemersbelangen, aandeelhoudersbelangen en maatschappelijke belangen worden gelijkelijk vertegenwoordigd: een balans tussen kapitalisme en socialisme.

De werkzaamheden voor het benoemingsbeleid voor de commissarissen betreffen het opstellen van functieprofielen voor leden van de raad van commissarissen, de periodieke beoordeling van het functioneren van (leden van) de raad van commissarissen en het doen van voorstellen voor herbenoeming. De werkzaamheden voor het benoemingsbeleid voor bestuursleden betreffen de benoemingsprocedures, het beoordelen van het functioneren van de individuele bestuurder en het doen van herbenoemingvoorstellen.
Om te verduidelijken dat de gedragscode gebaseerd is op principes en dat niet alle principes toegepast dienen te worden, volgt hierna een voorbeeld van Stork N.V. met betrekking tot het instellen van een selectie- en benoemingscommissie. Bij het niet-toepassen van een principe moet er nadrukkelijk uitleg gegeven worden. Stork doet dit als volgt:

Reglement van de selectie- en benoemingscommissie van Stork N.V.
De rvc heeft bepaald geen aparte selectie- en benoemingscommissie in te stellen. De rvc zal als geheel de in dit reglement omschreven werkzaamheden verrichten en daarbij de in het reglement omschreven bepalingen volgen. Daar waar 'de selectie- en benoemingscommissie' staat wordt derhalve de gehele rvc bedoeld. In voorkomende gevallen kan de rvc besluiten alsnog 2 van haar leden te benoemen in de selectie- en benoemingscommissie. In dat geval zal art. 1 van dit reglement alsnog van toepassing zijn.

6.5 Besluitvorming en functioneren

Principe Besluitvorming en functioneren

PRINCIPE 2.4 BESLUITVORMING EN FUNCTIONEREN
Het bestuur en de raad van commissarissen dragen zorg voor een evenwichtige en en effectieve besluitvorming waarbij rekening wordt gehouden met de belangen van stakeholders. Door het bestuur wordt een goede en tijdige informatievoorziening opgezet. Het bestuur en de raad van commissarissen houden hun kennis en vaardigheden op peil en besteden voldoende tijd aan hun taken en verantwoordelijkheden. Zij zorgen ervoor dat zij bij de uitoefening van hun taken over informatie beschikken die nodig is voor een goede besluitvorming.

6.5.1 Combinatie van functies

Om een organisatie goed te kunnen leiden moeten vaak alle zeilen bijgezet worden. Stel dat de directeur van een grote organisatie zoals Shell een commissariaat bij een grote woningcorporatie in Amsterdam vervult. Het is dan lastig om de aandacht te verdelen indien bij beide organisaties problemen optreden ten aanzien van bestuursbeloningen.
De jaarstukken zullen vermoedelijk in hetzelfde tijdvak gepubliceerd worden. De problematiek komt dus gelijktijdig naar buiten. Het dilemma is dan welk probleem voorgaat. Het vervullen van dubbele bestuursfuncties of combinaties van een bestuursfunctie met commissariaten is dus niet altijd wenselijk.

Dubbele bestuursfuncties

Anderzijds kan het combineren van deze functies ook zinvol zijn. Door de combinatie van een commissariaat bij een woningcorporatie met een directiefunctie bij een bouwonderneming kunnen belangrijke synergievoordelen worden behaald. Niet zozeer doordat opdrachten over en weer verstrekt kunnen worden, maar doordat kennis van beide markten aanwezig is. Dat komt de uitoefening van beide functies ten goede.

In de praktijk komen nevenfuncties regelmatig voor. Een zorgvuldige afweging van nevenfuncties is vanzelfsprekend. Een bestuursfunctie bij ABN Amro kan moeilijk gecombineerd worden met een bestuursfunctie bij de Rabobank. Er ontstaan dan tegenstrijdige belangen. Het aannemen van commissariaten is verleidelijk en niet altijd worden de consequenties overzien. Wat nu lijkt op een gescheiden belang kan in de toekomst een totaal andere situatie met zich meebrengen. De directeur van Shell zal niet snel verwachten dat de brandstofmarkt voor motorvoertuigen binnen afzienbare tijd is overgenomen door energiebedrijf NUON. Zodra autoproducenten ontdekken dat de markt voor elektrisch aangedreven auto's meer mogelijkheden biedt, kan er binnen korte tijd een verschuiving van marktaandeel voor de energiebedrijven ontstaan. Als commissaris van NUON en directeur van Shell kan iemand dan in een lastige positie komen.

6.5.2 Combinatie met andere werkzaamheden

Ook combinaties met andere werkzaamheden kunnen beperkingen opleggen voor goed bestuur. Indien de directeur van een woningcorporatie een zwager heeft met een schildersbedrijf, is het aantrekkelijk om het schilderwerk aan de woningen van de corporatie door het bedrijf van de zwager uit te laten voeren. Op zich hoeft het geen probleem te zijn als bevriende relaties gevraagd worden om diensten voor de organisatie te verrichten. Zolang de wederzijdse belangen helder zijn en de organisatie niet benadeeld wordt, staat niets een gezonde zakelijke overeenkomst in de weg.

Zodra de relatie in de persoonlijke sfeer is betrokken, dan is voorzichtigheid gewenst. De schijn is snel tegen de bestuurder. De concurrent zal met argusogen kijken naar de gegunde opdrachten in de persoonlijke relatie. Bij een vermoeden van bevoordeling wordt dan al snel aan de bel getrokken en is de verstrekte opdracht voorpaginanieuws in het regionale dagblad. Vervolgens moet er heel wat uitgelegd worden aan de buitenwereld en aan de raad van commissarissen.

Relatie in de persoonlijke sfeer

6.6 Cultuur

PRINCIPE 2.5 CULTUUR
Het bestuur is verantwoordelijk voor het vormgeven van een cultuur die is gericht op lange termijn waardecreatie van de vennootschap en de met haar verbonden onderneming. De raad van commissarissen houdt toezicht op de activiteiten van het bestuur ter zake.

Principe Cultuur

Cultuur is een nieuw onderwerp in de Code. Niet helemaal nieuw in de uitgangspunten van coporate governance. De risico- en beheersingssystemen die gebaseerd zijn op het COSO-model gaan immers uit van de bouwstenen van dit model. In de bovenste bouwsteen (control environment) is het begrip tone at the top opgenomen. Het voorbeeldgedragvan het management en de inbedding van deze houding in de procesbeheersing zorgt voor een gezonde cultuur. Een goede cultuur voorkomt corruptie, fraude en andere integriteitsschendingen. Daarnaast bevordert het efficiency, innovatie, kwaliteit en duurzaamheid.

De uitkomsten van de prestatieindicatoren zullen meer en meer gericht zijn op het meten en monitoren van cultuur en worden daarmee een vast onderdeel van de managementrapportages en de bestuursagenda.

De Code nodigt uit tot het werken aan een gezonde organisatiecultuur. In de best practice bepalingen wordt aangegeven dat het bestuur waarden vast stelt die bijdragen aan een cultuur gericht op langetermijnwaardecreatie. Deze waarden moeten uitgangspunt zijn voor de gedragscode. Het bestuur dient de gedragscode op de website van de organisatie te plaatsen.

In de verslaggeving dient het bestuur verantwoording af te leggen over de cultuur van de organisatie door toelichting te geven over de wijze waarop de cultuurwaarden worden ingebed in de vennootschap en de met haar verbonden onderneming en de werking en naleving van de gedragscode.

6.6.1 Organisatiecultuur

Een van de belangrijkste factoren die het succes van de organisatie bepalen, is het geheel van waarden, normen en basisveronderstellingen die worden gedeeld in een organisatie. Het is belangrijk dat organisaties kernwaarden en een kerndoel hebben. Het vasthouden van de kerndoelstelling vormt de basis van organisaties die in staat zijn crisessituaties te doorstaan en prestaties op de lange termijn neer te zetten.

Het opstellen van kernwaarden en een kerndoel is gelegen in de langetermijnstrategie. Hoewel zeer veel organisaties kernwaarden hebben zijn er maar weinig die ze ook tot uitvoering brengen. Voorbeelden van kernwaarden van bekende bedrijven zijn:

- Creativiteit, dromen en fantasie (Walt Disney)
- Een pionier zijn, niet anderen volgen: het onmogelijke voor elkaar krijgen (Sony)
- Vertrouwen, vrijheid en verantwoordelijkheid (Interpolis)
- Oprechtheid, integriteit en respect (Shell)

6.6.2 Gedragscode

In de Corporate Governance Code wordt de invoering en publicatie van een gedragscode gestimuleerd. Deze gedragscode is bedoeld voor de direct betrokkenen van een organisatie (werknemers, leden etc.). Deze code moet aan de belanghebbenden het vertrouwen geven dat zorgvuldig omgegaan wordt met de kernwaarden van de organisatie.
De gedragscode kan worden beschouwd als een vorm van zelfregulering. Om een gedragscode goed te laten werken zal er sprake zijn van sancties bij het niet naleven hiervan.
Als voorbeeld hiervan hierna een onderdeel uit de gedragscode van Shell.

2.1 UW INDIVIDUELE VERANTWOORDELIJKHEDEN
HANDEL CORRECT
De Gedragscode is voor u bestemd. De Code stelt het kader vast waarbinnen alle medewerkers van Shell, niemand uitgezonderd, dagelijks behoren te functioneren. Lees hem goed door. Zorg dat u hem begrijpt en dat u zich eraan houdt.

UW VERANTWOORDELIJKHEDEN

- Zorg dat u de risico's in uw functie en hoe u deze moet beheersen, begrijpt.
- Vraag om advies als zaken niet duidelijk zijn.
- Volg direct de training ethiek en naleving die u is toegewezen.
- Zorg dat externe aannemers, agenten of adviseurs met wie u werkt, weten dat wij gebonden zijn aan onze Code en dat ook zij daarnaar moeten handelen.
- Meld zaken. Het is uw plicht vermoedelijke overtredingen van de Code te rapporteren.

WAT GEBEURT ER ALS IK DE CODE OVERTREED?
Schendingen van de Code, en de relevante Beleidsuitgangspunten, kunnen disciplinaire maatregelen tot gevolg hebben en tot ontslag leiden. In sommige gevallen kan Shell een schending aan de betreffende autoriteiten rapporteren, wat eveneens kan leiden tot juridische stappen, boetes of een gevangenisstraf.

6.7 Misstanden en onregelmatigheden

PRINCIPE 2.6 MISSTANDEN EN ONREGELMATIGHEDEN
Het bestuur en de raad van commissarissen zijn alert op signalen van (vermoedens van) misstanden en onregelmatigheden. Het bestuur stelt een procedure in zodat meldingen van (vermoedens van) misstanden en onregelmatigheden kunnen worden gedaan en geeft adequate opvolging aan deze meldingen. De raad van commissarissen houdt toezicht op het bestuur ter zake.

Principe Misstanden en onregelmatigheden

6.7.1 Klokkenluidersregeling

Op 1 maart 2016 is het wetsvoorstel voor het Huis voor klokkenluiders (de wet) aanvaard door de Eerste Kamer. Op grond daarvan wordt het voor alle werkgevers die in de regel minstens vijftig werknemers in dienst hebben verplicht om een klokkenluidersregeling te implementeren. In een klokkenluidersregeling dient onder meer aangegeven te worden welke vermoedens van misstanden bij wie kunnen worden gemeld, en wat voor procedure daarvoor geldt. De wet trad op 1 juli 2016 in werking.

De klokkenluiderswet geldt voor werknemers en werkgevers. Een werknemer kan een melding doen als hij denkt dat er iets mis is in de organisatie waar hij werkt of heeft gewerkt. Hij kan ook een melding doen over een organisatie waarmee hij in aanraking is gekomen via zijn werk. De melder moet dan wel zelf iets weten of bemerkt hebben. Iets melden op basis van geruchten of verhalen van anderen, kan niet. Een werknemer moet eerst een interne melding doen bij zijn werkgever. Als die is afgehandeld, kan hij een melding doen bij een externe instantie.

De raad van commissarissen houdt toezicht op de werking van de meldingsprocedure van (vermoedens van) misstanden en onregelmatigheden, op passend en onafhankelijk onderzoek naar signalen van misstanden en onregelmatigheden en, indien een misstand of onregelmatigheid is geconstateerd, een adequate opvolging van eventuele aanbevelingen tot herstelacties.

Alle organisaties waar 50 of meer mensen werken, moeten een klokkenluidersregeling hebben. Hierin staat hoe de werkgever omgaat met meldingen van een vermoeden van een misstand. In de wet staat wat er ten minste in de klokkenluidersregeling moet staan. Wie er vóór 1 juli 2016 al een had, moet deze dus aanpassen aan de nieuwe wet.

Een melding moet betrekking hebben op een misstand met een maatschappelijk belang:
- schending van een wettelijk voorschrift;
- gevaar voor de volksgezondheid;
- gevaar voor de veiligheid van personen;
- gevaar voor de aantasting van het milieu;
- gevaar voor het goed functioneren van overheidsorganisatie of bedrijf als gevolg van een onbehoorlijke wijze van handelen of nalaten.

6.7.2 Fraude

BEST PRACTICE 2.6.3 MELDING EXTERNE ACCOUNTANT
De externe accountant informeert de voorzitter van de auditcommissie onverwijld wanneer hij bij de uitvoering van zijn opdracht een misstand of onregelmatigheid constateert of vermoedt.
Wanneer (het vermoeden van) een misstand of onregelmatigheid het functioneren van een bestuurder betreft , meldt de externe accountant dit aan voorzitter van de raad van commissarissen.

Vermoedens van fraude worden doorgaans tijdens het accoutantsonderzoek geconstateerd. De accoutant heeft strikte regelgeving omtrent het vermoeden van fraude. In de eerder besproken nader voorschiften voor de accoutantscontrole (NV COS) is standaard 240 opgenomen die de accountant richtlijnen biedt in situaties van vermeende fraude.
De accountant volgt daarbij de zogenaamde escalatieladder, welke stap voor stap aangeeft welke acties de accountant moet ondernemen. In uiterste situaties kan de fraude leiden tot een melding bij het landelijk meldpunt van de KLPD. In dat geval heeft het bestuur geen maatregelen genomen om de geconstateerde fraude ongedaan te maken.

6

6.8 Tegenstrijdige belangen

Principe Voorkomen belangenverstrengeling

PRINCIPE 2.7 VOORKOMEN BELANGENVERSTRENGELING
Elke vorm van belangenverstrengeling tussen de vennootschap en haar bestuurders of commissarissen wordt vermeden. Om te vermijden dat belangenverstrengeling plaats vindt, worden adequate maatregelen getroffen.
De raad van commissarissen is verantwoordelijk voor de besluitvorming over de omgang met belangen- verstrengeling bij bestuurders, commissarissen en grootaandeelhouders in relatie tot de vennootschap.

Om goed te kunnen besturen moet het bestuur een heldere blik hebben op de onderneming. Deze blik mag niet vertroebeld zijn doordat er andere belangen dan het ondernemingsbelang een rol kunnen spelen in de bestuursbeslissingen. Oorzaken voor vertroebeling van de blik kunnen zijn dat een bestuurder een nevenfunctie heeft die een groot deel van zijn dagelijkse werkzaamheden opslokt. Het lukt niet om de benodigde aandacht bij de uitvoering van beide functies te behouden. Ook moet de bestuurder beslissingen kunnen nemen, onafhankelijk van belangen vanuit privérelaties of bevriende zakelijke relaties. Zodra zijn bestuurlijke taak beïnvloed wordt door belangen van deze relaties, kunnen beslissingen negatief uitpakken voor de onderneming.

6.8.1 Wet Bestuur en toezicht rechtspersonen

Van tegenstrijdig belang is sprake als een bestuurder (of een commissaris) een persoonlijk belang heeft dat strijdig is met het belang van de vennootschap. Volgens de wet Bestuur en toezicht, in werking getreden op 1 januari 2013, komt het erop neer dat een bestuurder of commissaris niet mag

deelnemen aan de beraadslaging en besluitvorming, als hij bij het desbetreffende besluit een tegenstrijdig belang heeft. De andere bestuurders of commissarissen moeten het besluit dan nemen.
Artikel 2:239 lid 5 BW bepaalt dat de bestuurders zich bij de vervulling van hun taak dienen te richten naar het belang van de vennootschap. Artikel 2:239 lid 6 BW vult daarop aan dat een bestuurder niet deelneemt aan de beraadslaging en besluitvorming indien hij daarbij een direct of indirect persoonlijk belang heeft dat tegenstrijdig is met het belang van de vennootschap.

Indien de bestuurder het tegenstrijdig belang niet heeft gemeld en toch heeft deelgenomen aan de beraadslaging en besluitvorming die heeft geleid tot een transactie (of het wel heeft gemeld en de andere bestuurders laten hem deelnemen aan de besluitvorming) is dat besluit (intern) vernietigbaar. De vennootschap blijft echter naar buiten gebonden aan de transactie.

6.8.2 Aanscherping van de Wet Bestuur en toezicht rechtspersonen

Voor NV's en BV's bevat de wet inmiddels heldere regels voor bestuur en toezicht. Bij andere rechtspersonen is dat nog niet altijd het geval. Dat leidt regelmatig tot onzekerheid. In 2016 is door de minister van Veiligheid en Justitie daarom een wetsvoorstel ingediend. Dit wetsvoorstel geeft bijvoorbeeld een duidelijke wettelijke basis voor een raad van commissarissen bij een vereniging of een stichting. Ook wordt in de wet vastgelegd dat er kan worden gekozen voor een monistisch bestuursmodel, waarbij de taken binnen het bestuur verdeeld worden over uitvoerende en niet-uitvoerende bestuurders.

Als het voor bestuurders en toezichthouders duidelijker is wat er van hen wordt verwacht, kunnen zij beter op hun prestaties worden afgerekend en wordt het eenvoudiger slecht functionerende bestuurders en toezichthouders te vervangen. Ook komt er een basisregeling voor de aansprakelijkheid van bestuurders en toezichthouders die hun werk niet naar behoren doen, ook in geval van faillissement. Voor onbezoldigde bestuurders van niet-commerciële verenigingen en stichtingen wordt een uitzondering gemaakt en gelden soepelere regels. De minister wil voorkomen dat vrijwilligers zich bijvoorbeeld niet meer als bestuurder van een buurtvereniging of sportclub inzetten.

Daarnaast wordt voor stichtingen geregeld dat bestuurders en toezichthouders niet mogen meebeslissen over een onderwerp waarbij zij een tegenstrijdig belang hebben. Dit moet voorkomen dat een persoonlijk belang wordt gediend en niet het belang van de stichting. Verder wordt het mogelijk behalve bestuurders ook toezichthouders van een stichting door de rechter te laten ontslaan. Ontslag door de rechter is in bepaalde gevallen nodig, omdat stichtingen geen leden of aandeelhouders hebben die het bestuur en de toezichthouders in de gaten kunnen houden. Ook worden de gronden van het ontslag verruimd. Zo kunnen bestuurders en toezichthouders van een stichting op verzoek van het openbaar ministerie of belanghebbenden worden ontslagen vanwege verwaarlozing van hun taak.

HET FINANCIEELE DAGBLAD, 4 FEBRUARI 2009

Rochdale kocht jachthaven in Amsterdam

Door: G.J. van der Marel

De Amsterdamse woningcorporatie Rochdale laat de aankoop onderzoeken van een jachthaven en een stuk grond in Amsterdam door de zondag ontslagen directeur Hubert Möllenkamp.

Namens Rochdale kocht Möllenkamp de helft van het perceel aan de Nieuwe Meer in Amsterdam in 2005 voor euro 3,95 mln. Alhoewel Rochdale ambitieuze plannen had voor een hotel en woningen, zegt interim-bestuurder Gerard Erents nu dat er 'weinig logica' zit in de aankoop.

Sociale huisvesting

Omdat Rochdale een corporatie is 'met een maatschappelijke doelstelling ten gunste van de sociale huisvesting' wil Erents de investeringen in de werf en het omliggende niemandsland stopzetten. Erents: 'Verder hebben we over de tweede eigenaar van de jachthaven twijfels, al hebben we die nog niet kunnen verifiëren.' De tweede eigenaar is een bedrijf van een makelaar die een grote afnemer was van vastgoed van de vermoorde vastgoedman Willem Endstra.

Vragen over prijs

Ook zijn er vragen gerezen over de prijs die Rochdale heeft betaald, en de relatie tussen Möllenkamp en de partij die het gebied in 2005 van de hand deed. Het gaat om sloopondernemer Henk Oudt. Behalve vastgoedbelegger is Oudt eigenaar van de bedrijven Steenkorrel en Oudt Zwanenburg Grond- en Sloopwerken, dat al een decennium voor Rochdale de omvangrijke opdracht uitvoert om flats in de Bijlmer te slopen.

Aankoop van de haven

Erents bevestigt dat forensisch accountants van Deloitte de aankoop van de haven en de dubbelrol van Oudt meenemen in een onderzoek naar malversaties bij Rochdale dat zo'n vier maanden geleden is gestart. Een anonieme tip van een Rochdale-werknemer zette Deloitte op dit spoor.
René Oudt bevestigt dat zijn vader en Möllenkamp elkaar al jaren goed kennen. 'Maar de sloopopdracht kregen we via openbare inschrijving. We zijn in tien jaar tijd meerdere keren de concurrentie aangegaan om de opdracht te krijgen.' Voor de vastgoedtransactie verwijst hij naar zijn vader, die gisteren niet reageerde op verzoeken tot commentaar.

Zelfverrijking directeur

Rochdale, met 45.000 woningen een van de grootste corporaties van Nederland, ligt onder vuur. De corporatie ontsloeg zondag de eigen directeur omdat hij handelde in strijd met de regels en zijn commissarissen niet informeerde. Verschillende media berichtten dat hij zich schuldig maakte aan zelfverrijking. Erents kan dat niet bevestigen. Möllenkamp, die inhoudelijk commentaar weigert, zegt zijn ontslag aan te vechten via een kort geding. Zijn advocaat verwacht vandaag een dagvaarding in te dienen.

Raad van commissarissen

Een meerderheid van de Tweede Kamer wil dat de overheid de bevoegdheid krijgt om de raad van commissarissen van woningcorporaties te ontslaan.
Gisteravond laat kondigde de raad van commissarissen van Rochdale aan terug te treden. Volgens de raad is het maatschappelijk vertrouwen in hen verdwenen.

Tegenstrijdig belang van materiële betekenis

Een bestuurder moet het risico van een tegenstrijdig belang van materiële betekenis melden aan de voorzitter van de raad van commissarissen en aan de overige leden van het bestuur. Het begrip *materieel* wordt in de financiële verslaglegging regelmatig gebruikt. Het betreft niet een vastomlijnd getal. Iets is van materiële betekenis indien een belanghebbende bij kennis van dit gegeven tot een andere mening zou kunnen komen. Indien ik bijvoorbeeld zou weten dat de zuster van de directeur eigenaar is van een reinigingsbedrijf dat het afval ophaalt, dan zou ik als commissaris nadrukkelijk naar de contractvoorwaarden kijken. Dit betreft niet alleen informatie inzake de bestuurder zelf, maar ook de voor de situatie relevante informatie inzake de levenspartner, kinderen en pleegkinderen en bloed- en aanverwanten tot in de tweede graad.
Een *tegenstrijdig belang* bestaat in ieder geval wanneer de vennootschap voornemens is een transactie aan te gaan met een rechtspersoon:
- waarin een bestuurder persoonlijk een materieel financieel belang houdt;
- waarvan een bestuurslid een familierechtelijke verhouding heeft met een bestuurder van de vennootschap;
- waarbij een bestuurder van de vennootschap een bestuurs- of toezichthoudende functie vervult.

De bestuurder dient zich buiten discussies te houden over zaken die tegenstrijdigheid met zich meebrengen.

6

6.9 Overnamesituaties

Principe Overnamesituaties

PRINCIPE 2.8 OVERNAMESITUATIES
Bij een overnamebod op de (certificaten van) aandelen in de vennootschap, bij een onderhands bod op een bedrijfsonderdeel of een deelneming waarvan de waarde de in artikel 2:107a, lid 1, onderdeel c, BW bedoelde grens overschrijdt, en/of bij andere ingrijpende wijzigingen in de structuur van de vennootschap, zorgen zowel het bestuur als de raad van commissarissen voor een zorgvuldige weging van de betrokken belangen van de stakeholders en het voorkomen van belangenverstrengeling voor commissarissen of bestuurders. Het bestuur en de raad van commissarissen laten zich bij hun handelen leiden door het belang van de vennootschap en de daarmee verbonden onderneming.

In situaties van overname komt de organisatie in een bijzondere positie. Belangen van verschillende partijen kunnen geschaad worden door niet tijdige, onjuiste en onvolledige informatie. De Code schrijft voor dat de raad van commissarissen tijdig en nauw wordt betrokken bij het overnameproces en/of de wijziging van de structuur. Indien er sprake is van een openbaar bod, dan dient het bestuur van de vennootschap zo spoedig mogelijk zijn standpunt over het bod, alsmede de motivering van dit standpunt, openbaar te maken.

HET FINANCIEELE DAGBLAD, 14 DECEMBER 2016

Handel TMG hervat, koers stijgt met 48%

De koers van Telegraaf Media Groep TMG €6,35+3,50% stijgt woensdag met 48% bij de hervatting van de handel, vlak voor het sluiten van de beurs.
Daarmee komt de koers uit op €5,15, oftewel 1,9% onder het bod dat Mediahuis op de uitgever van De Telegraaf heeft uitgebracht. De Vlamingen zijn bereid €5,25 per TMG-aandeel te betalen, wat het bedrijf waardeert op €423 mln. Ook de grootaandeelhouder van TMG, de familie Van Puijenbroek, is betrokken bij de overnamepoging.
De koerssprong van TMG mist zijn uitwerking niet op de smallcapindex. Die index, die min of meer vlak door de dag ging, springt bij hervatting van de handel naar + 0,7%.

6

Samenvatting

De raad van commissarissen houdt toezicht op het beleid van het bestuur. Nederland kent het Rijnlandse model van toezicht houden, waarbij er een zichtbare scheiding is tussen de bestuurslagen (tweelaags bestuursmodel). In de Angelsaksische landen is dit niet het geval; daar spreekt men over een board of directors waarin zowel besturende als toezichthoudende rollen zijn opgenomen (eenlaags bestuursmodel).
De regeling van de raad van commissarissen is ten eerste neergelegd in de wet. Bij de taken wordt een onderscheid gemaakt tussen de commissarissen bij een gewone vennootschap en de commissarissen bij een structuurvennootschap. Het bestuur van de onderneming kan ontheffing krijgen voor een aantal taken en bevoegdheden van de raad van commissarissen. Ten tweede worden er in de Corporate Governance Code aanvullende taken van de raad van commissarissen genoemd. Hieruit ontstaan de auditcommissie (voor het contact met de externe accountant), de remuneratiecommissie (voor het beloningsbeleid in de organisatie) en de selectie- en benoemingscommissie (voor de (her)benoeming van commissarissen en bestuurders).
De raad van commissarissen dient in haar functioneren onafhankelijk te kunnen optreden. Dit heeft tot gevolg dat er een beperking is gesteld aan het aantal commissariaten per persoon en dat de gedragscode stelt dat bij voorkomende belangverstrengeling een commissaris terug moet treden in de besluitvorming.

Vragen en opdrachten

6.1 Wie was de grondlegger van de huidige raad van commissarissen door invoering van de Aufsichtsrat?

6.2 Wat is de taak van de raad van commissarissen volgens de principes van de Corporate Governance Code?

6.3 Waar komt de benaming Rijnlands model vandaan?

6.4 Wat is in de principes van de Corporate Governance Code geregeld over de samenstelling van de raad van commissarissen?

6.5 Wat wordt bedoeld met het begrip eenlaags bestuursmodel?

6.6 Is de toepassing van het eenlaagse bestuursmodel in Nederland toegestaan?

6.7 Uit hoeveel leden bestaat de raad van commissarissen ten minste?

6.8 Noem twee voorbeelden van bestuursbesluiten waarvoor de raad van commissarissen toestemming moet geven.

6.9 Wat is in hoofdlijnen de taak van de auditcommissie?

6.10 Wat is in hoofdlijnen de taak van de remuneratiecommissie?

6.11 Wat is in hoofdlijnen de taak van de selectie- en benoemingscommissie?

6.12 Wat is in de principes van de Corporate Governance Code geregeld over tegenstrijdige belangen voor commissarissen?

6.13 Moet elke structuurvennootschap een raad van commissarissen instellen?

6.14 Wie benoemt de commissarissen bij een structuurvennootschap?

6.15 Wat wordt bedoeld met het begrip coöptatie?

6.16 Noem twee voorbeelden van belangenverstrengeling.

6.17 Mag een bestuurder van een vennootschap een derde bevoordelen?

6.18 Wat was de inhoud van de belangenverstrengeling in het artikel over Rochdale in subparagraaf 6.8.2?

7
Beloningen

7.1 Gepaste bestuursbeloningen

Principe Beloningsbeleid bestuur

PRINCIPE 3.1 BELONINGSBELEID BESTUUR
Het beloningsbeleid voor bestuurders is duidelijk en begrijpelijk, is gericht op lange termijn waardecreatie van de vennootschap en de met haar verbonden onderneming en houdt rekening met de interne beloningsverhoudingen binnen de onderneming. Het beloningsbeleid zet bestuurders niet aan tot gedrag in hun eigen belang noch tot het nemen van risico's die niet passen binnen de geformuleerde strategie en de vastgestelde risicobereidheid. De raad van commissarissen is verantwoordelijk voor het formuleren van het beloningsbeleid en de implementatie daarvan.

De scheiding tussen kapitaal verschaffen en besturen heeft de invloed van de kapitaalverschaffer op de beloning van de bestuurder verminderd. Tot het begin van deze eeuw had de aandeelhouder geen zeggenschap over het beloningsbeleid; nu heeft hij dat wel, net als de raad van commissarissen. De wetgever heeft in artikel 2:135 ruimte gecreëerd voor meer invloed op de beloning van bestuurders, de aandeelhouders, de raad van commissarissen en (indien aanwezig) de ondernemingsraad. In dit wetsartikel wordt de graaicultuur aan banden gelegd. De aandeelhouders kunnen ingrijpen in onaanvaardbare bonusregelingen. De raad van commisssarissen en de aandeelhouder is bevoegd een bonus geheel of gedeeltelijk terug te vorderen voor zover de uitkering heeft plaatsgevonden op basis van onjuiste informatie over het bereiken van de aan de bonus ten grondslag liggende doelen of over de omstandigheden waarvan de bonus afhankelijk was gesteld.

7

7.1.1 Rol van de raad van commissarissen en algemene vergadering van aandeelhouders

In de gedragscode wordt de raad van commissarissen aangewezen om de bestuursbeloningen vast te stellen. Hiertoe dient een remuneratiecommissie ingesteld te worden. De taken en commissies van de raad voor commissarissen zijn nader toegelicht in paragraaf 6.4.2.

Structuurregeling

Door de invoering van de nieuwe structuurregeling in 2004 kan de algemene vergadering van aandeelhouders in eerste aanleg beslissen over de hoofdlijnen van de bestuurdersbeloning. Dit heeft de wetgever in art. 2:135 BW bepaald. Op grond van ditzelfde artikel wordt aan de werknemers inzage verstrekt in het voorstel omtrent het beloningsbeleid van de onderneming. De ondernemingsraad moet schriftelijk geïnformeerd worden over het voorgestelde beleid.

Bestuursbeloningen

De bestuursbeloningen staan tegenwoordig continu in de belastingstelling. Met name de optieregelingen en vertrekpremies zijn velen een doorn in het oog. In de jaren negentig van de vorige eeuw ontstond een sterke stijging van de bestuursbeloning. De beloning is naar Amerikaans model gekoppeld aan de prestatie van de onderneming. Bij goede resultaten wordt de positie van de onderneming verstevigd en profiteert de aandeelhouder van een stijgende beurskoers. De bonussen bedroegen volgens een onderzoek van het vooraanstaand werving en selectiebureau Pedersen & Partners in 2015 gemiddeld ruim 50% van het jaarinkomen.

Is deze wijze van belonen gepast? Op deze vraag kan niet eenvoudig een antwoord worden gegeven. Als zorgvuldig omgegaan wordt met resultaatbepalingen en de verhouding tussen de beloning en de geleverde prestatie meetbaar is, dan zal niemand problemen hebben met deze systematiek van belonen. Het probleem is dat bestuurders veel invloed op de resultaatbepaling hebben. Zoals men terecht vaak stelt: winst is slechts een mening en deze mening wordt gevormd door de bestuurders.
Het gevaar schuilt in de neiging om negatieve effecten voor zich uit te schuiven.
Voorziene risico's worden dan niet als kosten verwerkt en als gevolg daarvan wordt het resultaat hoger voorgesteld dat het werkelijk is. Denk daarbij maar aan het gesjoemel met de CO2 -uitstoot bij de Volkswagen Groep.

HET FINANCIEELE DAGBLAD, 26 MEI 2016

VEB stemt tegen bonussen voor Shell-top

De Vereniging Effectenbezitters stemt dinsdag tijdens de aandeelhoudersvergadering tegen het beloningsbeleid van het Shell-bestuur. Dat heeft de belangenvereniging maandag op haar website bekendgemaakt. Volgens de VEB krijgen de bestuurders van het olie- en gasconcern 'aanzienlijke cashbonussen toegekend over 2015, terwijl aandeelhouders hun belegging in dat jaar flink in waarde hebben zien dalen'.
Volgens de VEB blijkt uit het jaarverslag 2015 van Shell dat bestuursvoorzitter Ben van Beurden 'met €3,5 mln zijn maximaal haalbare jaarbonus ontving, bijna 2,5 keer zijn basissalaris van €1,43 mln'. Ook de cashbonus van financieel directeur Simon Henry, '€2,05 mln, twee keer hoger dan zijn vaste salaris', kan volgens de VEB niet door de beugel. 'De bonussen getuigen niet van voldoende voeling met stakeholders, juist op een moment dat dit van cruciaal belang is voor de toekomst van Shell', aldus de VEB.

Verkeerd signaal
Volgens de VEB zijn de 'stevige bonussen en salarisverhogingen' in een tijd waarin winsten onder druk staan door de malaise op oliemarkten een 'verkeerd signaal'. Niet alleen moet er flink gesneden worden in het personeelsbestand, zo somt de VEB op, maar is er ook 'grote onzekerheid over de houdbaarheid van het dividend en de integratie van de recent overgenomen branchegenoot BG Group'.
De vereniging voelt zich morgen tijdens de algemene vergadering van aandeelhouders (ava) gesteund door stemadviesbureau Glass Lewis en meerdere professionele beleggers, die in de resultaten van Shell aanleiding zien voor 'minder ruimhartige bonussen'. 'Zo was de nettowinst slechts $2 mrd. In ieder geval de afgelopen 15 jaar kwam het nettoresultaat niet zo laag uit', concludeert de VEB.

7.1.2 Beloningsvormen

Directiebeloningen zijn opgebouwd uit een aantal componenten: vaste en variabele beloningen, geldelijke en in regelingen gestopte beloningen, vertrekpremies en leningen en garanties.

Vaste en variabele beloningen

Principe Vaststelling beloningen bestuur

PRINCIPE 3.2 VASTSTELLING BELONINGEN BESTUUR
De raad van commissarissen stelt de beloning van de individuele bestuurders vast, binnen de grenzen van het door de algemene vergadering vastgestelde beloningsbeleid. De remuneratiecommissie bereidt de besluitvorming van de raad van commissarissen voor over de vaststelling van beloningen. Een ontoereikende vervulling van taken wordt niet beloond.

Zoals in paragraaf 7.2.1 is aangegeven bedraagt het vast overeengekomen loon is veelal minder dan 50% van de de totale beloning. Het variabele deel van winstdeling middels bonussen en optieregelingen (prestatiebeloning) betreft vaak het grootste deel van de beloning. Daarnaast zijn afkoopsommen bij uitdiensttreding en oudedagsvoorzieningen een substantieel onderdeel van de arbeidsovereenkomst.

De gedragscode gaat in op het variabele deel. In de bestpracticebepalingen wordt gesteld dat de raad van commissarissen een analyse moet maken van de mogelijke uitkomsten van de variabele bezoldigingscomponenten en de gevolgen daarvan voor de bezoldiging van de bestuurders. Deze analyse moet volgens principe 3.2 worden gedaan voordat de individuele beloning per bestuurder wordt vastgesteld. De Commissie Tabaksblat realiseerde zich terdege dat de omvang van de variabele beloning fors kan zijn. Indien van tevoren geen goed beeld aanwezig is van het variabele deel kan dit tot grote maatschappelijke onrust leiden. De hoogte van de beloning moet immers wel in verhouding tot de prestatie zijn. Het variabele deel moet passen bij het vaste deel. Het kan zo zijn dat er buitengewone omstandigheden zijn waardoor gestelde doelen niet gerealiseerd zijn, positief of negatief. De raad van commissarissen heeft dan de bevoegdheid om eerder in het boekjaar toegekende variabele beloningen aan te passen, naar beneden of naar boven. De raad van commissarissen heeft de bevoegdheid de variabele beloning die is toegekend op basis van onjuiste (financiële) gegevens, terug te vorderen van de bestuurder (clawback-clausule).

Clawback-clausule

Geldelijke en in regelingen gestopte beloningen

Waar het geldelijke beloningen betreft, is sprake van herkenbare bedragen. Als het optieregelingen en oudedagsvoorzieningen betreft, zijn de financiele gevolgen vaak minder goed zichtbaar. Pensioenregelingen en afkoopregelingen bij uitdiensttreding kunnen leiden tot forse premiestortingen. Pensioengrondslagen worden actuarieel berekend, rekening houdend met leeftijd en sterftekans. Voor de willekeurige leek is de toekomstig verschuldigde premie niet te bepalen. Relevante vragen bij de beslissing tot directiebenoeming zijn wat precies behoort tot het pensioengevend loon en of de bonussen buiten beschouwing blijven. Over tien procent premie van een modaal loon zal niemand discussiëren, indien het echter tien procent van een miljoen euro betreft, dan zal dat wel stof zijn voor discussie. Zeker als bij uitdiensttreding financiering tot de pensioengerechtigde leeftijd is bedongen.

Pensioenregelingen

Optieregeling

De optieregeling is een verhaal op zich. De verkregen opties geven het recht om op een zeker moment tegen een van tevoren afgesproken prijs

aandelen van de onderneming te verkrijgen. Bij dalende koersen zijn opties vaak waardeloos. Bij stijgende koersen kan er sprake zijn van een forse aanvulling op de financiële directiebeloning.
De gedachte achter de optieregeling is dat directie hierdoor gemotiveerd wordt om zo veel mogelijk aandeelhouderswaarde te creëren. Dit is goed voor de beurskoers en stimuleert de handel in het aandeel. De aandeelhouder is een gelukkig mens en de onderneming is in staat om voldoende eigen vermogen aan te trekken. Het lijkt dus een perfect middel om de beurswaarde aantrekkelijk te houden. Iedereen heeft er voordeel bij.
Op zich is deze gedachte juist, maar men moet daarbij wel bedenken hoe de beurswaarde wordt bepaald. Op basis van gerapporteerde resultaten en geschetste toekomstverwachtingen zal de beurskoers dalen of stijgen.
De directie is verantwoordelijk voor het opstellen van deze resultaten en toekomstverwachtingen, en heeft een persoonlijk belang bij een stijgende beurskoers. Dit geldt met name in de periode waarin de optie kan worden uitgeoefend. De uitoefening van opties is door de governancecommissie dan ook aan strikte voorwaarden verbonden. Opties mogen pas na drie jaar worden uitgeoefend. De toekenning van opties moet worden gekoppeld aan uitdagende doelen. De uitoefenprijs van de opties mag niet lager zijn dan de marktprijs. Indien aandelen zonder betaling worden verstrekt moeten deze ten minste vijf jaar worden aangehouden of, indien korter, ten minste tot het einde van de dienstbetrekking. Ook deze verstrekking moet gekoppeld worden aan uitdagende doelen.

Vertrekpremies

Vertrekpremie

De vertrekpremie is velen een doorn in het oog. Indien de bestuurder uit dienst gaat, ontvangt hij een forse premie. Soms is deze premie vele malen hoger dan het gewone salaris. Deze premie is vooraf contractueel vastgelegd en wordt vaak ook genoten indien de bestuurder wegens disfunctioneren uit dienst treedt. In de gedragscode wordt hier paal en perk aan gesteld. De vergoeding mag maximaal gelijk zijn aan één keer het vaste jaarsalaris. Hierbij wordt een uitzondering gemaakt voor bestuurders die in hun eerste benoemingstermijn zitten; voor deze bestuurders geldt dat indien maximeren tot een jaarsalaris onredelijk is, dit maximum kan worden verhoogd tot maximaal twee jaarsalarissen.

Leningen en garanties

In hoofdstuk 1 was in het artikel over WorldCom te lezen dat aan de bestuursvoorzitter Bernie Ebbers een lening ter hoogte van 408 miljoen dollar was verstrekt. Dat lijkt natuurlijk in eerste instantie niet echt op een bestuursbeloning. De vraag bij dit soort bedragen is of een gewone bank deze lening zou hebben verstrekt. Vermoedelijk niet.
Zekerheden tot aflossing – als er al afgelost wordt – zijn er vaak niet en het inroepen van aflossing is niet mogelijk. Het gaat dus feitelijk om een indirecte beloning die in de rapportage niet als beloning verwerkt is. Er is dus eigenlijk geen sprake van een lening.
Betalingen in deze vorm dienen als beloning te worden verantwoord. Ten tijde van faillissement zal een curator overigens de lening van de bestuurder terugvorderen en stellen dat er geen sprake is van een zakelijke lening. Het gehele bestuur zal dan aansprakelijk gesteld worden indien er niet tot gehele aflossing overgegaan kan worden.

De code stelt ten slotte dat leningen en garanties aan bestuurders uitsluitend verstrekt kunnen worden indien deze onder dezelfde condities aan het overige personeel verstrekt worden.

7.2 Beloningen raad van commissarissen

Principe Beloning raad van commissarissen

PRINCIPE 3.3 BELONING RAAD VAN COMMISSARISSEN
De raad van commissarissen doet aan de algemene vergadering een duidelijk en begrijpelijk voorstel voor een passende eigen beloning. De beloning voor commissarissen stimuleert een adequate uitoefening van de functie en is niet afhankelijk van de resultaten van de vennootschap.

Jaarlijks vindt een onderzoek plaats onder commissarissen over de staat van deze beroepsgroep. Uit de resultaten van het onderzoek over 2015 blijkt dat de tijdsbesteding en de uurtarieven variëren van 45 euro per uur voor onderwijsinstellingen tot 220 euro per uur voor beurscommissarissen.

FIGUUR 7.1 Gemiddeld uurtarief van commissarissen naar instelling, 2015

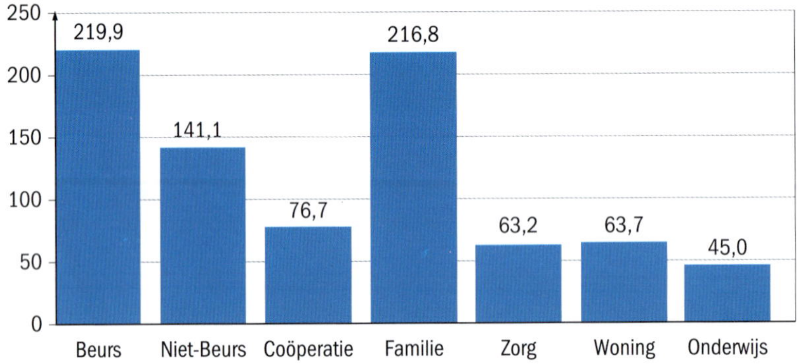

In dit onderzoek is aan de commissarissen gevraagd of zij tevreden zijn over hun beloning, of deze juist te laag of te hoog vinden. Ook is gevraagd wat dan wel een passende beloning zou zijn, in het geval ze de beloning te laag vonden. Gemiddeld is 51% van de commissarissen tevreden over de vergoeding in relatie tot de toezichtfunctie. Dit is de voortzetting van een dalende trend. In 2014 was nog 57% tevreden. Het meest tevreden met de vergoeding zijn de commissarissen bij familiebedrijven (76%) en bij beursondernemingen (61%). In de publieke sector geven de commissarissen het meest vaak aan dat de vergoeding te laag of veel te laag is, meer dan de helft van de commissarissen bij onderwijsinstellingen (57%) en zorginstellingen (53%) vindt dit.

7.3 Verantwoording over beloningsbeleid

PRINCIPE 3.4 VERANTWOORDING UITVOERING BELONINGSBELEID
In het remuneratierapport legt de raad van commissarissen op een inzichtelijke wijze verantwoording af over de uitvoering van het beloningsbeleid. Het rapport wordt geplaatst op de website van de vennootschap.

Principe Verantwoording uitvoering beloningsbeleid

Om inzicht te geven in de bestuursbeloningen stelt de gedragscode dat de beloningssystemen openbaar gemaakt moeten worden. Dit geschiedt door middel van een door de raad van commissarissen opgestelde rapportage, het *remuneratierapport*. Dit rapport geeft een verslag van de uitvoering van het beloningsbeleid in het verslagjaar en de uitgangspunten van het beloningsbeleid voor het komende verslagjaar en de daaropvolgende jaren. Het rapport vermeldt hoe en in hoeverre het gekozen beloningssysteem heeft geleid tot de realisatie van de langetermijndoelstellingen. Het rapport wordt op de website van de organisatie geplaatst.

Remuneratierapport

In het remuneratierapport wordt een schematisch overzicht van de bestuursbeloning opgenomen. In het overzicht wordt onderscheid gemaakt tussen het vaste salaris, de contante jaarbonus, toegekende aandelen, opties en pensioenrechten en overige emolumenten.
Daarnaast wordt vermeld dat scenarioanalyses omtrent variabele beloningen zijn gemaakt. In deze analyse staat vermeld:

- de samenstelling van de beloningsbepalende groep van ondernemingen (peer group);
- de prestatiecriteria van de variabele bezoldiging, tenzij het concurrentiegevoelige informatie betreft;
- de methoden van vaststelling van behaalde prestatiecriteria;
- de relatie tussen de gekozen prestatiecriteria en de gehanteerde strategiedoelstellingen;
- de relatie tussen bezoldiging en prestaties;
- de geldende regelingen voor pensioen en de hiermee gepaard gaande financieringskosten;
- de overeengekomen regelingen voor vervroegd uittreden van bestuurders.

Bijzondere aandacht wordt besteed aan de toegekende aandelen en optieregelingen.
In een tabel worden per bestuurder de aanwezige aandelen en optieregeling opgenomen waarover deze aan het begin van het boekjaar nog niet de vrije beschikking had. Het gaat hierbij om inzage in:

- de waarde en het aantal op het moment van toekenning;
- de huidige status: voorwaardelijk of onvoorwaardelijk jaar van afloop van de vestigingsperiode en/of blokkeringsperiode (lock-upperiode);
- de waarde en het aantal op het moment van verkrijging (einde van de vestigingsperiode);
- de waarde en het aantal op het tijdstip van vrije beschikking (einde van de lockupperiode).

De belangrijkste onderdelen van het contract van een te benoemen bestuurder worden gepubliceerd, in ieder geval uiterlijk voor de oproeping van de algemene vergadering van aandeelhouders (ava) waarin de benoeming aan de orde wordt gesteld. Deze onderdelen betreffen in ieder geval de hoogte van het vaste salaris, de opbouw en hoogte van het variabele deel, de vertrekpremie en de vergoeding in geval van overname (change-of-controlclausule) en de toe te passen prestatiecriteria.

Change-of-controlclausule

Indien er sprake is van een vertrekpremie die aan een voormalige bestuurder is betaald, moet de onderbouwing voor deze vergoeding in het remuneratierapport worden opgenomen.

7.3.1 Toelichten van de beloningssystemen in de jaarrekening

Vennootschap met aandelen op naam

Het Burgerlijk Wetboek bepaalt in Titel 9 (art. 2:383 e.v.) dat de *vennootschap met aandelen op naam* opgave moet doen van de beloningen aan bestuurders en commissarissen, inclusief de pensioenregelingen. Deze opgave betreft de totaalbedragen voor alle betrokkenen tezamen. Indien de beloningen terug zijn te voeren tot een natuurlijk persoon, dan mag de opgave achterwege blijven; dit is veelal het geval bij de kleinere vennootschap. Daarnaast moeten de bedragen van leningen, voorschotten en garanties ten behoeve van bestuurders en commissarissen van de rechtspersoon verstrekt door de rechtspersoon, vermeld worden. Opgegeven worden de nog openstaande bedragen, de rentevoet, de belangrijkste overige bepalingen en de aflossingen gedurende het boekjaar.

Vennootschap met aandelen aan toonder

De *vennootschap met aandelen aan toonder* moet de beloningen per bestuurder uitsplitsen. Het betref een uitsplitsing in:

a periodiek betaalde beloningen;
b beloningen betaalbaar op termijn;
c uitkeringen bij beëindiging van het dienstverband;
d winstdelingen en bonusbetalingen.

7

Dit geldt voor zover deze bedragen in het boekjaar ten laste van de vennootschap zijn gekomen.

Indien bonusregelingen zijn toegepast die geheel of gedeeltelijk zijn gebaseerd op het bereiken van de door of vanwege de vennootschap gestelde doelen, doet de vennootschap hiervan mededeling. Daarbij vermeldt zij of deze doelen in het verslagjaar zijn bereikt.
Ook de beloningen per commissaris moeten worden opgenomen. Indien de vennootschap een winstdelingsregeling of bonusregeling voor commissarissen uitvoert, vermeldt zij deze afzonderlijk onder opgave van de redenen die ten grondslag liggen aan het besluit tot het toekennen van bezoldiging in deze vorm aan een commissaris.

Voor zover de vennootschap met aandelen aan toonder een optieregeling kent, moet zij de inhoud van deze optieregelingen toelichten. Voor zover van toepassing op bestuurders en commissarissen moet de optieregeling per bestuurder/commissaris worden opgenomen.
Verstrekte leningen, voorschotten en garanties moeten per commissaris en bestuurder worden toegelicht.

De toelichting op de jaarrekening is gebaseerd op een opsomming van feiten. De betaalde beloningen worden per bestuurder en per beloningstype vermeld. De gedragscode vermeldt echter dat dit niet voldoende is. De raad van commissarissen dient in haar verslag een zogenoemd remuneratierapport op te nemen. Hierin moet het beloningsbeleid worden uitgelegd. Dus niet alleen bedragen, maar ook de wijze van belonen en het beloningsbeleid voor de toekomst. Het betreft een gedetailleerde beschrijving van het gekozen beloningssysteem voor bestuurders.

7.3.2 Wet Belastingheffing excessieve beloningsbestanddelen en Wet bestuur en toezicht

Monitoring Commissie Corporate Governance Code

In maart 2008 heeft de Monitoring Commissie Corporate Governance Code een rapport uitgebracht naar aanleiding van haar onderzoek naar de naleving van de code. In dit rapport is nadrukkelijk ingegaan op de bestuursbeloning. De belangrijkste conclusies van de commissie betreffen de hoogte van de ontslagvergoeding, de rol van de raad van commissarissen bij de vaststelling van de bestuursbeloning en de uitbreiding van de rapportage omtrent de bestuursbeloningen.

Naar aanleiding van het rapport van de Monitoring Commissie zijn kabinetsmaatregelen genomen op het terrein van excessieve beloningen. Dit zijn maatregelen op belastinggebied. Op 9 september 2008 is hiertoe de Wet Belastingheffing excessieve beloningsbestanddelen door de Tweede Kamer aangenomen. Deze wet heeft verschillende belastingwetten gewijzigd en rust op drie pilaren: de vertrekpremie, de pensioenregeling en het lucratief belang. De maatregelen betreffen het invoeren van een werkgeversheffing van dertig procent over bepaalde vertrekvergoedingen en van een werkgeversheffing van vijftien procent over een forfaitair berekende backservicepremie indien pensioenopbouw boven 500.000 euro plaatsvindt op basis van een eindloonstelsel, alsmede het wegnemen van onduidelijkheden bij de belastingheffing over zogenoemd lucratief belang (carried interest).

Carried interest

Het begrip carried interest wil ik nader uitleggen. *Carried interest* is de winstdeelname van de beheerder van een beleggingsfonds na aftrek van beleggingskosten en winstuitkeringen aan beleggers. In geval van een private-equityfonds ontvangt de private-equitymanager een aandeel in de overwaarde van door het private-equityfonds gehouden aandelen in vennootschappen. Deze beloningen kunnen fors oplopen. De fondsmanager ging voorheen uit van vermogensaangroei in box 3 (2009: 1,2%); de wetgever belast deze vorm van belonen nu in box 1 tegen het progressieve tarief (2009: maximaal 52%).

Private-equityfonds

Wetsvoorstel bestuur en toezicht

Daarnaast wordt in het kader van het Wetsvoorstel bestuur en toezicht een regeling opgenomen voor bestuurders met een tegenstrijdig belang, bijvoorbeeld bij een overname. Uitgangspunt is dat deze bestuurders niet kunnen deelnemen aan de besluitvorming hierover.
In 2009 is het Wetsvoorstel bestuur en toezicht ingediend. Het betreft een van de uitwerkingen van de Nota modernisering ondernemingsrecht uit 2007. In het kader van het wetsvoorstel heeft het kabinet aan de orde gesteld of de overeenkomst van de vennootschap met een statutair bestuurder altijd een arbeidsrechtelijke relatie met de vennootschap moet blijven inhouden. Afschaffing van de arbeidsovereenkomst van statutair bestuurders moet vooral gezien worden in het licht van het maatschappelijke en politieke debat over bezoldiging van bestuurders. Er is veel aandacht geweest voor de ontslagvergoedingen. Falende bestuurders moeten niet worden beloond met een ontslagvergoeding die niet in verhouding staat tot de

duur van de werkzaamheden of de geleverde prestatie. De minister betrekt hierbij ook de vraag of er een onderscheid moet worden gemaakt tussen bijvoorbeeld bestuurders van grote vennootschappen die een beroep doen op openbaar kapitaal en bestuurders van kleine (familie)vennootschappen of vennootschappen met een directeur-grootaandeelhouder.

Eenlaagse bestuursmodel

Tweelaagse bestuursmodel

Ook wordt in de nota aandacht geschonken aan het eenlaagse bestuursmodel (one-tier model) voor het besturen van de onderneming. Het tweelaagse bestuursmodel met de scheiding tussen de raad van commissarissen en de raad van bestuur zal met dit eenlaagse model verdwijnen. In het eenlaagse bestuursmodel moet er wel een strikte scheiding zijn tussen de toezichthoudende rol en de uitvoerende rol. In hoofdstuk 6 is hierop nader ingegaan.

DE VOLKSKRANT, 5 SEPTEMBER 2007

'Commissarissen moeten ingrijpen'

VAN ONZE VERSLAGGEVER DOUWE DOUWES

DEN HAAG — **Minister Bos van Financiën heeft vorige week een moreel appèl gedaan op kopstukken in het Nederlandse bedrijfsleven om de topsalarissen te matigen. In een overleg met topmannen van onder meer ABN Amro, Philips, Shell en Akzo Nobel op het Catshuis deed hij een beroep op de commissarissen om de inkomens aan een maximum te binden. Bij het gesprek waren ook minister-president Balkenende en minister Van der Hoeven van Economische Zaken aanwezig.**

In een interview met *Het Financieele Dagblad* zegt Bos dat het verband tussen de topinkomens en de prestaties van topmensen wat hem betreft zoek is geraakt. 'Hier ligt echt een taak voor de raad van commissarissen om de beloning op orde te hebben, en dat kan concreet met een beloningsplafond.' Onbekend is wat de reactie van de topmanagers op Bos' oproep was.

Bos zegt dat hij geen moeite heeft met variabele beloningspakketten, maar hij wil wel dat die van tevoren aan een maximum worden gebonden. Hij vindt het logisch dat bestuurders een bonus krijgen als hun bedrijf wordt overgenomen, maar vindt wel dat die openbaar moeten worden gemaakt. 'Het is niet goed als de indruk ontstaat dat hun keuze is beïnvloed door hun beloning.'

Bos wil geen maximum in de wet vastleggen. In de code Tabaksblat, waarin regels voor goed ondernemingsbestuur zijn opgenomen, staat dat de raad van commissarissen de beloning van de bestuurders vaststelt. Onlangs kregen de aandeelhouders ook meer invloed op de salarissen aan de top. In het coalitieakkoord hebben CDA, PvdA en ChristenUnie afgesproken dat de ondernemingsraad een adviesrecht krijgt over de topsalarissen. Bos vindt dat de commissarissen te weinig gebruikmaken van de mogelijkheden die zij hebben.

De topsalarissen vormen een gevoelig thema voor Bos. Voor het zomerreces kwam hij in de Tweede Kamer onder vuur te liggen toen bleek dat hij geen wettelijke maatregelen tegen de inkomensstijgingen wilde nemen. Niet alleen de SP en GroenLinks, ook zijn eigen PvdA viel hem toen aan. De vakbonden dringen ook al tijden aan op overheidsingrijpen.

7

Bos kreeg deze week bijval van een aantal oudgedienden. In het televisieprogramma Netwerk lieten de oud-bestuursvoorzitters Kees van Lede van Akzo Nobel, Karel Vuursteen van Heineken en Jan Timmer van Philips zich kritisch uit over de almaar stijgende beloningen aan de top. In juni bleek uit het jaarlijkse onderzoek van de Volkskrant dat de topsalarissen vorig jaar met gemiddeld 12 procent waren toegenomen.

Samenvatting

De beloning van bestuurders betreft met name de pensioenregeling, de uitkoopregeling en de optieregeling. Deze regelingen worden door de overheid middels fiscale constructies ingeperkt. Groot gevaar van de prestatieafhankelijke beloning is dat het resultaat bepaald wordt door de directie. De beurskoers kan daardoor bewust gemanipuleerd worden zodat de optieregeling leidt tot grote financiële voordelen voor de bestuurders.
In de gedragscode is de invulling van voorwaarden voor een optieregeling nadrukkelijk opgenomen.
Een ander onderwerp van ongewenste voordelen uit de bestuursfunctie wordt gevonden in de samenloop met andere functies en werkzaamheden. Bestuurders met een dubbelfunctie van bijvoorbeeld bestuurder en commissaris moeten zich bewust zijn van de risico's van belangenverstrengeling. Welke heer dient hij op welk moment?
Daarnaast moeten persoonlijke belangen niet vermengd raken met het belang van de onderneming.

Vragen en opdrachten

7.1 Wat is het uitgangspunt in de gedragscode voor de aan beïnvloedbare doelen te koppelen variabele beloningen?

7.2 Wat wordt bedoeld met een clawback-clausule?

7.3 Wat is in de code uitdrukkelijk bepaald ten aanzien van ontslagvergoedingen?

7.4 Wie beslist volgens de structuurregeling van 2004 in eerste aanleg over de hoogte van de bestuursbeloning?

7.5 Waarom keurden de aandeelhouders van Shell uit het krantenartikel in subparagraaf 2.3.1 de variabele beloning af?

7.6 Wat is volgens de code de minimale termijn voor het afwikkelen van een door een bestuurder verkregen optie?

7.7 Welke prijs dient te worden aangehouden voor de uitoefening voor deze, door bestuur verkregen, optie?

7.8 Hoe hoog mag de ontslagvergoeding voor bestuurders maximaal zijn volgens de code?

7.9 Wat is de minimale termijn voor het verkopen van door bestuurders om niet verkregen aandelen volgens de code?

7.10 Een bestuurder houdt een rekening-courantschuld aan bij de onderneming waar hij als bestuurder functioneert. Is dit volgens de code toegestaan?

7.11 Benoem de drie maatregelen die door de governancecommissie zijn gesteld om excessieve bestuursbeloningen tegen te gaan.

7.12 Wat staat er in een remuneratierapport?

7.13 Leg uit wat bedoeld wordt met een change-of-controlclausule.

7.14 Hoe wordt het lucratief belang (carried interest) belast?

8

Corporate governance in het midden- en kleinbedrijf

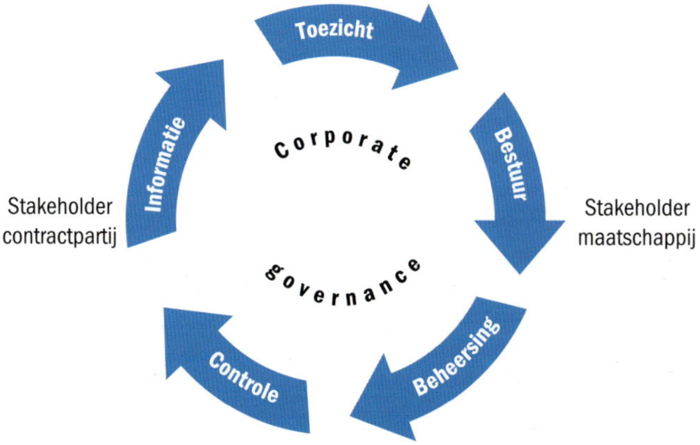

Corporate governance, waar gaat het over ...

Corporate governance, waar gaat het over ...

Corporate governance in het midden- en kleinbedrijf (MKB) lijkt helemaal niet aan de orde. De regelgeving gaat immers over de grote ondernemingen en zelfs uitsluitend de beursgenoteerde ondernemingen. Ten dele is dit juist. De Corporate Governance Code is geschreven voor de beursgenoteerde ondernemingen. Corporate governance gaat echter verder dan over datgene wat in de code is beschreven. Goed zorgen voor zijn onderneming is van toepassing op elke ondernemer. Niet alleen de bestuurder van de beursgenoteerde multinational maar ook de ondernemer in het midden- en kleinbedrijf. Juist voor deze ondernemer kan het niet-zorgvuldig omgaan met de waarde van zijn onderneming grote gevolgen hebben. Het antwoord op de vraagstelling 'What stakeholders want' uit hoofdstuk 1 is anders voor de MKB-onderneming. Niet meer relevant en niet minder relevant, maar duidelijk anders. Wie dat beseft, heeft al een grote stap gezet in het proces van business governance. In dit hoofdstuk passeren de elementen van governance nog eens de revue, maar nu gericht op het midden- en kleinbedrijf.

8.1 Gedragscode voor het midden- en kleinbedrijf

Gedragscode voor MKB

Nu de verplichte toepassing van de Corporate Governance Code voor beursgenoteerde ondernemingen een feit is, is een discussie ontstaan over de toepassing van de gedragscode door het midden- en kleinbedrijf. Dat betreft een aangepaste versie van de code, toegespitst op de specifieke eigenschappen van dit type onderneming.
In deze discussie zijn twee invalshoeken te herkennen: de conservatieve invalshoek die bemoeizucht door regelgeving wil uitbannen en de progressieve invalshoek die de invloed van de samenleving op ondernemingen wil versterken.

8.1.1 Redenen voor een gedragscode

In de moderne tijd waarin de roep om minder regelgeving (administratieve lastenverlichting) zelfs in een wet is vastgelegd (Walvis), zou men zich moeten afvragen of het allemaal al niet complex genoeg is. Is er nu helemaal niets geregeld? Zeker wel! Er zijn diverse wetten en regelingen die van toepassing zijn op het ondernemen.

Hoewel de vestigingswetgeving van 1954 in 2007 is afgeschaft en de vergunningsregels in de afgelopen jaren behoorlijk zijn uitgedund, gelden voor bijvoorbeeld horecabedrijven nog steeds vestigingseisen.
In enkele grote steden wordt de Wet bevordering integriteitsbeoordelingen door het openbaar bestuur (Wet BIBOB) toegepast, met als doel het vestigen van malafide ondernemingen te bestrijden. Wie de vragenlijst (een enorm pakket) van deze wetgeving doorneemt, ziet dat hij midden in de corporate governance is aanbeland.
Als referentiekader voor goed ondernemerschap zou een code uitstekend kunnen functioneren. De oude Vestigingswet kende het middenstandsdiploma als rijbewijs voor goed ondernemerschap. Door de afschaffing van deze wet is een middenstandsdiploma niet meer verplicht. In de studie voor dit diploma zat echter wel een aantal goede onderdelen, die de ondernemer op het spoor zetten om na te denken over hoe hij het best een onderneming kon sturen. De boekhouding als basis: calculaties maken voordat een prijsopgave wordt gedaan en nacalculeren als lering voor de volgende prijsopgave. Op welke wetgeving er gelet moest worden, was ook een belangrijk onderdeel.

8.1.2 Inhoud van de gedragscode voor het midden- en kleinbedrijf

Bij corporate governance in het MKB zou je de term corporate moeten vervangen door (small) business, dus: (small) business governance . Waar het bij de grote ondernemingen gaat over grip op het groter geheel, het besturen van een groep van ondernemingen, gaat het in het midden- en kleinbedrijf om directe invloed in de dagelijkse gang van zaken, de bedrijfsactiviteiten. Er moet dan dus een gedragscode komen die veel meer ingaat op de wijze waarop de ondernemer een ondernemingsactiviteit op een zorgvuldige wijze uitvoert. Maatschappelijk verantwoord ondernemen en duurzaamheid zijn daarbij sleutelwoorden.

Small business governance

Die code moet dan wel een vrijwillig karakter hebben, waarbij de ondernemer naleving laat zien aan zijn stakeholders; die weten dan waar hij voor staat. Geen verplichte toepassing, want dan moeten voor elke ondernemingsomvang uitzonderingen in de code worden opgenomen. De ondernemer past toe wat in zijn bedrijfsomvang past. Zo is dit ook toegepast in de recent in België verschenen Code corporate governance voor niet-beursgenoteerde ondernemingen: de Code Buysse, genoemd naar de voorzitter van de commissie die de code heeft vervaardigd. De Code Buysse is bedoeld als hulpmiddel, gebaseerd op principes. In het deel dat bedoeld is voor het midden- en kleinbedrijf wordt erop gewezen dat:

Code Buysse

> 'deze aanbevelingen op maat van iedere onderneming moeten toegepast worden en dat iedere onderneming, rekening houdend met de eigen karakteristieken, hieruit een relevante selectie kan maken. De aanbevelingen moeten begrepen worden als richtlijnen van goed ondernemerschap. Zij zijn niet dwingend bedoeld en zouden slechts moeten toegepast worden wanneer zij een concrete meerwaarde inhouden voor de werking van de onderneming'.

Een strakke regelgeving met verplichte naleving zou leiden tot een inperking van de creativiteit, zo stelt de Commissie Buysse.

8

8.2 Stakeholders in het midden- en kleinbedrijf

Om business governance toe te kunnen passen in zijn onderneming, moet de ondernemer eerst een beeld hebben van de partijen die geïnteresseerd zijn in het wel en wee van zijn onderneming.
Het begrip stakeholders is hoofdstuk 1 al aan de orde geweest. Met stakeholders worden de belanghebbenden bedoeld. De stakeholders van een MKB-onderneming zijn anderen dan die van een beursgenoteerde organisatie. Nog maar even ter opfrissing: de stakeholders zijn verdeeld in twee groepen, de contractpartijen (zoals werknemers, leveranciers en afnemers) en de sociaal-maatschappelijke partijen (de geografische omgeving, de maatschappij – denk aan milieu en werkgelegenheid) (zie hoofdstuk 1). De afstand tot deze groepen wordt kleiner naarmate de omvang van de onderneming afneemt. De markt waarin de organisatie onderneemt, verschuift van nationaal naar regionaal.

Stakeholders van een MKB-onderneming

8.2.1 Positie van vermogensverschaffers

Aandeelhouderschap in het midden- en kleinbedrijf

Een van de primaire stakeholders is de aandeelhouder. De afstand tussen besturen en aandeelhouderschap is in het midden- en kleinbedrijf veel kleiner dan bij beursgenoteerde ondernemingen. Beursgenoteerde ondernemingen kennen als rechtsvorm de naamloze vennootschap met aandelen aan toonder; de onderneming weet niet altijd wie aandeelhouder is. Het midden- en kleinbedrijf kent als veelvoorkomende ondernemingsvorm de besloten vennootschap. De aandelen zijn in het bezit van een kleine kring, bij de onderneming bekende personen; er is immers sprake van aandelen op naam. De aandeelhouder is vaak ook directeur (de directeur-grootaandeelhouder) of er is sprake van een familierelatie (het familiebedrijf). Kleine ondernemingen worden veelal in de vorm van een eenmanszaak of vennootschap onder firma gedreven; hierbij is er helemaal geen scheiding tussen vermogen verschaffen en besturen.

Een andere belangrijke stakeholder is de huisbankier. Ook bij deze belanghebbende is een langetermijnrelatie uitgangspunt. De relatiebeheerder van de huisbankier zal lokaal bekend zijn en daardoor een grotere persoonlijke betrokkenheid hebben bij het welslagen van de onderneming. Om de invloed van deze betrokkenheid bij de kredietverstrekking te beperken, laat de bank de kredietaanvragen beoordelen door kredietanalisten.
De stem van de relatiebeheerder is desondanks van essentieel belang omdat de aanvraag ondersteund wordt door zijn bevindingen ten aanzien van de relatie. Integriteit en ondernemerskwaliteiten zijn onderwerpen bij de inbreng van de relatiebeheerder.

De laatste groep vermogensverschaffers zijn de verschaffers van het korte vreemd vermogen, de handelscrediteuren. Een sterke band met de ondernemingsactiviteiten is voor deze stakeholders veelal vanzelfsprekend. Met name waar het gaat om leveranciers van producten en diensten voor de dagelijkse bedrijfsvoering. In het contact tussen leverancier en onderneming ontstaat vaak een persoonlijke band. Bij de grote ondernemingen is hiervan in mindere mate sprake door een sterkere wisseling in contacten.

De stakeholdersgroep vermogensverschaffers heeft dus vaak een grote betrokkenheid met de onderneming. De nadruk van vermogensverschaffing ligt in het midden- en kleinbedrijf veel meer op continuïteit en rendement op langere termijn dan bij grote bedrijven. Bij grotere ondernemingen ligt de nadruk op rendement op korte termijn. Het is belangrijk om dit te beseffen bij een sterke groei van de onderneming, waarbij het aandelenkapitaal uitgebreid wordt door bijvoorbeeld participatiemaatschappijen.
De ondernemingsstrategie gericht op de vermogensverschaffers is in het midden- en kleinbedrijf dus anders dan bij de grote ondernemingen. Waardegroei op lange termijn zal een belangrijk strategisch instrument zijn om eigen- en vreemdvermogenverschaffers te binden.

8.2.2 Positie van de overige stakeholders

Ook de andere groepen van contractpartijen, de werknemers en afnemers, zijn in het midden- en kleinbedrijf veel meer betrokken bij het ondernemingssucces dan in grote ondernemingen. Voor MKB-werknemers geldt dat het succes van de onderneming zal afstralen op hun eigen welbevinden: als het goed gaat met de onderneming is er een prettige werksfeer en ruimte voor ontplooiing, als het minder goed gaat zullen werknemers eerder geneigd zijn om een stapje extra te doen. Men ziet vaak langdurige arbeidsrelaties in het midden- en kleinbedrijf. Ook bij afnemers is er sprake van een vaste relatie. Kopen bij grote ondernemingen is veelal gericht op prijsstelling, terwijl de aankopen bij kleinere organisaties meer worden beheerst door een vraag naar kwaliteit.

De maatschappelijke omgeving van het midden- en kleinbedrijf stelt ook andere eisen dan de omgeving van een grote onderneming. Sponsoring van de plaatselijke voetbalclub in Wanneperveen heeft een ander doel dan sponsoring van Ajax door ABN Amro. Natuurlijk gaat het in beide gevallen om naamsbekendheid. Maar bij de lokale voetbalclub spelen persoonlijke factoren ook vaak een rol; de directeur van de onderneming is bijvoorbeeld ook voorzitter van de club. De reden voor sponsoring wordt dan mede ingegeven door persoonlijke motieven. De Belastingdienst begrijpt dat overigens ook.

8.3 Small business governance en bestuur

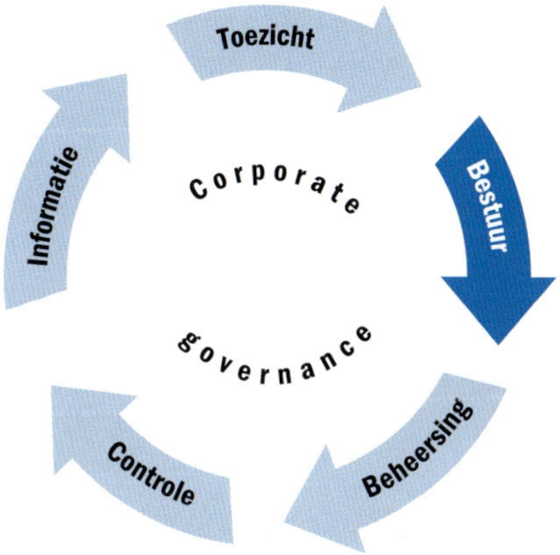

Bestuur in het midden- en kleinbedrijf

Goed bestuur in het midden- en kleinbedrijf kent veel raakvlakken met goed bestuur in grote ondernemingen. Kwaliteit (ondernemerschap) en normen en waarden (integriteit) zijn voor bestuurders van een grote onderneming van belang, maar ook voor de bestuurders in het midden- en kleinbedrijf.
Toch stel ik vast dat er een groot verschil is in het nadeel van de MKB-bestuurder. In het grootbedrijf is er sprake van specialisatie in het besturen. Economische zaken, financiële zaken en bedrijfskundige zaken worden door verschillende bestuurders aangestuurd. In het midden- en kleinbedrijf zijn deze werkzaamheden veelal geconcentreerd bij één of twee bestuurders. Een klankbord bij medebestuurders in hetzelfde vakgebied wordt zelden gevonden. Ook de integriteit van bestuurders kent een ander gewicht. Minder integere handelingen van bestuurders in het midden- en kleinbedrijf zijn doorzichtiger dan in het grootbedrijf. Daarbij komt nog dat de scheiding tussen eigendom van de onderneming en besturen in het midden- en kleinbedrijf minder scherp is; de bestuurder kan dus gemakkelijker in de verleiding komen om ondernemingsbezit voor privédoeleinden aan te wenden.

De hiernavolgende subparagrafen volgen de indeling van de governancecirkel zoals door mij gehanteerd. Ik laat de belangrijkste principes en bestpracticebepalingen uit de gedragscode de revue passeren en vertaal deze naar de situatie in het midden- en kleinbedrijf. De volledige code is als bijlage in dit boek opgenomen. Het zou te ver gaan om alle principes en bestpracticebepalingen te bespreken. Dit leidt tot een boekwerk op zich.

8.3.1 Governanceprincipes voor de MKB-bestuurder

De omgeving waarin de bestuurder in het midden- en kleinbedrijf opereert, is compact. Hoe meer lokaal iemand onderneemt, des te groter wordt zijn kring van rechtstreeks betrokkenen. De bestuurder in het midden- en kleinbedrijf moet bewust zijn van het feit dat bijna alles wat hij doet, zichtbaar is voor de medewerkers. Het valt de administrateur onmiddellijk op als er een bankbetaling plaatsvindt voor een grasmaaier terwijl er geen gras te bekennen is bij de onderneming. Indien de bestuurder onzakelijke onttrekkingen doet, loopt de onderneming het gevaar dat werknemers dit gedrag kopiëren. Uitlatingen die de bestuurder doet bij de plaatselijke voetbalclub, kunnen grote gevolgen hebben voor de toekomst van de onderneming.

PRINCIPE 1.1 LANGE TERMIJN WAARDECREATIE

Het bestuur is verantwoordelijk voor de continuïteit van de vennootschap en de met haar verbonden onderneming. Het bestuur richt zich op de lange termijn waardecreatie van de vennootschap en de met haar verbonden onderneming en weegt daartoe de in aanmerking komende belangen van de stakeholders. De raad van commissarissen houdt toezicht op het bestuur terzake. (...)

8

Dit principe van goed bestuur zou voor de MKB-omgeving als volgt kunnen luiden:

> 'De bestuurder/ondernemer is verantwoordelijk voor de continuïteit van de vennootschap en de met haar verbonden onderneming. Het bestuur richt zich op de lange termijn waardecreatie van de vennootschap en de met haar verbonden onderneming en weegt daartoe de in aanmerking komende belangen van de stakeholders. De commissaris adviseert de bestuurder/ondernemer terzake.'

8.3.2 Bestpracticebepalingen voor MKB-ondernemersbestuur

In de Corporate Governance Code zijn de meeste bestpracticebepalingen gericht op grote ondernemingen. Bijvoorbeeld de vierjaarstermijn voor het benoemen van bestuurders is bij de directeur in het midden- en kleinbedrijf niet echt toepasbaar. Het doornemen van de bestpracticebepalingen leidt echter wel tot een beeld van wat de buitenwereld verwacht van een bestuurder. De principes en de daarvan afgeleide bestpracticebepalingen zijn niet bedoeld om verplichte invulling van de governance te regelen. Het is een raamwerk: de ondernemer past toe wat toepasbaar is, dat is de stelling.

Om een indruk te geven dat de code voor het midden- en kleinbedrijf prima toepasbaar is, als de bestuurder de bepalingen correct weegt en de

bedoeling van de corporategovernancecommissie naleest, heb ik een aantal voor het bestuur toepasbare bestpracticebepalingen op een rij gezet:
a de benoemings- en herbenoemingstermijn van vier jaar;
b de goedkeuring van het strategisch plan door de raad van commissarissen.

Ad a Bestpracticebepaling 2.2.1: Benoemings- en herbenoemingstermijn van vier jaar
De vierjaarstermijn voor de benoeming en herbenoeming van bestuurders is in het midden- en kleinbedrijf veelal niet realistisch, zeker als het gaat over bestuurdersaandeelhouders. Wie het doel van deze bepaling in de toelichting op de code naleest, (namelijk: goed functioneren van de bestuurder), stelt vast dat de bepaling toch toepasbaar is in het midden- en kleinbedrijf. Niet letterlijk, maar wel als hartenkreet: ondernemer, let op je winkel! Veel ondernemingen zijn ontstaan vanuit een specifieke praktische kunde van de ondernemer. Zijn kundig zijn in een werkzaamheid betekent echter niet altijd dat hij ook een goed bestuurder is. De ondernemer moet zijn beperkingen kennen en ondersteuning zoeken waar nodig. Hij moet niet schromen om bij groei te besluiten om een directeur aan te stellen en zelf wat meer op de achtergrond te treden als het over besturen gaat. Wiens achternaam Heijn is, is niet zonder meer geschikt voor een directiefunctie in een grootgrutter. Herbenoeming bij goed functioneren is overigens als gebruikelijk bestempeld in de toelichting op de code. Een startend ondernemer kan zich bij doorgroei ontwikkelen tot een uitstekend bestuurder en jarenlang aan het roer blijven staan.

Ad b Bestpracticebepaling 1.1.2: Het bestuur betrekt de raad van commissarissen tijdig bij het formuleren van de strategie ter realisatie van lange termijn waardecreatie. Het bestuur legt verantwoording af aan de raad van commissarissen over de strategie en de toelichting daarop.
De strekking van deze bepaling is dat de ondernemer moet nadenken over strategie en deze strategie door een adviseur moet laten beoordelen op haalbaarheid. Deze bepaling laat tevens nadenken over de noodzaak voor het instellen van een vrijwillige raad van commissarissen als klankbord bij de te maken keuzes in het ondernemen. De commissaris heeft dan veel meer de functie van adviseur dan dat het gaat om echt toezicht.

De inhoud van de door mij vertaalde principes zal de bestuurder/ondernemer helemaal niet onbekend in de oren klinken. Hij is daar dagelijks mee bezig. Het is goed om het gewoon eens op te schrijven, dan weet hij waar hij als bestuurder/ondernemer voor moet staan. Een ondernemingsplan schrijven, jaarbegrotingen maken, investeringen en kosten budgetteren: gewoon doen. Zijn talenten en beperkingen bepalen. In een ondernemingsplan stelt hij vast hoe hij de doelen wil bereiken en onderkent hij de risico's die aan zijn onderneming verbonden zijn: aan wie wil hij leveren, welk product en welke dienst? Als hij een project gaat uitvoeren: wat zijn dan zijn kosten en welke opbrengst moet daar tegenover staan? Als hij moet investeren: hoeveel geld heeft hij daarvoor in zijn eigen kassalade en hoeveel moet hij bij anderen lenen? Hij moet met een uitgewerkt plan bij de bank komen en dit plan regelmatig bijstellen. Kredietbehoeften komen dan niet meer als verrassingen uit de lucht vallen; elke maand om verhoging van de kredietruimte vragen, werkt niet optimaal. Dat getuigt niet van echt ondernemerschap en de bank verliest het vertrouwen.

8.4 Small business governance en beheersing

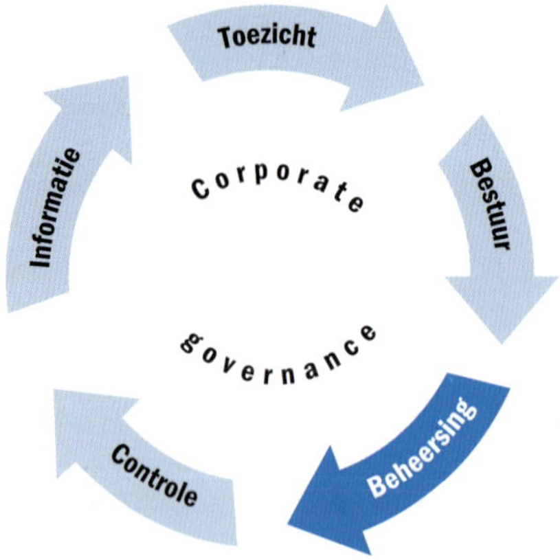

Over beheersing van ondernemingsprocessen heb ik gesproken in hoofdstuk 3. De plannen vertalen in opdrachten en de uitvoering van deze opdrachten op naleving beoordelen. Door hun omvang moet in de beursgenoteerde ondernemingen een heel stelsel van beheersingsmaatregelen worden opgesteld. Hiervoor zijn modellen ontwikkeld. Het ERM-raamwerk is wereldwijd een veel toegepast model. In het midden- en kleinbedrijf zijn de noodzakelijke beheersingsmaatregelen anders van aard.

8.4.1 Governanceprincipe voor beheersing in het midden- en kleinbedrijf

8

Ondernemersplan voor het MKB

Het maken van een ondernemersplan voor het MKB en het vertalen van dit plan naar een jaarbegroting en budgetten zijn ook in het midden- en kleinbedrijf van groot belang. Het uitvoeren van de opdrachten die uit deze plannen voortkomen, zal in het midden- en kleinbedrijf echter voor een deel door de ondernemer/bestuurder zelf worden gedaan. In het grootbedrijf is er sprake van verregaande verdeling van taken (strategische, tactische en operationele taken); ik heb het dan over delegeren van taken, maar ook van de bijbehorende bevoegdheden. Dit laatste leidt in het midden- en kleinbedrijf vaak tot enige vertwijfeling bij de ondernemer: 'Het is toch mijn onderneming!' Het delegeren van bevoegdheden vindt daarom vaak op een veel beperktere basis plaats. Dit vraagt om een aangepaste aanpak van de beheersing van de ondernemingsactiviteiten.

PRINCIPE 1.2 RISICOBEHEERSING
De vennootschap beschikt over adequate interne risicobeheersings- en controlesystemen. Het bestuur is verantwoordelijk voor het identificeren en beheersen van de risico's verbonden aan de strategie en de activiteiten van de vennootschap.

Het beheersingsprincipe is uitstekend toepasbaar in het midden- en kleinbedrijf.

8.4.2 Bestpracticebepalingen voor beheersing in het midden- en kleinbedrijf

De bestpracticebepalingen over risicobeheersing gaan in op het aanwezig zijn van een risicobeheersingsmodel. Voorts wordt gesteld dat er een gedragscode voor risicobeheersing moet zijn en dat er een model voor financiële verslaggeving aanwezig is. Ten slotte moeten de maatregelen gemonitord worden, ofwel de bestuurders moeten beoordelen of de beheersingsmaatregelen werken.

BESTPRACTICEBEPALINGEN VOOR RISICOBEHEERSING

1.2.1 Risicobeoordeling
Het bestuur inventariseert en analyseert de risico's die verbonden zijn aan de strategie en de activiteiten van de vennootschap en de met haar verbonden onderneming. Zij stelt de risicobereidheid vast en besluit welke maatregelen tegenover de risico's worden gezet.

1.2.2 Implementatie
Op basis van de risicobeoordeling ontwerpt, implementeert en onderhoudt het bestuur adequate interne risicobeheersings- en controlesystemen. Deze systemen worden voor zover relevant geïntegreerd in de werk- processen binnen de vennootschap en de met haar verbonden onderneming en zijn bekend bij diegenen voor wier werk zij relevant zijn.

1.2.3 Monitoring werking
Het bestuur monitort de werking van de interne risicobeheersings- en controlesystemen en voert ten minste jaarlijks een systematische beoordeling uit van de opzet en de werking van de systemen. Deze monitoring heeft betrekking op alle materiële beheersingsmaatregelen, gericht op strategische, operationele, compliance en verslaggevingsrisico's. Hierbij wordt onder meer rekening gehouden met geconstateerde zwaktes, misstanden en onregelmatigheden, signalen van klokkenluiders, geleerde lessen en bevindingen van de interne audit functie en externe accountant. Waar nodig worden verbeteringen in interne risicobeheersings- en controlesystemen doorgevoerd.

Beheersingssysteem in het midden- en kleinbedrijf

Eerst eens nadenken over de noodzaak voor het opstellen van een beheersingssysteem in het midden- en kleinbedrijf. Is dat noodzakelijk? Op deze vraag is het antwoord volmondig: ja! Ook de bestuurder/ondernemer van een kleine organisatie moet de touwtjes in handen houden, anders gaat de onderneming een kant op die hij niet wenst.

Ik illustreer dit met een voorbeeld. Stel dat de ondernemer/bestuurder als uitgangspunt heeft dat hij een vast dealergebied hanteert voor zijn product; dat is dan een gekozen strategie. Hierdoor blijven zijn dealers loyaal aan zijn product. Hij heeft daarom aan zijn verkoper uitgelegd dat dit zijn beleid is. Een halfjaar later is zijn verkoper driftig aan het verkopen en wil zo veel mogelijk producten afzetten. Deze ziet daarbij de rayonindeling compleet over het hoofd. Enige maanden later belt een oude getrouwe dealer de ondernemer op met de mededeling dat hij niet meer voor hem

wil verkopen. De ondernemer reageert stomverbaasd en vraagt waarom, ze doen toch al jaren zaken met elkaar? De dealer vertelt dat het bedrijf tegen de afspraken in leveringen doet aan concurrenten in zijn vestigingplaats en dat hij daarom geen vertrouwen meer heeft in de onderneming. Hij betrekt voortaan van een andere producent.
Deze situatie had voorkomen kunnen worden door goede interne beheersingsmaatregelen. De ondernemer heeft de opdracht tot verkopen overgedragen aan de verkoper. De bevoegdheid om te kiezen voor een andere dealer in een rayon, heeft de ondernemer zelf gehouden. Er moeten dan maatregelen worden genomen om het risico dat de verkoper toch iemand anders benadert zo veel mogelijk te beperken, ofwel het risico beheersbaar te maken. Bijvoorbeeld door met de magazijnbeheerder de afspraak te maken dat hij geen verzendingen mag doen aan andere dan de hem erkende dealers (de ondernemer geeft hem een lijst).
Dit is een interne beheersingsmaatregel.

8.4.3 Modellen voor risicobeheersing

Als het COSO-model ook voor het midden- en kleinbedrijf toepasbaar te maken is, zou dat betekenen dat de ondernemer enig houvast heeft voor het opstellen van beheersingsmaatregelen. Het COSO-model is complex, maar door de hoofdindeling aan te houden is het prima toepasbaar in het midden- en kleinbedrijf. Deze hoofdindeling moet de ondernemer inpassen in de MKB-omgeving.
Er zijn ook alternatieve beheersingsinstrumenten, zoals het ABIB-model van het NBA (zie hoofdstuk 3). Beide modellen gaan uit van de risicobenadering: risico's benoemen, herkennen, beheersbaar maken en beoordelen of deze maatregelen afdoende zijn.

In de dagelijkse praktijk zijn de ISO-normen en de INK-normen vaak gebruikte managementinstrumenten. Ook deze op kwaliteit gerichte normen zijn terug te brengen tot risicobeheersingsmodellen. Dit blijkt bijvoorbeeld uit de uitgangspunten van ISO 9001 betreffende het kwaliteitsmanagementsysteem.
De beperking van deze modellen ligt in het feit dat hierin als uitgangspunt kwaliteit en klanttevredenheid gekozen zijn. De risico's gaan in de praktijk verder dan uitsluitend de kwaliteit van het product of de dienst. Maatschappelijke factoren zoals milieu en werkgelegenheid zijn minstens zo belangrijk, een MKB-onderneming neemt een voorname positie in ten opzichte van de lokale maatschappij. De maatregelen van risicobeheersing dienen uiteindelijk om de belangen van alle stakeholders en de belangen van de onderneming met elkaar in balans te brengen. Kosten van beheersingsmaatregelen en risico's moeten zorgvuldig afgewogen worden opdat elke stakeholder (contractpartij en maatschappelijke omgeving) baat heeft bij de maatregelen. Dat klinkt zwaar, maar een ondernemer in een lokale markt moet soms even stilstaan bij de gevolgen voor de lokale omgeving van het welslagen van de onderneming.

8.5 Small business governance en controle

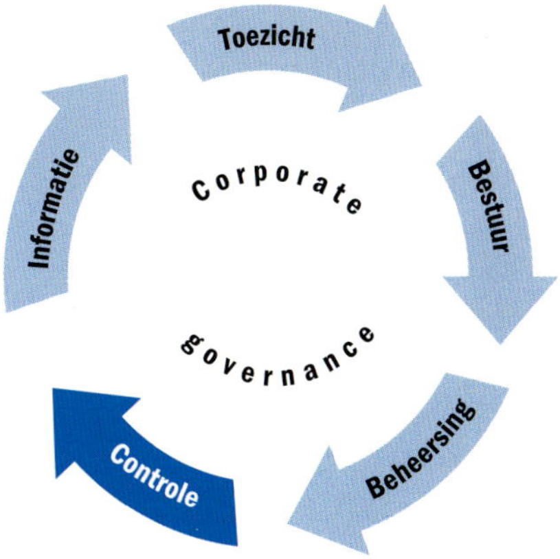

Hoofdstuk 4 ging over interne en externe controle. De MKB-onderneming krijgt afhankelijk van haar omvang, te maken met externe controle. Interne controle is voor alle ondernemingen, hoe groot of klein ook, van groot belang. De externe controle is gebaseerd op de wettelijke bepalingen van Titel 9 Boek 2 BW. De middelgrote onderneming moet de jaarrekening verplicht laten controleren door een externe accountant. Vrijwillige controle kan natuurlijk ook, maar in de praktijk komt dat zeer beperkt voor.

8.5.1 Governanceprincipe voor controle in het MKB

Externe controle voor de MKB-onderneming

De vraag is of externe controle voor de MKB-onderneming zinnig is. Aangezien ik zelf tot de beroepsgroep van accountants behoor, is mijn antwoord wellicht niet honderd procent objectief, maar toch, een accountant verschaft zekerheid over de weergave van de feiten in de jaarrekening. Een voordeel is in ieder geval dat de Belastingdienst de winstaangifte van een jaarrekening waarop een goedkeurende controleverklaring van toepassing is, anders beoordeelt. Dit heeft alles te maken met horizontaal toezicht: de accountant verklaart, dus hoeft de Belastingdienst uitsluitend marginaal te toetsen.
Er is nog een ander zichtbaar voordeel. De bank, veelal de grootste vreemdvermogenverschaffer, hecht waarde aan het oordeel van de externe accountant. De financierder heeft meer zekerheid over de aangeleverde cijfers, wat gevolgen kan hebben voor renteopslagen en nieuwe kredietverstrekkingen.
In bepaalde situaties kan het dus positief uitwerken dat een externe accountant een oordeel heeft gegeven over de jaarrekening. Een vrijwillige controle door de externe accountant kan daar dus nut hebben.

PRINCIPE 1.6 BENOEMING EN BEOORDELING FUNCTIONEREN EXTERNE ACCOUNTANT
De raad van commissarissen doet de voordracht tot benoeming van de externe accountant aan de algemene vergadering en houdt toezicht op het functioneren van de externe accountant.

8

Voor het midden- en kleinbedrijf kan dit principe als volgt vertaald worden:

> 'De commissaris/adviseur doet de voordracht tot benoeming van de externe accountant aan de algemene vergadering en houdt toezicht op het functioneren van de externe accountant.'

8.5.2 Bestpracticebepalingen voor controle in het MKB

Een strikte scheiding tussen controle en advies is niet altijd praktisch. Zeker niet in het midden- en kleinbedrijf. Het mag niet zo zijn dat de accountant bij de controle van de jaarrekening vaststelt dat de betaling van debiteuren niet goed gevolgd wordt, maar zijn mond daarover houdt. Hij moet dan natuurlijk onmiddellijk de betrokken medewerker uitleggen wat het risico is en aanbevelingen doen voor hoe het beter kan. Dit bevestigt hij achteraf in de management letter. De inhoud van de management letter mag geen verrassing zijn voor de ondernemer.

Management letter

Een management letter is een accountantsterm voor de adviesbrief met verbeterpunten voor de interne organisatie van de onderneming. Die wordt opgesteld nadat de controlewerkzaamheden zijn afgerond. Een goede management letter bespreekt de geconstateerde bijzonderheden, de hieraan verbonden risico's en de mogelijke oplossingen voor zaken die tijdens de controle zijn opgemerkt. Indien de accountant stelt dat hij anders geen goedkeurende verklaring af kan geven, heeft hij de idee van de management letter gemist. Dat het niet-afgeven van een goedkeurende verklaring een gevolg kan zijn van de geconstateerde bijzonderheden is een ander verhaal, maar het is geen uitgangspunt voor het opstellen van deze management letter.

8

BESTPRACTICEBEPALINGEN VOOR CONTROLE

1.7.1 Informatievoorziening aan externe accountant
Het bestuur draagt er zorg voor dat de externe accountant tijdig alle informatie ontvangt die nodig is voor de uitvoering van zijn werkzaamheden. Het bestuur stelt de externe accountant in de gelegenheid om op de verstrekte informatie te reageren.

1.7.2 Auditplan en bevindingen externe accountant
De externe accountant bespreekt het concept auditplan met het bestuur, alvorens het aan de auditcommissie voor te leggen. De auditcommissie bespreekt jaarlijks met de externe accountant:
i. de reikwijdte en materialiteit van het auditplan en de belangrijkste risico's van de jaarverslaggeving die de externe accountant heeft benoemd in het auditplan; en
ii. mede aan de hand van de daaraan ten grondslag liggende documenten, de bevindingen en de uitkomsten van de controlewerkzaamheden bij de jaarrekening en de management letter.

1.7.3 Publicatie financiële berichten
De auditcommissie beoordeelt of, en zo ja op welke wijze de externe accountant wordt betrokken bij de inhoud en publicatie van financiële berichten anders dan de jaarrekening.

1.7.4 Overleg met externe accountant buiten aanwezigheid bestuur
De auditcommissie overlegt zo vaak als zij dit noodzakelijk acht, doch ten minste eenmaal per jaar, buiten aanwezigheid van het bestuur met de externe accountant.

1.7.5 Inzage discussiepunten tussen externe accountant en bestuur
De raad van commissarissen krijgt inzage in de belangrijkste discussiepunten tussen de externe accountant en het bestuur naar aanleiding van de concept management letter dan wel het concept accountantsverslag.

1.7.6 Aanwezigheid externe accountant bij vergaderingen raad van commissarissen
De externe accountant woont in ieder geval de vergadering van de raad van commissarissen bij waarin het verslag van de externe accountant van het onderzoek van de jaarrekening wordt besproken.

Commissaris/ adviseur

De bestpracticebepalingen kennen verder geen verrassingen. Van contact met de auditcommissie van de raad van commissarissen zal in het midden- en kleinbedrijf geen sprake zijn. Toch kan het verstandig zijn als de ondernemer een adviseur/commissaris inhuurt indien hij de taal van de accountant niet goed verstaat. In beginsel is het de taak van de accountant om bijzonderheden in begrijpelijke termen uit te leggen, maar soms is hij zo vergroeid met zijn werkzaamheden dat hij in gesprekken in vaktermen spreekt. De ondernemer moet dan niet schromen om te zeggen dat hij het niet begrijpt en een commissaris/adviseur met een economische achtergrond zoeken om hem te ondersteunen in de bespreking met de externe accountant. Deze commissaris kan hem dan helpen om de adviezen die uit de management letter naar voren komen op een goede wijze te vertalen naar de dagelijkse praktijk binnen de onderneming.

Samenstelopdracht

Samenstellingsverklaring

Indien het budget of de omvang van de onderneming een vrijwillige controle niet toelaat, zal er sprake zijn van een samenstelopdracht die leidt tot een samenstellingsverklaring. De accountant geeft in deze verklaring aan dat de inhoud van de jaarrekening voldoet aan de daaraan te stellen wettelijke eisen. Hoewel de tekst van deze verklaring aangeeft dat er geen zekerheid van deze verklaring uit kan gaan, zijn de werkzaamheden van de accountant ook in de samenstelopdracht gericht op het beperken van fouten in de verslaggeving. In het werkprogramma is een aantal stappen opgenomen die de belangrijkste ondernemingsrisico's in beeld brengen.

Zo kijkt de externe accountant naar de verzekerde bedragen voor bedrijfsrisico's en maakt hij aansluitingen in de financiële administratie om te kijken of alles redelijkerwijs in orde is. Dus samenstellen door een accountant geeft toch wel enige zekerheid. Het verstrekken van een management letter bij deze werkzaamheden wordt ook steeds vaker toegepast.

Wat betreft de interne controle het volgende. Een MKB-onderneming zit veelal niet te wachten op een interne accountantsafdeling, zoals bedoeld in de code. Toch is er een medewerker die zich in het bijzonder bezighoudt met de interne controle. Soms wordt hij controller genoemd, soms ook hoofd administratie. In de kleine organisatie is het de administrateur. Belangrijk is om te beseffen dat de externe accountant (controlerend of samenstellend) niet alles kan zien. Door interne controle wordt het werk van de externe accountant versterkt. De controller/administrateur heeft daardoor een vertrouwenspositie in de onderneming. Het betreft een spilfunctie. De ondernemer moet daarom zeer kritisch zijn bij het aanstellen van deze functionaris. Hij kan advies vragen aan de accountant en als hij een commissaris heeft, betrekt hij deze bij het sollicitatiegesprek met de kandidaatcontroller/administrateur.

Controller/ administrateur

8.6 Small business governance en informatie

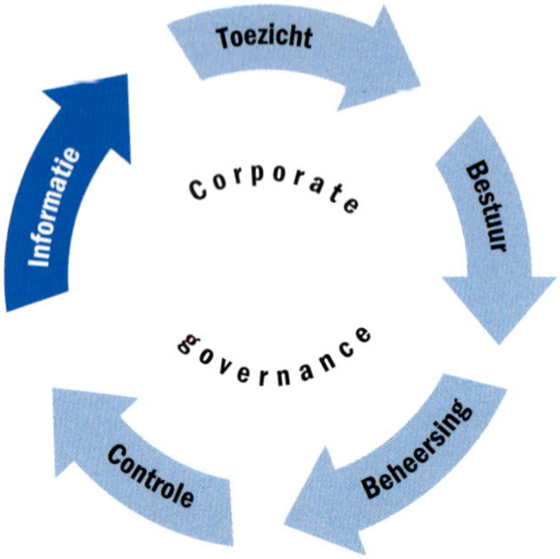

8

De plicht tot jaarlijkse verslaglegging is gebaseerd op wettelijke bepalingen, ook voor MKB-ondernemingen. Enerzijds moet elke onderneming een winstaangifte doen aan de Belastingdienst voor de inkomstenbelastingen of de vennootschapsbelasting. Anderzijds moeten rechtspersonen voldoen aan de opmaak en publicatieplicht volgens het Burgerlijk Wetboek (Titel 9 Boek 2).

Opmaak en publicatieplicht

Bijna elke ondernemer vult een belastingaangifte in. Soms wat laat, maar uiteindelijk na wat dwang door de belastinginspecteur volgt er toch een winstaangifte.

Het opmaken en publiceren van de externe jaarrekening is een ander geval. De winstaangifte betreft een opstelling van balans- en resultaatgegevens waarbij de belastingwetgeving grotendeels aansluit bij de voorgeschreven indeling uit Titel 9 Boek 2 BW.

Uitgangspunt is een historische benadering van de financiële gebeurtenissen. De vraag is of dit altijd een reëel beeld geeft van de echte resultaten van de onderneming. Uitgaand van de gedachte dat een ondernemer niet te veel belasting wil betalen, kan men stellen dat de verslaglegging aan de Belastingdienst in ieder geval geen te optimistisch beeld zal geven.

8.6.1 Governanceprincipe voor informatie verschaffen in het MKB

De handelspartners kunnen het wel een wee van de onderneming uitsluitend afleiden uit de gepubliceerde gegevens. Zij moeten de gegevens dus kunnen inzien. Noodzaak is dan dat de jaarrekening bij het handelsregister gedeponeerd is. 'In het boekjaar 2003 waren er in Nederland 510.000 publicatieplichtige rechtspersonen', zo stelt de verantwoordelijke minister medio 2009 naar aanleiding van vragen in de Tweede Kamer. 'Daarvan had 70% de jaarrekening tijdig binnen de voorgeschreven dertien maanden na afloop van het boekjaar gedeponeerd. Na nog een paar extra maanden, waarin de Kamer van Koophandel de ondernemers rappelleert, stabiliseert het percentage rond de 90.' In 2004 stabiliseerde dit percentage rond de 87, dus dertien procent publiceert niet en dertig procent publiceert niet tijdig.

PRINCIPE 4.2 INFORMATIEVERSCHAFFNG EN VOORLICHTING
Het bestuur en de raad van commissarissen dragen zorg voor een adequate informatieverschaffing en voorlichting aan de algemene vergadering.

Dit informatieprincipe laat zich voor het midden- en kleinbedrijf het best als volgt vertalen:

> ' De ondernemer/bestuurder en de de commissaris/adviseur dragen zorg voor een adequate informatieverschaffng en voorlichting aan de algemene vergadering.'

8.6.2 Bestpracticebepalingen voor informatie verschaffen in het MKB

8

De bestpracticebepaling op het gebied van informatie houdt voor het midden- en kleinbedrijf in dat de stakeholders tijdig informatie krijgen over alles wat voor de betreffende stakeholdersgroep van belang is. Werkgelegenheidsvraagstukken raken het personeel en financieringsvraagstukken raken de huisbankier. Struisvogelpolitiek moet hierbij vermeden worden. Als het minder goed gaat kan de ondernemer het best open kaart spelen. Hij zal verbaasd staan over hoe meedenkend de meeste werknemers zijn. De relatie met de huisbankier is vaak van lange duur. De bankmanager zal zich betrokken voelen bij de onderneming en er alles aan doen om de ondernemer te ondersteunen. Stopt de ondernemer echter zijn hoofd in het zand, dan komt de hulp die hij hard nodig heeft, te laat en is het tij niet meer te keren. De stakeholders zullen geen begrip hebben voor het feit dat hij gewacht heeft met hen te informeren.
Het verschaffen van informatie vindt plaats aan de hand van de jaarrekening en het jaarverslag.

Jaarrekening

De Corporate Governance Code gaat in op het beschikbaar stellen van informatie. De cijfers van de onderneming kunnen opgemaakt worden op basis van verschillende uitgangspunten voor waardering. Wie een jaarrekening van een willekeurige onderneming onder ogen krijgt, moet dit wel

Jaarrekening in MKB

in het achterhoofd houden. Ook het MKB kan kiezen uit de verschillende sets van verslaggevingsregels.

Sets van verslaggevingsregels

De verslaglegging volgens Titel 9 Boek 2 BW heeft als uitgangspunt een actuele benadering van financiële gebeurtenissen. Het Besluit actuele waarde geeft hier inhoud aan. De kleine ondernemingen mogen echter ook kiezen voor de uitgangspunten uit de belastingaangifte, de zogenoemde samenvalregeling. De externe jaarrekening voldoet dan niet meer aan alle bepalingen uit Titel 9 Boek 2 BW. De waardering en benamingen van de posten sluit aan bij de fiscale aangifte.

Samenvalregeling

Als men bedenkt dat de wetgever ook de mogelijkheid biedt om de International Financial Reporting Standards toe te passen, dan moet men vaststellen dat de verslaglegging van de MKB-ondernemingen niet altijd leidt tot een eenduidig beeld.

De keuze voor de uitgangspunten van de financiële informatie kan onderhevig zijn aan de gewenste uitkomsten. De goede lezer ziet welke keuze gemaakt is en herkent de gevolgen van deze keuze. De willekeurige leek zal echter niet altijd begrijpen wat de verschillen tussen de uitgangspunten zijn. Bij een snelle beoordeling van financiële cijfers wordt vaak gekeken naar het eigen vermogen, het balanstotaal en het resultaat.
Financiële analisten zijn namelijk gewend om hieraan verschillende ratio's te ontlenen. Een eerste indruk is dan al snel gevormd. Terwijl een nadere analyse van het eigen vermogen waarbij inzicht is in de gekozen uitgangspunten voor verslaglegging, een totaal ander beeld kan geven. Het werkt net zoals een eerste ontmoeting met een ander mens: iemands mening over een andere persoon is al snel gevormd aan de hand van uiterlijke kenmerken; om deze mening later bij te stellen moet er heel wat extra informatie beschikbaar komen.

De ondernemer kan de jaarrekening dus gebruiken om een beeld van de onderneming te schetsen dat het best aansluit bij het doel waarvoor de jaarrekening wordt opgemaakt, zoals een kredietaanvraag. De vraag is of er sprake is van manipulatie van financiële gegevens (creative accounting). De financiële verslaglegging voldoet immers aan de wettelijke eisen, of misschien toch niet? Voor zover het de rechtspersonen betreft die onder de werking van Titel 9 Boek 2 BW vallen, zou nagedacht moeten worden over de eis die de wet stelt aan het inzicht dat aan de gebruiker/lezer moet worden verschaft. Indien de gekozen uitgangspunten niet aansluiten bij de verwachting van de gebruiker, dan zou men kunnen stellen dat niet voldaan is aan het inzichtvereiste, ondanks het feit dat wel voldaan is aan de inhoudelijke regels van de gekozen uitgangspunten (Belastingwet, Titel 9, IFRS). Kan het bestuur daarop aangesproken worden?
Tot op heden is er nog niet veel discussie over rapportage door MKB-ondernemingen. De focus is gericht op de beursgenoteerde ondernemingen omdat de gevolgen daar in eerste aanleg het grootst zijn. Indien men zich bedenkt dat het midden- en kleinbedrijf bijna zestig procent van de werkgelegenheid biedt, dan kan men stellen dat er toch een maatschappelijk belang is bij een goede informatieverschaffing door de MKB-ondernemingen en dat beperkt zich niet tot discussie over zwartwerken en sjoemelen met de belastingaangifte.

Jaarverslag

Het jaarverslag is een tekstuele verslaglegging en biedt meer dan de jaarrekening ruimte om de bestuurshandeling uit te leggen. In de verslaggeving van beursgenoteerde ondernemingen wordt tegenwoordig steeds meer de nadruk gelegd op het jaarverslag.

In het midden- en kleinbedrijf wordt beperkt gebruikgemaakt van het jaarverslag. Dit is wel jammer, want het jaarverslag geeft de mogelijkheid om de financiële cijfers beter uit te leggen en biedt ruimte om iets te vertellen over de toekomstplannen. Hierdoor krijgen belanghebbenden (stakeholders) een beter beeld van de onderneming.

Jaarverslag in MKB

Misschien dat kleine ondernemingen in de toekomst vaker een jaarverslag gaan opstellen. De verantwoordelijkheid voor het gevoerde beleid houdt niet op bij de vaststelling van de jaarrekening. De vreemdvermogenverschaffers zullen steeds vaker kritisch kijken naar alle bestuursbesluiten. Met name de banken leggen als gevolg van een inschatting van het risicoprofiel van een onderneming steeds meer verantwoordelijkheid bij de bestuurders.

Ook rapportage over maatschappelijk verantwoord ondernemen (sustainability reporting) wordt steeds belangrijker. De onderneming moet laten zien wie zij is en waarvoor zij staat. Betrokken zijn met de maatschappelijke omgeving, werpt in de toekomst vruchten af. Een bouwaanvraag kan op veel minder weerstand uit de omgeving rekenen als de onderneming investeert in het verenigingsleven. Dit belangrijke onderwerp komt apart aan de orde in subparagraaf 8.6.3.

8.6.3 Maatschappelijk verantwoord ondernemen

De MKB-onderneming is vaak actief in een regionale omgeving. Werknemers en bestuurders zijn woonachtig in de nabije omgeving. De lokale bakker, verzekeringsagent en boekhandel zijn leverancier en crediteur van de onderneming. De lokale bank draagt zorg voor de rekening-courantfinanciering. De omwonenden kennen de directie en zullen daarom soms meer flexibel zijn als het neerkomt op overlast. Hun vader heeft bij de onderneming gewerkt, zij werken er zelf of vrienden en bekenden zijn werknemer. Kortom, er is sprake van een sterke regionale binding.

De onderneming kan dankbaar gebruikmaken van omgevingsfactoren en moet daar ook iets voor terugdoen. De MKB-onderneming staat midden in de maatschappij en moet daarom verantwoord ondernemen binnen de omgeving waarin zij gevestigd is. Maatschappelijk verantwoord ondernemen (MVO) heeft grote overeenkomsten met corporate governance; het verschil zit erin dat de corporate governance in eerste aanleg naar binnen is gericht (in control) en het maatschappelijk verantwoord ondernemen meer naar buiten gericht. Maar ze hebben hetzelfde doel: continuïteit. Zorgdragen voor een goede ondernemingscultuur heeft in het midden- en kleinbedrijf veel te maken met een instelling van 'doe even normaal'.

Steelt een werknemer van de baas, dan steelt hij eigenlijk een stukje toekomst van zijn omgeving. De baas sponsort het voetbalteam, dus doet de werknemer daar iets voor terug. Dat schept een band en geeft een stuk vertrouwen.

De directie moet een voorbeeld zijn voor de werknemers. Indien de directeur van een restaurant regelmatig kassastroken aanpast, dan zal het bedienend personeel het ook niet zo nauw nemen met afrekenen via de kassa.
Daar houdt het natuurlijk niet op. Maatschappelijk verantwoord ondernemen gaat verder.

Maatschappelijk verantwoord ondernemen

Maatschappelijk verantwoord ondernemen wordt ook wel maatschappelijk ondernemen, maatschappelijk betrokken ondernemen, duurzaam ondernemen of ethisch ondernemen genoemd. Kortom, maatschappelijk verantwoord ondernemen komt erop neer dat een bedrijf aandacht heeft voor de maatschappij waarin het functioneert. Het is voor veel bedrijven een bekend, maar ook breed en veelomvattend begrip en vaak is het onduidelijk hoe zij dit moeten doen.
Het gaat om een verantwoord evenwicht tussen de financiële aspecten van de bedrijfsvoering (winst, economisch rendement en garantie op continuïteit) en sociale en ecologische aspecten (mens en milieu). Dat houdt in: zorgen voor mens en omgeving met behoud van de nodige en noodzakelijke winst. Duurzame winst en bedrijfseconomische resultaten staan elkaar daarbij niet in de weg, maar versterken elkaar juist.

MKB-Nederland heeft een opsomming gemaakt van de inhoudelijke aspecten van het maatschappelijk verantwoord ondernemen:

Drie M's
Drie P's

- verantwoord omgaan met mens, milieu en maatschappij (de drie M's);
- vinden van een balans tussen people, planet en profit (de drie P's);
- streven naar goede financiële resultaten op een maatschappelijk verantwoorde of duurzame manier;
- meer dan liefdadigheid, maatschappelijke betrokkenheid, 'goed doen', ad-hocactiviteiten die toevallig langskomen of het zich houden aan minimale eisen van wet- en regelgeving. Het is een doelbewuste en continue activiteit: het is een kwestie van beleid en strategie. Het maakt idealiter integraal deel uit van de kernactiviteiten van de onderneming. Maatschappelijke betrokkenheid heeft daarentegen in principe niet direct betrekking op de bedrijfsactiviteiten;
- voor alle bedrijven en organisaties, groot én klein, commercieel of not-for-profit;
- niet alleen een plicht, maar ook een morele eis;
- vertrouwen wekken en vertrouwen krijgen;
- nieuwe oplossingen vinden voor hedendaagse sociale en ecologische waarden en normen;
- meer zichtbaar en betrokken in de samenleving staan;
- een betere werksfeer en een betere binding, motivatie en inzet van het personeel;
- goodwill bij en een sterkere relatie met de doelgroepen en omgeving;
- het beperken van mogelijke negatieve effecten (consumentenboycot, negatieve publiciteit etc.) en het versterken van mogelijke positieve effecten van de bedrijfsactiviteiten;
- een grotere naamsbekendheid en een positief imago van een bedrijf dat betrokken is bij mens, maatschappij en milieu;
- niet alleen lokaal en nationaal van belang, maar ook een internationale dimensie. Een internationaal opererend bedrijf heeft te maken met internationaal vastgelegde normen. De OESO-richtlijnen voor multinationale ondernemingen geven een belangrijk normatief referentiekader voor het

gedrag van ondernemingen in het internationale verkeer. Dit geldt zowel voor het grootbedrijf als voor het midden- en kleinbedrijf;
- uiteindelijk de basis voor de continuïteit en het voortbestaan op langere termijn. Zonder aandacht voor sociale en ecologische aspecten is geen economisch gewin meer mogelijk, zeker niet op de lange termijn.

Onderzoek naar MVO bij MKB

Het onderzoeksbureau EIM heeft op verschillende tijdstippen MKB-ondernemers ondervraagd over maatschappelijk verantwoord ondernemen. Een van de vragen had betrekking op de externe gerichtheid van MVO. Zo is in 2002 aan 607 ondernemers gevraagd of ze bekendheid gaven aan hun 'maatschappelijke activiteiten' (wat breder gaat dan MVO-activiteiten). Zestig procent gaf hierop een negatief antwoord. Aan hen werd gevraagd naar de achterliggende redenen.

Uit de antwoorden kwam naar voren dat MKB-ondernemers hun maatschappelijk verantwoorde activiteiten niet naar buiten toe bekendmaken omdat zij vinden dat die activiteiten niet tot doel mogen hebben om er extra naamsbekendheid mee te bereiken. Verder is er ook een 'angst' dat dan meer maatschappelijke organisaties om geld komen aankloppen. Hiermee wordt duidelijk dat MVO voor veel MKB-ondernemers vooral gezien wordt als een vorm van liefdadigheid, als iets wat hoort. Dat MVO veel meer is en ook een structurele aanpassing van de bedrijfsvoering impliceert, wordt door nog maar weinig MKB-ondernemers onderkend.

Bron: EIM

8.7 Small business governance en toezicht

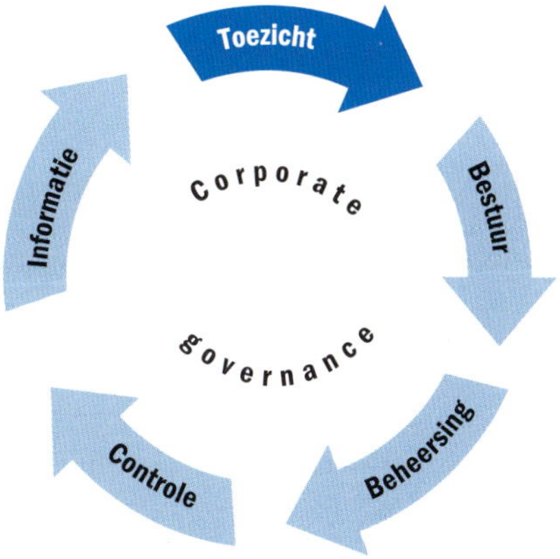

Toezicht in het midden- en kleinbedrijf kan worden verkregen door het aanstellen van één of meerdere commissarissen. De in-controlverklaring van de directie zoals opgenomen in de Corporate Governance Code, kan doorgetrokken worden naar het midden- en kleinbedrijf. Niet als echte regel in de wet, maar meer bedoeld als ondersteuning in de bestuursbeslissingen. Dus veel meer adviseur dan toezichthouder. Door na te denken over het in control zijn kan het bestuur van een onderneming een betere basis leggen voor de toekomst. Bedrijfscontinuïteit wordt beter gewaarborgd. De commissaris kijkt kritisch naar de beheersingsmaatregelen en is betrokken bij strategische beslissingen. Hij kan een meer onafhankelijke positie innemen omdat er geen sprake is van een vermenging tussen besturen en aandeelhouderschap.

8.7.1 Governanceprincipes voor toezicht in het MKB

Raad van commissarissen in het midden- en kleinbedrijf

In control zijn betekent voor commissarissen dat er een wederzijdse vertrouwensrelatie is met de directie. De commissarissen mogen niet voor verrassingen worden geplaatst.
Als zij moeten zoeken of vragen of er iets is gebeurd, zit het scheef. Het bestuur ziet een bocht van ver aankomen en moet de commissarissen waarschuwen dat ze moeten remmen. Als de bestuurder geen dilemma's wil delen, zich niet kwetsbaar wil opstellen en tegenvallers steeds goedpraat, dan moeten de commissarissen ingrijpen.

PRINCIPE III.1 OVER DE TAAK EN WERKWIJZE VAN DE RAAD VAN COMMISSARISSEN
De raad van commissarissen heeft tot taak toezicht te houden op het beleid van het bestuur en op de algemene gang van zaken in de vennootschap en de met haar verbonden onderneming en staat het bestuur met raad ter zijde. De raad van commissarissen richt zich bij de vervulling van zijn taak naar het belang van de vennootschap en de met haar verbonden onderneming en weegt daartoe de in aanmerking komende belangen van bij de vennootschap betrokkenen af. De raad van commissarissen betrekt daarbij ook de voor de onderneming relevante maatschappelijke aspecten van ondernemen. De raad van commissarissen is verantwoordelijk voor de kwaliteit van zijn eigen functioneren.

De vertaling naar het MKB zou als volgt kunnen luiden:

> De commissaris ondersteunt de directie bij de te nemen strategische beslissingen. De commissaris stelt het belang van de onderneming hierbij voorop, maar houdt rekening met de capaciteiten en beperkingen van de directie. De commissaris betrekt in de adviezen aan de directie de aspecten van maatschappelijk verantwoord ondernemen.

Verschillende stakeholders staan vaak afwijzend tegenover het nut of noodzaak van intern toezicht door een raad van commissarissen in het midden- en kleinbedrijf, zo luidt de rapportage van het IMK in het onderzoek naar toezicht in het midden- en kleinbedrijf. In de praktijk heeft gemiddeld drie procent een raad van commissarissen; dit geldt voor twee procent van het kleinbedrijf, acht procent van het middenbedrijf en 29 procent van het middengrootbedrijf. Daarnaast is één procent van de MKB'ers van plan om in de komende drie jaar een raad van commissarissen in te stellen. Door ruim de helft van de bedrijven met een raad van commissarissen wordt de raad gezien als een orgaan dat als een waakhond toezicht houdt op de directie. Van de MKB-ondernemers die een raad van commissarissen in het bedrijf hebben, ziet 46 procent dat anders; de kans is groot dat binnen deze bedrijven de advies- en klankbordfunctie van de raad van commissarissen vooropstaat.

8.7.2 Bestpracticebepalingen voor toezicht in het MKB

De positie van de commissaris in het midden- en kleinbedrijf is van een ander niveau dan de commissaris in het grootbedrijf. Er is geen sprake van een verplichte raad van commissarissen. Aanstelling van een commissaris geschiedt dus op vrijwillige basis.
Op de discussie over een eenlaags of tweelaags bestuursmodel (one-tier of two-tier board) ga ik hier niet in, maar op het moment dat commissarissen in het midden- en kleinbedrijf medeverantwoordelijk worden gesteld voor het gevoerde bestuur, ontstaat het risico dat de toezichthoudende functie verarmt tot een co-directieschap. De commissaris is bang voor zijn reputatie en zal angstig zijn om fouten te maken. Dat komt de flexibiliteit van de onderneming zeker niet ten goede. De directeur-grootaandeelhouder raakt geïrriteerd en het vrijwillig ingestelde toezichtorgaan zal een kort bestaan hebben. De commissaris in het midden- en kleinbedrijf is een sparringpartner en zal zijn nut kunnen aantonen door kritisch mee te denken in de ontwikkeling van de onderneming.
Alle bijzondere principes uit de Corporate Governance Code met betrekking tot de raad van commissarissen zullen door de afwijkende functie ten opzichte van het grootbedrijf, zeer beperkt bruikbaar zijn in het midden- en kleinbedrijf.

8.8 Samenvatting van de verschillen in governance in het grootbedrijf en het midden- en kleinbedrijf

Tabel 8.1 geeft een overzicht van de verschillen tussen governance bij het midden- en kleinbedrijf enerzijds en het grootbedrijf anderzijds.

TABEL 8.1 Small business governance en corporate governance

Governance van niet-beursgenoteerde ondernemingen	Soort bedrijf	Wat staat centraal	Wie sturen	Wie zijn intern toezichthouder	Wie leggen verantwoording af	Aan wie wordt verantwoording afgelegd
Corporate Governance	Grootbedrijf	Taken en rollen van en relaties tussen aandeelhouders, bestuurders en toezichthouders	RvB, daaronder managers, waardoor 'internal governance'- vraagstuk	Rvc, toezichtperspectief vanuit aandeelhouders en stakeholders	RvB + rvc	Aan diegenen die een legitieme eis daartoe hebben (AvA, OR) en/of aan wie het nodig wordt geacht door de onderneming (stakeholders)
Small Business Governance	MKB	Taken en rollen van en relaties tussen directeur(-grootaandeelhouder) en stakeholders	D(G)A, nauwelijks managers, 'internal governance' geen apart vraagstuk	Meestal afwezig (mogelijke rol voor rvc: toezichtperspectief vanuit stakeholders, expliciete taak: toezicht op stakeholdersrelaties)	D(G)A en indien aanwezig de rvc	Aan diegenen die een legitieme eis daartoe hebben en/of aan wie het nodig wordt geacht door de onderneming (stakeholders, indien aanwezig: aandeelhouders, OR/personeelsvertegenwoordiging of -vergadering)

Bron: EIM/Lectoraat CG, Avans Hogeschool, 2006

DE ACCOUNTANT, SEPTEMBER 2006

Corporate governance allang verplicht in mkb

Ook al geldt de code Tabaksblat alleen voor beursgenoteerde ondernemingen, kleinere bedrijven moeten zich wel degelijk houden aan de 'beginselen van behoorlijk ondernemingsbestuur'. 'Vooral familiebedrijven die hard groeien, lopen risico's', zeggen de advocaten Ellen Soerjatin en Marnix Holtzer.

'Een opvallende conclusie uit het onderzoek is dat veel Nederlandse ondernemers in het midden- en kleinbedrijf de noodzaak van het afleggen van verantwoording niet zien', las Marnix Holtzer in 'de Accountant' van april 2006. Die conclusie, gebaseerd op een onderzoek door Hogeschool Avans en onderzoeksbureau EIM, is voor hem en zijn collega Ellen Soerjatin reden om de aandacht te vestigen op de noodzaak van goed bestuur, ook in dat marktsegment. Beiden aan DLA Schut-Grosheide verbonden advocaten waren betrokken bij verschillende conflicten die ondernemers, ondernemingsraden, aandeelhouders en bestuurders met elkaar hebben uitgevochten in de rechtszaal. In de zogenoemde 'tasjesoorlog' bonden Holtzer en Soerjatin namens de Vereniging van Effecten Bezitters en haar Franse tegenhanger de strijd aan met Gucci. Verder mengden zij zich in de supermarktoorlog (Laurus), de baggeroorlog (HBG) en de transformatorenoorlog (Smit).

Keiharde maatregelen

Holtzer en Soerjatin stonden de vennootschap en de bestuurders van Smit Transformatoren bij in een enquêteprocedure, waarin werd onderzocht of de directeuren en/of commissarissen zich schuldig maakten aan wanbeleid. Deze in Nijmegen gevestigde BV is in 1913 opgericht en telt nu ongeveer driehonderd werknemers.
Soerjatin: 'De directie had de ondernemingsraad met een contract de bevoegdheid gegeven een enquêteprocedure in te stellen. Dat komt bijna nooit voor. Maar op deze manier kon de directie de verschillende procedures kanaliseren, die de ondernemingsraad wilde gaan voeren.'

Waarom?
Holtzer: 'Een Duitse private equity investeerder verwierf een groot belang in Smit en benoemde twee grootaandeelhouders tot commissaris en president-commissaris.
Deze commissarissen kregen elke maand enorme fees van duizenden euro's voor managementadviezen. Maar zij verboden de broodnodige investeringen in het verouderde productieproces. Bovendien stonden zij erop dat de vennootschap veel dividend zou uitkeren. Er was een grote verwevenheid van belangen, waarbij de commissarissen eigenlijk geen onafhankelijk toezicht meer uitoefenden.
De ondernemingsraad vreesde dat zij bezig waren de onderneming leeg te zuigen. De Ondernemingskamer van het Gerechtshof Amsterdam heeft toen enkele keiharde maatregelen getroffen. De president-commissaris werd naar huis gestuurd en er werden nieuwe commissarissen benoemd. Bovendien legde het hof een ontslagverbod op, zodat de commissarissen de directie niet kon ontslaan.
Smit is geen beursvennootschap dus de code Tabaksblat is niet van toepassing. Toch vond de Ondernemingskamer dat de onafhankelijkheid van het toezicht en de belangen van de vennootschap gewaarborgd moeten zijn.'

Zorgvuldigheid en loyaliteit

Is dit geen uitzonderlijke zaak?
Holtzer: 'Nee. De uitspraak past in een lang bestaande traditie om juist bij mkb-ondernemingen in te grijpen als die de

basisbeginselen van corporate governance overtreden. Die beginselen zijn: onafhankelijk toezicht, belangenverstrengeling voorkomen en transparantie tegenover de aandeelhouders.'
Soerjatin: 'Het is bijna grappig om te zien hoe bang het midden- en kleinbedrijf is voor de code Tabaksblat, terwijl daarin feitelijk alleen zorgvuldigheidsnormen voor ondernemen zijn vastgelegd, of beter: de algemene beginselen van behoorlijk ondernemingsbestuur. Die beginselen bestonden al lang voor de code en ontwikkelen zich ook los daarvan. Je zou ze in twee woorden kunnen samenvatten: zorgvuldigheid en loyaliteit. Zorgvuldigheid houdt onder meer transparantie, openheid en tijdig informeren van aandeelhouders in. Loyaliteit betekent dat het belang van de vennootschap voorop moet staan. Corporate governance gaat dus niet alleen om toezicht, maar om de verschillende belangen in en het hele krachtenveld rond de onderneming.'

En als een onderneming geen commissarissen heeft?
Holtzer: 'De beginselen van goed ondernemingsbestuur gelden ook voor ondernemingen zonder commissarissen. Voor familiebedrijven, voor kleine transportbedrijven zonder ondernemingsraad, voor ondernemingen met twee grote aandeelhouders. Die zijn juist gebonden aan de normen die Ellen net noemde. Het is dus onverstandig dat ondernemers verantwoording afleggen niet noodzakelijk vinden.'

Snackfabrikant
Soerjatin: 'Voor het mkb is de term corporate governance misschien niet verhelderend. Het gaat in wezen om verantwoord ondernemerschap en een zorgplicht van het bestuur tegenover de minderheidsaandeelhouders. En als die minderheidsaandeelhouders familieleden zijn, moet de ondernemer extra zorgvuldig handelen.'

Zijn de risico's van slecht bestuur in familiebedrijven groter?
Soerjatin: 'Ja. Vooral familiebedrijven die hard groeien. Ik was eens betrokken bij een zaak van een snackfabrikant. De hele familie werkte mee in de productie en de zus verkocht de snacks aan retailbedrijven. Op een bepaald moment moesten de zaken professioneler worden aangepakt en was er geld nodig.
De financiële positie van het bedrijf was zwak en de bank wilde alleen financieren als de aandeelhouders er zelf geld in stopten. Er kwam dus een externe geldschieter die 49 procent van de aandelen kreeg. De oprichter van het bedrijf beschouwde hem als financier die zich nergens mee mocht bemoeien. Uiteindelijk ontstond er ruzie over de uitkoop van de geldschieter. De partijen werden het niet eens, waarna de oprichter de meerderheid van de aandelen verkocht aan de pensioen-BV van de onderneming. Bovendien kende hij zichzelf een extreem hoog salaris van €300.000 toe. De Ondernemingskamer vond dit wanbeleid en benoemde een tweede, onafhankelijke bestuurder.'

Tabaksblat light?
Hoe voorkom je dat?
Soerjatin: 'We zien nu gelukkig de tendens dat ondernemingsbesturen inzien dat het beter is om advies in te winnen en zaken goed vast te leggen.'

Zou een Tabaksblat 'light' voor het midden- en kleinbedrijf niet veel duidelijker zijn?
Marnix Holtzer: 'Ik zou niet weten hoe zo'n code er uit moet zien. Bedrijven in het mkb zijn zo verschillend. Een eenmanszaak van een loodgieter is heel iets anders dan een net niet-beursvennootschap. Dan zou je de code dus moeten beperken tot een bepaalde groep ondernemers. Het is de vraag of dat de duidelijkheid bevordert. Je kunt dan beter de twee algemene regels voor fatsoenlijk ondernemen als leidraad nemen.'

HET JURIDISCH DAGBLAD, 19 NOVEMBER 2004

Corporate governance in MKB verscherpt

Uit een onderzoek van Pricewaterhouse-Coopers en de Stichting Maatschappij en Onderneming (SMO) blijkt dat het Corporate governancedenken in het middelgrote bedrijfsleven in snel tempo 'verscherpt'. MKB'ers spelen onder meer in op de wensen van de aandeelhouders, zo verklaart Jaap van Manen, partner Corporate Governance bij PwC en hoogleraar aan de Rijksuniversiteit Groningen. Hieronder de belangrijkste onderzoeksresultaten van PwC/SMO.

Bestuurders van middelgrote bedrijven nemen delen van de Code Tabaksblat over om een behoorlijk bestuur en een solide ondernemingsfinanciering te waarborgen. Voor betere controle breiden zij de rol van de Commissaris uit en de directeur-grootaandeelhouder mag worden afgezet bij slecht functioneren.

De belangrijkste conclusies uit het rapport Baas in Eigen Zaak zijn:

1. Ondernemers blaken van zelfvertrouwen als het om bestuur en financiering gaat, maar hebben behoefte aan verbetering van de governancestructuur
2. Ondernemers vinden een strikte code of regelgeving niet gewenst; liever zien ze een beperkte set principes.
3. Een grote meerderheid van de ondernemers vindt dat een aandeelhoudersovereenkomst of een familycharter noodzakelijk is voor een goed ondernemingsbestuur.
4. 85% van de directeuren vindt dat de directeur-grootaandeelhouder moet worden ontslagen als directeur, indien dit in het belang van de onderneming is. De directeur mag nog wel aandeelhouder blijven, maar het bestuur moet hij aan iemand anders overdragen. Een Raad van Commissarissen of de Ondernemingskamer zou dit ontslag moeten voltrekken.

Onderzoeker Jaap van Manen, partner Corporate Governance bij PwC en hoogleraar aan de Rijksuniversiteit Groningen: 'Ondanks dat middelgrote bedrijven niet verplicht zijn de Code Tabaksblat te implementeren, zie je dat zij toch delen overnemen. Zij zien in dat deze implementatie kan bijdragen aan de effectiviteit van commissarissen en directie. Daarnaast spelen zij in op de wensen van aandeelhouders.'

In het onderzoek zijn bestuurders van middelgrote ondernemingen geïnterviewd over onderwerpen als ondernemingsbestuur, aandeelhouderschap, financiering, commissarissen, hun eigen functioneren en werknemers. Het rapport geeft inzicht in de manier waarop verschillende ondernemers in het middelgrote bedrijfsleven over hun ondernemingsbestuur en financiering denken.

Aanleiding voor het onderzoek was de constatering dat een evenwichtige invulling van bestuur en financiering ook bij middelgrote bedrijven een steeds kritischer succesfactor wordt.

8

Samenvatting

Corporate governance in het midden- en kleinbedrijf zal voor de meeste lezers van dit boek in eerste instantie vraagtekens opleveren.
Moeten er regels opgesteld worden voor goed ondernemerschap in het MKB (small business governance)? Echte regels wellicht niet, maar misschien zou het toch een idee zijn om vrijblijvende richtlijnen op te stellen die een hulpmiddel zijn voor de ondernemer in het MKB. Een hulpmiddel dat kan bijdragen aan het succes van een onderneming.

De belanghebbenden bij een MKB-onderneming staan dichter bij de onderneming. Dit kan leiden tot voordelen voor de onderneming doordat men nauw betrokken is bij het wel en wee, maar kan ook leiden tot nadelen: negatieve informatie over de onderneming is snel bekend. De scheiding tussen kapitaalverschaffing en ondernemerschap is beperkt.
Alle elementen van de governance-cirkel zijn door mij geplaatst in het beeld van de MKB-onderneming. Het bestuur van een MKB-onderneming betreft veelal een beperkt aantal bestuurders. Dit stelt aanvullende eisen aan de integriteit van bestuurders.
Beslissingen kunnen verstrekkende gevolgen hebben voor de directe omgeving van de onderneming. De MKB-ondernemer moet, net zoals de bestuurder van een grote onderneming, nadenken over doelstellingen en strategie. Er moet een ondernemingsplan opgesteld worden.
In het MKB moet nadrukkelijk nagedacht worden over de bedrijfsrisico's en de beheersing daarvan. Beheersingsmodellen uit de theorie zoals het COSO ERM-model kunnen uitstekend toepasbaar gemaakt worden voor het MKB. Een goede interne beheersing leidt tot betere resultaten van de onderneming.
De controle in het MKB richt zich op de taken van de externe accountant. Dit omdat er veelal geen sprake zal zijn van een interne controle door middel van een echte auditfunctie. Het middenbedrijf valt onder de controleverplichting van Titel 9 Boek 2 BW. De kleine ondernemingen zijn niet controleplichtig. Voor deze ondernemingen beperken de werkzaamheden van de externe accountant zich tot de samenstelopdracht of soms een vrijwillige controleopdracht.
De informatieverschaffing van het MKB is vanuit Titel 9 Boek 2 BW beperkter van aard als die van grote ondernemingen. Hoewel het beschikbaar stellen van informatie over maatschappelijk verantwoord ondernemen niet verplicht is gesteld, heb ik uitgelegd dat het vaak toch verstandig is om hier aan te werken.
Van echt toezicht op de MKB-onderneming is geen sprake. Benoeming van een raad van commissarissen is uitsluitend verplicht voor grote vennootschappen. De commissaris is in het MKB meer een klankbord voor de directie, een adviseur van de vennootschap.

Vragen en opdrachten

8.1 Wat is geregeld in de Wet BIBOB?

8.2 Leg vanuit het governanceperspectief uit waarom de positie van een aandeelhouder in het midden- en kleinbedrijf veelal afwijkt van een aandeelhouder in een beursgenoteerde onderneming.

8.3 Waarop moet de MKB-ondernemer bedacht zijn bij het doen van een kredietaanvraag?

8.4 Leg de agencytheorie uit in de situatie van bestuurders en aandeelhouders in het midden- en kleinbedrijf.

8.5 Beschrijf in eigen woorden de kenmerkende verschillen tussen het principe van goed bestuur uit de Corporate Governance Code en de toepassing hiervan in het midden- en kleinbedrijf.

8.6 Wat is de termijn voor het benoemen en eventueel herbenoemen van bestuurders in het midden- en kleinbedrijf?

8.7 Wat is de taak van de raad van commissarissen in het midden- en kleinbedrijf met betrekking tot de ondernemingsstrategie, ofwel ten aanzien van belangrijke beslissingen voor het voorbestaan van de onderneming?

8.8 Noem twee andere risicobeheersingsmodellen die in een onderneming toepasbaar zijn.

8.9 Beschrijf kort het nut van externe controle voor een niet-controleplichtige onderneming.

8.10 Kan de accountant die de jaarrekening van een niet-beursgenoteerde onderneming controleert tevens de ondersteunende werkzaamheden verrichten met betrekking tot de financiële administratie?

8.11 Wat is het nut van de management letter van de accountant voor de MKB-ondernemer?

8.12 Noem twee voorbeelden van wetgeving voor informatieverschaffing voor de MKB-onderneming.

8.13 Hoe wordt maatschappelijk verantwoord ondernemen uitgelegd in het midden- en kleinbedrijf volgens een onderzoek van het EIM?

8.14 Is een eenlaags bestuursmodel een wenselijk model voor het midden- en kleinbedrijf?

© Noordhoff Uitgevers bv

9
Regelgeving

'Lest best' is een bekende uitdrukking. Voor de student die zich moet voorbereiden op het examen zal dit laatste hoofdstuk zonder meer voldoen aan deze stelling. In dit hoofdstuk geef ik een chronologisch overzicht van de toepasselijke regelgeving in Nederland en de omringende landen. Helaas is men nog niet zo ver dat er een wereldstandaard is voor regels van goed bestuur. Er zijn door de Organisatie voor Economische Samenwerking en Ontwikkeling (OESO) uitgangspunten opgesteld die door veel landen gevolgd worden, zodat enige vergelijkbaarheid tussen de regelgeving van de belangrijkste economische mogendheden wel aanwezig is. De Verenigde Staten hebben met de SOX-wetgeving gekozen voor een strakke wettelijke regeling. In de Europese landen is gekozen voor op principes gebaseerde regelgeving.

9.1 Nederlandse regelgeving

In de afgelopen vijftien jaar is in Nederland heftig gediscussieerd door betrokken partijen. De overheid heeft eerst zich terughoudend opgesteld en onder de noemer zelfregulering het bedrijfsleven het voortouw laten nemen. Dit leidde echter niet tot een echte naleving van de opgestelde principes van goed bestuur zodat de overheid uiteindelijk toch besloten heeft om een wettelijk kader voor een Nederlandse governancecode te creëren. Een aantal commissies heeft zich bemoeid met de inhoud van de gedragscode; de Commissie Tabaksblat heeft pionierswerk verricht, zij is met de eerste echte code gekomen.

In de tijd zijn de volgende fasen te benoemen, die geleid hebben tot de totstandkoming van de huidige gedragcode:
- april 1996: instelling van de Commissie Peters;
- oktober 1996: presentatie van het conceptrapport;
- juni 1997: presentatie van het definitieve rapport met veertig aanbevelingen;
- 1998: eenmalige monitoring van de naleving van de aanbevelingen;
- december 1998: presentatie van het monitoringsrapport;
- mei 1999: kabinetsreactie op het rapport van de Monitoring Commissie;
- 2002: evaluatie van de veertig aanbevelingen;
- december 2002: rapportage van de evaluatie;
- maart 2003: instelling van de Commissie Tabaksblat;
- juli 2003: presentatie van de conceptcode;
- december 2003: presentatie van de definitieve Corporate Governance Code;
- oktober 2004: eerste monitoringsrapport Corporate Governance Code;
- december 2004: instelling van de permanente Monitoring Commissie met opdracht tot jaarlijkse monitoring;
- juni 2008: presentatie van het evaluatierapport actualisering van de Corporate Governance Code;
- december 2008: presentatie van de aangepaste Corporate Governance Code geldend vanaf 2009.
- december 2016: presentatie van de aangepaste Corporate Governance Code geldend vanaf 2017.

9.1.1 Eerste Commissie Corporate Governance: Commissie Peters

In april 1996 werd de eerste Nederlandse Commissie Corporate Governance, onder voorzitterschap van Jaap Peters, ingesteld. Aanleiding voor de instelling van deze commissie was een wetsvoorstel betreffende de doorbreking van beschermingsconstructies. De commissie kreeg tot taak te onderzoeken of het toenmalige evenwicht tussen toezicht, bestuur en aandeelhouders binnen de beursgenoteerde vennootschappen houdbaar was tegen de achtergrond van de internationalisering van de Nederlandse economie. De Commissie Peters publiceerde in oktober 1996 haar conceptrapport. Over de inhoud van dit conceptrapport werd door de diverse marktpartijen heftig gediscussieerd. De werkgevers wilden niet te veel regels, de belangenorganisatie voor institutionele beleggers wilde strakke regels voor goed bestuur. Na een uitgebreide consultatie werd in juni 1997 het definitieve rapport gepresenteerd. Dit rapport bevatte aanbevelingen om de transparantie over het gevoerde ondernemingsbeleid en de verant-

Commissie Peters

woording daarover te vergroten en om de aandeelhouders meer zeggenschap te geven, zodat zij bij wanbeleid door het bestuur de mogelijkheid kregen om het bestuur naar huis te sturen.

In het rapport werden de contouren van de corporate governance geschetst:
- besturen en beheersen;
- verantwoordelijkheid en zeggenschap;
- verantwoording en toezicht.

Integer bestuur en duidelijkheid in verantwoording werden als uitgangspunten gekozen voor de invulling van de veertig bepalingen voor goed bestuur.
De commissie herkende het verschil in het belang van de actieve kapitaalverschaffer en het belang van de passieve belegger. De in het beleid geïnteresseerde aandeelhouders moesten meer zeggenschap krijgen om in te kunnen grijpen bij wanbeleid. Aandeelhouders, met name de institutionele beleggers, werden opgeroepen om hun stem te laten horen in de aandeelhoudersvergadering. Andere stakeholders moesten meer mogelijkheden krijgen om invloed uit te oefenen op het gevoerde beleid.

De belangrijkste aanbevelingen in dit rapport waren:
- onafhankelijkheid van de raad van commissarissen ten opzichte van de onderneming en de achterban;
- regelmatige verversing van de leden van de raad van commissarissen;
- benoemen van taken van de raad van commissarissen: de benoemingscommissie, de beloningscommissie en de auditcommissie;
- verantwoordelijkheid van het bestuur voor maatregelen van risicobeheersing;
- langetermijnbezit basis voor effectenbezit door bestuurders;
- een oproep aan aandeelhouders om een actieve rol te spelen in de aandeelhoudersvergadering;
- serieuze invloed voor kapitaalverschaffers op bestuursbeslissingen in: het strategisch beleid ten aanzien van groeiperspectief, gekozen bedrijfstakken, risicoprofiel en winstniveau;
- belangrijke wijzigingen in de aard en omvang van de onderneming;
- het dividendbeleid;
- de omvang en samenstelling van het aandelenkapitaal;
- een statutenwijziging;
- het vaststellen en goedkeuren van de jaarrekening;
- het verstrekken van informatie door de bestuurders;
- invloed door certificaathouders van aandelen op de benoeming van het bestuur bij de stichting administratiekantoor;
- het terughoudend zijn in het uitgeven van preferente beschermingsaandelen;
- het instellen van een jaarlijks overleg tussen de externe accountant en de raad van commissarissen (de auditcommissie) waarin de reikwijdte, de planning en bevindingen van de controle aan de orde komen;
- het opstellen van een monitoringsverslag over de toepassing van de corporate governance, waarbij bijzondere aandacht besteed wordt aan:
- het verslag van de raad van commissarissen;
- de bespreking in het jaarverslag van de strategie, het risicoprofiel, de interne beheersing en de naleving van de aanbevelingen van de Commissie Corporate Governance.

De eerste gedragscode (in de vorm van aanbevelingen voor goed bestuur) was een feit, maar naleving van de code was niet wettelijk geregeld. De toepassing van de veertig bepalingen werd in de praktijk dan ook door lang niet alle ondernemingen gevolgd.

Commissie Peters II

Om de naleving van de eerste code te toetsen werd de Monitoring Commissie onder voorzitterschap van Jaap Peters (Commissie Peters II) opgericht. De uitkomsten van de analyse van de naleving werden op 3 december 1998 aan de minister van Financiën aangeboden. De conclusie was dat door de beursgenoteerde vennootschappen redelijk gehoor werd gegeven aan de aanbevelingen; met name de aanbevelingen ten aanzien van de raad van commissarissen werden ter harte genomen. De invloed van de aandeelhouders was echter niet noemenswaardig gewijzigd.

Het kabinet concludeerde dat zelfregulering op een aantal vlakken niet bleek te werken. Daarom stelde het kabinet een aantal wetswijzigingen voor ten aanzien van:

- vergroting van de transparantie van ondernemings- en bestuursgegevens;
- vergroting van de zeggenschap van aandeelhouders; en
- mogelijkheden voor aandeelhouders om deel te nemen aan de besluitvorming op de algemene vergadering van aandeelhouders.

De voorgenomen wetswijzigingen zijn uiteindelijk ingevoerd met de nieuwe structuurwetgeving voor rechtspersonen in 2004.

9

Onderzoek naar corporate governance in Nederland wijst uit: Nederlandse beursfondsen doen niets met aanbevelingen Commissie Peters

Het rapport dat de Commissie voor Corporate Governance (Commissie Peters) in juni 1997 heeft uitgebracht, heeft niet geleid tot waarneembare veranderingen in de corporate governance van Nederlandse beursondernemingen. Uit een onderzoek van onder andere de KUB blijkt dat Nederlandse ondernemingen nagenoeg geen veranderingen in hun governance-structuren hebben doorgevoerd na het verschijnen van dat rapport, waarin 40 aanbevelingen voor de verbetering van governance waren opgenomen. Een belangrijk bijkomend resultaat van de studie is dat het structuurregime een significant negatieve invloed heeft op de financiële prestaties van de ondernemingen.

In Nederland wordt sinds vele jaren een debat gevoerd over de voor- en nadelen van de huidige governance-structuren, waarbij met name wordt gediscussieerd over mogelijke en wenselijke aanpassingen. In 1996 werd in Nederland, in navolging van het buitenland, een Commissie Corporate Governance ingesteld (doorgaans genoemd de Commissie Peters). In juni 1997 heeft die Commissie een lijst van aanbevelingen gepubliceerd in haar rapport getiteld 'Corporate Governance in Nederland: De Veertig Aanbevelingen'. Daarin werden verschillende aanknopingspunten gegeven voor het verbeteren van governance in Nederlandse ondernemingen. Het uitgangspunt van het rapport is zelfregulering door de beursfondsen. Doordat de Commissie het initiatief aan de ondernemingen laat, is het noodzakelijk de veranderingen te meten.

De effecten van de Commissie Peters zijn voor de voltallige Nederlandse populatie van niet-financiële beursondernemingen onderzocht door dr. A. de Jong (Katholieke Universiteit Brabant), prof. dr. D.V. DeJong (University of Iowa, U.S.A.), prof. dr. G. Mertens (Universiteit Nijenrode) en prof. dr. C. Wasley (University of Rochester, U.S.A.). Ten eerste toont de studie aan dat het rapport van de Commissie Peters niet heeft geleid tot waarneembare veranderingen binnen Nederlandse beursondernemingen.
Ten tweede is in het onderzoek nagegaan of de invloed van governance-structuren op de financiële prestaties is veranderd (prestaties zijn gemeten als de q-ratio, een waardemaatstaf en variant van de marktwaarde/boekwaarde-ratio). Dat bleek niet het geval. Ten derde toont het onderzoek aan dat aandeelhouders niet positief hebben gereageerd op de aankondigingen rondom de totstandkoming en publicatie van het rapport.

Door middel van een event-study is gemeten of er sprake was van aankondigingseffecten rondom ontwikkelingen op het gebied van governance in Nederland. Uit de marktreacties blijkt dat de Commissie Peters naar verwachting van investeerders geen wezenlijke invloed op de ondernemingen heeft. Alleen de bekendmaking van de resultaten van de Monitoring Commissie heeft geleid tot een significante marktreactie, die echter negatief was. Hieruit kan worden geconcludeerd dat algemeen gesproken teleurstellend is gereageerd op de mate waarin zelfregulering leidt tot veranderingen in corporate governance.

De situatie in Nederland contrasteert met de invloed die de Cadbury Committee in haar rapport uit 1992 heeft gehad in het Verenigd Koninkrijk. Reeds na een jaar had 73% van de ondernemingen minstens vier van de zes aanbevelingen opgevolgd. Hoewel het rapport van Cadbury evenals het rapport van Peters gebaseerd is op zelfregulering, zijn de gevolgen sterk verschillend. Een belangrijk verschil tussen het Verenigd Koninkrijk en Nederland is de inspraak door aandeelhouders. Doordat in Nederland aandeelhouders relatief weinig invloed op de leiding kunnen uitoefenen, als gevolg van bijvoorbeeld het structuurregime en certificering, worden veranderingen in governance grotendeels overgelaten aan de ondernemingsleiding. Naar verwachting is dit een belangrijke oorzaak voor het uitblijven van verandering in de governance van de Nederlandse beursfondsen.

Een belangrijk bijkomend resultaat van de studie is dat het structuurregime een significant negatieve invloed heeft op de financiële prestaties van de ondernemingen. Volgens de studie is de q-ratio 22% lager in ondernemingen onder het verplichte structuurregime, in vergelijking met andere beursondernemingen. Deze resultaten contrasteren met het op 5 januari 2001 gepubliceerde ontwerpadvies van de SER over het functioneren en de toekomst van de structuurregeling, waarin wordt vermeld dat empirisch onderzoek geen aanwijzingen oplevert voor het bestaan van een negatieve invloed van het structuurregime op ondernemingsprestaties.

Bron: persbericht van de Universiteit van Tilburg, 10 januari 2001

9.1.2 Tweede Commissie Corporate Governance Code: Commissie Tabaksblat

Commissie Tabaksblat

Nederlandse Corporate Governance Code

Mede op uitnodiging van de minister van Financiën werd in 2003 een commissie onder leiding van Morris Tabaksblat ingesteld om een code te ontwikkelen voor de verbetering van corporate governance. Op 9 december 2003 publiceerde de Commissie Tabaksblat de definitieve Nederlandse Corporate Governance Code. Deze code is een gedragscode voor de Nederlandse beursvennootschappen.
De nieuwe gedragscode is op 1 januari 2004 in werking getreden. Deze code is in art. 2:391 lid 4 BW aangewezen als de Nederlandse Corporate Governance Code.

De code bevat principes voor goed bestuur, voor het toezicht op het dagelijks bestuur, voor de beloning van bestuurders en commissarissen, voor de aandeelhouders en de externe accountant. De code schrijft bijvoorbeeld voor dat een commissaris niet meer dan vijf verschillende commissariaten mag hebben, bestuurders worden nog maar benoemd voor een termijn van vier jaar en de 'gouden handdruk' mag maximaal één jaarsalaris bedragen. Bij de code geldt de regel 'pas toe of leg uit': beursgenoteerde ondernemingen moeten in het jaarverslag aangeven of zij de codevoorschriften toepassen en zo niet, waarom niet. Deze regel is wettelijk verankerd.

Ik geef de belangrijkste uitgangspunten van de code.

Voor de raad van bestuur geldt:

- Een bestuurder wordt benoemd voor een periode van maximaal vier jaar, welke termijn telkens voor maximaal vier jaar kan worden verlengd. Om dit mogelijk te maken, adviseert de commissie bestuurders niet langer de status van werknemer te geven.
- Een bestuurder bezit niet meer dan twee commissariaten bij beursgenoteerde vennootschappen of andere grote rechtspersonen. Een bestuurder is geen voorzitter van de raad van commissarissen bij een andere beursgenoteerde vennootschap of andere grote rechtspersonen.
- Het bestuur is verantwoordelijk voor het beheersen van de risico's die zijn verbonden aan de doelstellingen van de vennootschap en voor de strategie om die doelstellingen te realiseren.
- Het bestuur rapporteert jaarlijks over de werking van het interne risicobeheersings- en controlesysteem, onder andere met betrekking tot significante wijzigingen en geplande verbeteringen.
- Opties aan bestuurders worden voorwaardelijk toegekend. Ze worden pas onvoorwaardelijk als bestuurders de vooraf vastgestelde prestatiecriteria hebben gerealiseerd.
- Aandelen die via een aandelenregeling zijn verkregen, moeten worden aangehouden tot ten minste het einde van het dienstverband.
- De looptijd van opties wordt beperkt tot maximaal zeven jaar.
- Een bestuurder belegt, naast eventueel in aandelen in de eigen vennootschap, uitsluitend in beursgenoteerde beleggingsfondsen of draagt het vrije beheer van zijn portefeuille over aan een onafhankelijke derde.
- De maximale vergoeding bij ontslag is eenmaal het jaarsalaris, ongeacht de lengte van het dienstverband.
- De hoogte van een tevoren overeengekomen ontslagvergoeding wordt in het jaarverslag vermeld.

Voor de raad van commissarissen geldt:

- Iedere commissaris moet geschikt zijn om de hoofdlijnen van het totale beleid te beoordelen. Daarnaast moet iedere commissaris over de specifieke deskundigheid beschikken die noodzakelijk is voor de vervulling van zijn taak, binnen zijn rol in het kader van de profielschets van de raad.
- Alle commissarissen moeten zich actief opstellen om aan voldoende informatie te komen die nodig is voor een goede oordeelsvorming.
- Alle commissarissen volgen na benoeming een introductieprogramma, waarin in ieder geval aandacht wordt besteed aan algemene financiële en juridische zaken, aan de specifieke aspecten die eigen zijn aan de desbetreffende vennootschap en aan de verantwoordelijkheden van een commissaris. De raad van commissarissen beoordeelt jaarlijks op welke onderdelen commissarissen gedurende hun benoemingsperiode behoefte hebben aan nadere training of opleiding.
- Een persoon kan maximaal vijf commissariaten vervullen, waarbij het voorzitterschap dubbel telt.
- Een commissaris kan maximaal driemaal voor een periode van vier jaar zitting hebben in de raad van commissarissen.
- De raad van commissarissen dient jaarlijks een remuneratierapport op te maken, waarin uitgebreide informatie is opgenomen over het te voeren bezoldigingsbeleid voor bestuurders. Dit rapport wordt ter goedkeuring voorgelegd aan de aandeelhoudersvergadering.
- De raad van commissarissen is het vaste aanspreekpunt van de externe accountant.
- Het voorzitterschap van de auditcommissie wordt niet vervuld door de voorzitter van de raad van commissarissen, noch door een voormalig bestuurder van de vennootschap.
- Ditzelfde geldt voor het voorzitterschap van de remuneratiecommissie, waarbij bovendien ook een commissaris die bestuurder is bij een andere beursgenoteerde vennootschap, is uitgesloten.
- De voorzitter en de voltallige raad van commissarissen worden ondersteund door de secretaris van de vennootschap. De secretaris van de vennootschap wordt benoemd en ontslagen door de raad van commissarissen, op voorstel van de raad van bestuur.
- De code geeft gedetailleerde bepalingen voor de werkzaamheden van de commissies uit de raad van commissarissen.

Voor aandeelhouders geldt:

- Aandeelhouders kunnen gemakkelijker slecht functionerende bestuurders en commissarissen ontslaan en voordrachten tot benoeming van een commissaris en bestuurder doorbreken.
- Certificering van aandelen wordt niet gebruikt als beschermingsmaatregel. Onder alle omstandigheden en onbeperkt moet het administratiekantoor desgevraagd stemvolmachten geven. Het bestuur van het administratiekantoor geniet het vertrouwen van de certificaathouders.
- Besluiten over belangrijke acquisities of afstotingen zijn aan goedkeuring van de aandeelhoudersvergadering onderworpen.
- Het reserverings- en dividendbeleid wordt als agendapunt op de jaarvergadering opgevoerd en wijzigingen in dit beleid worden voorgelegd aan de vergadering.
- Institutionele beleggers publiceren jaarlijks hun beleid ten aanzien van het uitoefenen van stemrecht op aandelen die zij in beursgenoteerde

ondernemingen houden en verklaren desgevraagd hoe in concrete gevallen is gestemd.
- Alle vennootschappen moeten hun aandeelhouders de mogelijkheid bieden op afstand te stemmen en stemvolmachten en -instructies te werven.
- Als het wettelijk mogelijk is geworden, moeten de aandeelhouders elektronische faciliteiten krijgen voor stemmen op afstand via websites.
- De aandeelhoudersvergadering moet via webcast voor aandeelhouders toegankelijk zijn.

Voor de financiële verslaggeving geldt:
- Het bestuur is verantwoordelijk voor de kwaliteit en volledigheid van de openbaar gemaakte financiële berichten.
- De raad van commissarissen houdt toezicht op het volgen van de interne procedures bij het opstellen en publiceren van alle financiële berichten.
- Aan de accountant kunnen tijdens de aandeelhoudersvergadering vragen worden gesteld over de getrouwheid van de jaarrekening.
- De accountant woont de vergaderingen van de auditcommissie en van de raad van commissarissen bij, waarin over de periodieke financiële externe verslaggeving wordt besloten.
- De code geeft aanwijzingen voor de inhoud van het verslag van de externe accountant aan het bestuur en de raad van commissarissen.

Voor de openbaarmaking, naleving en handhaving van corporate governance geldt:
- Het bestuur en de raad van commissarissen zijn verantwoordelijk voor de corporategovernancestructuur van de vennootschap en de naleving van de Corporate Governance Code.

9.1.3 Monitoring Commissie: Commissie Frijns

Nu de Nederlandse corporate governance een maatschappelijke status heeft verkregen doordat deze in de wetgeving is aangehaald, is de actualiteit en bruikbaarheid van de code zeer essentieel voor de naleving daarvan.

Monitoring Commissie Corporate Governance Code

Commissie Frijns

Om de naleving door de Nederlandse beursgenoteerde vennootschappen te bewaken, is in december 2004 de Monitoring Commissie Corporate Governance Code geïnstalleerd. Deze commissie wordt ook wel de Commissie Frijns genoemd. Deze Monitoring Commissie heeft in de periode 2005-2007 drie rapporten uitgebracht over de naleving van de code. Daarnaast heeft zij, mede naar aanleiding van vragen uit het kabinet, in mei 2007 een advies uitgebracht over de rol van aandeelhouders.
In het advies concludeert de commissie dat Nederlandse vennootschappen aantrekkelijk dienen te blijven voor (buitenlandse) beleggers. Tegelijkertijd moet voorkomen worden dat de bedrijven speelbal worden van kortetermijnbeleggingsstrategieën op de financiële markten.

Aanbevelingen van de commissie
Een toenemend gebruik van (structurele) beschermingsmaatregelen is volgens de commissie geen adequaat middel de beschreven doelstellingen te bereiken. Nadere spelregels voor zorgvuldige processen tussen de vennootschap en haar aandeelhouders en een betere belangenafweging door het bestuur zijn dat wel. Daarom heeft de commissie de wetgever aanbevolen om:

- de drempel voor de melding van de zeggenschap te verlagen naar drie procent;
- het wettelijk mogelijk te maken om aandeelhouders te identificeren;
- een verplichting te introduceren tot melding van intenties van aandeelhouders bij vijf procent;
- de drempel voor het agenderingsrecht te verhogen naar drie procent.

Actualisering Nederlandse Corporate Governance Code 2008
In 2008 heeft de Monitoring Commissie voorstellen gedaan tot verbetering van de code. Na de analyse van de door belanghebbenden ingebrachte commentaren is in december 2008 de gewijzigde code gepresenteerd. De commissie heeft de code op de volgende punten gewijzigd:
- Het belang van integraal risicomanagement wordt meer benadrukt. Dit begint met het beoordelen van de risico's verbonden aan de strategie en de financiële structuur van de vennootschap. Vervolgens gaat het om de opzet en werking van een adequaat intern risicobeheersingssysteem. De risicorapportage en de verantwoording vormen het sluitstuk van dit proces. De raad van commissarissen is nauw betrokken bij de strategiefase en ziet toe op de kwaliteit van de interne risicobeheersing en de verantwoording daarover.
- Een 'responstijd' voor het bestuur is 180 dagen wanneer de vennootschap wordt geconfronteerd met een aandeelhouder die strategiewijziging wil bewerkstelligen.
- De code geeft gedragsregels voor het bestuur en de raad van commissarissen in overnamesituaties.
- Het bestuur en de raad van commissarissen besteden bij hun taakuitoefening aandacht aan de voor de onderneming relevante maatschappelijke aspecten van ondernemen.
- Bij de vaststelling van bestuurdersbeloningen worden de beloningsverhoudingen binnen de onderneming meegewogen. Vaste en variabele beloning staan onderling in een passende verhouding.
- Variabele beloning is gebaseerd op langetermijndoelstellingen. Bij de vaststelling ervan worden ook relevante niet-financiële indicatoren meegewogen. Bovendien moet de beloning in overeenstemming zijn met het risicoprofiel van de vennootschap.
- De raad van commissarissen heeft een sterkere greep op de beloning van bestuurders (door middel van scenarioanalyses, een redelijkheidstoets en de clawback-clausule). De transparantievoorschriften voor bestuurdersbeloningen zijn vereenvoudigd.
- In de profielschets wordt een concrete doelstelling genoemd ten aanzien van diversiteit in de samenstelling van de raad van commissarissen. De raad van commissarissen legt in zijn verslag hierover verantwoording af en, voor zover de doelstelling nog niet is bereikt, hoe en op welke termijn hij verwacht dit te realiseren.
- Een aandeelhouder wordt geacht zich naar de maatstaven van redelijkheid en billijkheid te gedragen. Vanuit deze verantwoordelijkheid geeft hij onder meer invulling aan zijn stemrecht.

9

Actualisering Nederlandse Corporate Governance Code 2016
In 2016 heeft de monitoringcommissie, onder voorzitterschap van Jaap van Maanen, belangrijke voorstellen gedaan voor een hernieuwde code. Na consultatie onder de belanghebbenden is de nieuwe code in december 2016 gepubliceerd. De belangrijkste vernieuwing is het centraal stellen van

langetermijnwaardecreatie en de introductie van cultuur als onderdeel van goede corporate governance. Daarnaast is de Code op veel andere punten geactualiseerd.

De hoofdpunten van de herziening ten opzichte van de Code die in 2008 is vastgesteld, zijn de volgende:

- Het formuleren en implementeren van een visie op langetermijnwaardecreatie vraagt van bestuurders en commissarissen dat zij duurzaam handelen door bewuste keuzes te maken over de houdbaarheid van de strategie op de lange termijn. Aandacht voor waardecreatie op de lange termijn is een continu proces waar zowel de afweging van de belangen van de stakeholders als de verantwoording over de gemaakte keuzes essentiële onderdelen zijn. Bewustzijn van en anticiperen op innovaties en nieuwe businessmodellen is essentieel om ambities waar te maken, kansen te kunnen grijpen en ontwrichting te voorkomen.
- De introductie van cultuur in de Code verlangt van bestuurders en commissarissen dat zij een cultuur creëren die het gewenste gedrag en integer handelen binnen de onderneming stimuleert. Concreet betekent dit dat waarden dienen te worden geformuleerd die passen in de visie van de onderneming. Van het bestuur wordt gevraagd gedrag te stimuleren dat aansluit bij deze waarden en door het tonen van voorbeeldgedrag deze waarden ook actief uit te dragen.
- Inzage geven in de kwaliteit van de systemen voor beheersing van risico's vormt een belangrijk onderdeel van de Code. Nieuw ten opzichte van de in 2008 vastgestelde Code is dat het bestuur bij de verantwoording over risicobeheersing vooruitblikt welke risico's van invloed zijn op de continuïteit van de vennootschap. Ook is de verklaring van het bestuur niet langer enkel gekoppeld aan de financiële verslaggevingsrisico's, maar gericht op alle gesignaleerde materiële risico's. Deze benadering sluit aan bij recente ontwikkelingen richting een meer integrale benadering, bijvoorbeeld integrated reporting, waarbij ondernemingen (meer) rekening houden met en transparantie bieden over de risico's, kansen en doelstellingen op het gebied van niet-financiële aspecten van ondernemen.
- Om de interne audit functie, als onderdeel van het risico management systeem, te versterken wordt de raad van commissarissen nauwer betrokken bij de benoeming, de beoordeling en eventueel het ontslag van de leidinggevende internal auditor. Uitgangspunt in de Code is en blijft dat vennootschappen een interne auditor benoemen en een interne audit dienst inrichten. Indien een vennootschap niet aan dit uitgangspunt voldoet, wordt van de raad van commissarissen verwacht dat zij beoordeelt of adequate alternatieve maatregelen zijn getroffen en uitlegt waarom daarmee kan worden volstaan.
- In de onderdelen van de Code die betrekking hebben op inrichting van het bestuur en de raad van commissarissen zijn nieuwe accenten aangebracht die bijdragen aan de bestaande checks and balances, goed ondernemingsbestuur en onafhankelijk toezicht. Diversiteit in de raad van commissarissen en in het bestuur, wat betreft geslacht, deskundigheid, competenties en achtergrond, draagt bij aan zorgvuldige besluitvorming. Meer transparantie wordt verlangd over de doelstellingen, genomen maatregelen en resultaten.

- De benoemingstermijn van commissarissen is aangepast waarbij twee termijnen van vier jaar het uitgangspunt is. Verlenging is mogelijk met twee nieuwe termijnen van twee jaar, mits gemotiveerd in het verslag van de raad van commissarissen.
- Nieuw is de aandacht die de Code besteedt aan het executive committee. Indien een onderneming werkt met een executive committee dan dient dit te worden aangegeven in het jaarverslag en daarnaast zal ook aandacht moeten worden besteed aan de wijze waarop het contact tussen de raad van commissarissen en het executive committee is vormgegeven.
- Het aantal bepalingen over het onderwerp beloningen is ten opzichte van de in 2008 vastgestelde Code teruggebracht en minder op details gericht. Het beloningsbeleid van de vennootschap dient duidelijk en begrijpelijk te zijn. Bij het vaststellen van de beloning geeft de raad van commissarissen bovendien rekenschap van de mate waarin de beloning aansluit bij lange termijn waardecreatie en de maatschappelijke context. Bij het vaststellen van de beloning betrekt de raad van commissarissen de visie van de bestuurder. Van de bestuurder wordt verwacht dat vanuit een breed perspectief naar de eigen beloning wordt gekeken. Door deze aanpassingen in de Code is er meer verantwoordelijkheid voor beloningen bij bestuurders en commissarissen gelegd.
  Aan het remuneratierapport is als nieuw onderdeel toegevoegd het inzage geven in de interne beloningsverhoudingen en de toelichting of er wijzigingen zijn in deze verhoudingen ten opzichte van het voorgaande boekjaar. Het is aan de vennootschap om voor de vergelijking een representatieve referentiegroep te bepalen.
- De Code is toegeschreven op vennootschappen met een two-tier bestuursstructuur, maar is ook van toepassing op vennootschappen met een one-tier bestuursstructuur. Net als in de Code 2008 zijn één principe en enkele best practice bepalingen opgenomen die specifiek van toepassing zijn op deze governance structuur. Deze komen in een apart hoofdstuk in de Code aan bod.
- Ten aanzien van de algemene vergadering zijn minimale wijzigingen aangebracht. Zowel op nationaal als Europees niveau zijn er veel ontwikkelingen gaande, bijvoorbeeld voor wat betreft de positie en rechten van aandeelhouders, waarvan de uitkomsten op dit moment nog niet vaststaan. Ingrijpende inhoudelijke wijzigingen acht de Commissie op dit moment dan ook nog te voorbarig.

9.2 Internationale governanceregels

De wereld is in de loop der eeuwen steeds kleiner geworden. Natuurlijk niet in omvang, oppervlakte of doorsnede, maar wel in bereisbaarheid, samenwerking en economische samenhang. Ondernemingen werkten in het verleden uitsluitend lokaal. Een reis van Amsterdam naar Zaandam nam een halve dag in beslag. Goederen werden geleverd met de handkar of de luxe paard-en-wagen. Mensen leefden in hun eigen omgeving en hadden een beperkt beeld van de wereld om hen heen. Zo kon Jan Heijn in 1889 niet vermoeden dat er als gevolg van de overname van de kruidenierswinkel in Oostzaan door zijn zoon Albert ruim een eeuw later, een multinational zou ontstaan die vestigingen zou hebben over de gehele wereld; had hij dat kunnen vermoeden dan was de overnamesom ongetwijfeld hoger geweest dan de overeengekomen 4.600 gulden. Ahold is thans een onderneming met een omzet van meer dan 6 miljard euro.

Doordat mensen nu in een mondiale omgeving leven, gaan gebeurtenissen in de wereld niet langer aan hen voorbij. Beslissingen die elders in de wereld genomen worden, hebben invloed op hun dagelijks bestaan. Internationale ontwikkelingen zijn van invloed op het ondernemingsklimaat in Nederland. Met name de beursgenoteerde ondernemingen zoals Ahold ondervinden de gevolgen van internationale ontwikkelingen. Albert Heijn jr. heeft in de afgelopen jaren aan den lijve ondervonden hoe complex het besturen van een internationaal georiënteerde onderneming is. Grootvader Jan kende in 1880 elke klant persoonlijk en wist precies welke producten in de schappen moesten staan om ervoor te zorgen dat de klant tevreden was. Misschien was zijn vrouw wel de meest kritische toezichthouder op het dagelijks bestuur; in de moderne ondernemingsstructuur is gekozen voor een toezichtmodel middels een raad van commissarissen.

Overnamebeleid, financiering, interne controle, hebzucht, belangenconflicten enzovoort zijn oorzaken van de stijging van het aantal wetten, codes, afspraken, gebruiken en theorieën die het machtsprobleem in de onderneming moeten regelen. Incidenten dragen bij aan de behoefte tot ontwikkeling van normen voor goed bestuur, adequaat toezicht en interne en externe verantwoording. Hierdoor ontstaan duidelijkheid en houvast voor de wijze waarop het werk moet worden uitgevoerd en verantwoording dient te worden afgelegd. In veel westerse landen zijn daarvoor corporategovernancecodes opgesteld.
In de Verenigde Staten de Sarbanes-Oxley Act, in Groot-Brittannië de Combined Code en in Duitsland de Deutscher Corporate Governance Kodex.
De corporategovernancecodes zijn gebaseerd op principes, uitgangspunten van goed bestuur. De Britse Combined Code hanteert 'main and supporting principles and provisions', de Nederlandse Code Tabaksblat heeft het over principes en bestpracticebepalingen en toelichtingen, de Duitse Cromme Kodex houdt het op 'Empfehlungen' en 'Anregungen' en de in maart 2006 goedgekeurde Italiaanse Codice di Autodisciplina delle Società quotate spreekt van 'principi', 'criteri applicativi' en 'commento'.

9.2.1 Corporate governance in Groot-Brittannië

Groot-Brittannië was voorloper op het gebied van corporategovernanceregelgeving.

Cadbury Code

Commissie Cadbury

In december 1992 is het rapport van de Commissie Cadbury (verschenen, naar aanleiding van enkele accountingschandalen in Groot-Brittannië. Het rapport is genoemd naar Sir Cadbury.

Sir Cadbury had een onderscheiding ontvangen voor zijn rol als pionier in corporate governance. De 74-jarige Sir Cadbury startte zijn carrière bij de Britse chocoladefabrikant Cadbury Limited, het bedrijf dat zijn overgrootvader John in 1831 had opgericht. In 1965 werd hij voorzitter van Cadbury, dat hij in 1969 fuseerde met de drankenfabrikant Schweppes. Hij bleef voorzitter van Cadbury Schweppes tot 1989.

Daarna bouwde hij een tweede carrière op als een van de grondleggers van deugdelijk bestuur. Hij was voorzitter van de Britse commissie voor corporate governance.
De commissie kwam er in reactie op de schandalen die de Londense City begin jaren negentig van de vorige eeuw teisterden, de plotse ondergang van het conglomeraat Polly Peck en de plundering van het pensioenfonds van de Mirror-krantengroep door de mediamagnaat Robert Maxwell.

Het rapport mondde uit in de zogenoemde Cadbury Code, die voor Britse beursgenoteerde ondernemingen de basisprincipes vastlegde voor deugdelijk bestuur.
De Britse financiële markten wisten de afgelopen jaren grote fraudeschandalen te voorkomen. Daarbij groeide vooral de Cadbury Code uit tot een rolmodel voor de rest van de wereld.

Cadbury Code

Volgende rapporten

Met als uitgangspunt de in 1992 door de Commissie Cadbury opgemaakte gedragregels, werd in juni 1998 de Combined Code van de London Stock Exchange gepubliceerd.
Het Institute of Chartered Accountants heeft de aanbevelingen uit de Combined Code verder uitgewerkt in het in september 1999 gepubliceerde Turnbull Report. In dit rapport wordt uitgelegd op welke wijze beursgenoteerde ondernemingen de interne controle kunnen invoegen in hun bestaande managementinformatiesystemen.

Combined Code van de London Stock Exchange

Turnbull Report

Een chronologische opsomming van de belangrijkste rapporten met gedragscodes in Groot-Brittannië is:

- Cadbury Report (The Financial Aspects of Corporate Governance eerste gedragscode voor Engeland), december 1992;
- Greenbury Report (Study Group on Directors' Remuneration), juli 1995;
- Hampel Report (eerste Combined Code), 1998;
- Turnbull Report (Guidance for Directors on the Combined Code), september 1999;
- Combined Code on Corporate Governance, versie juni 2009.

Combined Code on Corporate Governance

9.2.2 Principles of Corporate Governance van de OECD

Zes jaar na het verschijnen van de Cadbury Code ontstond de Azië-crisis, die stimuleerde tot het opstellen van de Principles of Corporate Governance van de Organisatie voor Economische Samenwerking en Ontwikkeling (OESO), die in april 1999 werden gepubliceerd. Deze richtlijnen staan model voor de landen die bij deze organisatie zijn aangesloten. Zij kunnen deze principles gebruiken om hun nationale corporategovernancecode in te vullen. De richtlijnen van de OESO kunnen worden onderverdeeld in vijf hoofdgroepen, namelijk:

1 de openbaarmaking en transparantie;
2 de verantwoordelijkheden van de bestuurders;
3 de rechten van de aandeelhouders;
4 een gelijke behandeling van aandeelhouders (certificaathouders en houders van aandeelbewijzen);
5 de rol van stakeholders in het corporategovernanceproces; ondernemingsleiding (board of directors).

Organisatie voor Economische Samenwerking en Ontwikkeling

Ook de Nederlandse Code Tabaksblat is geënt op de OESO Principles of Corporate Governance. Het ministerie van Financiën en het ministerie van Justitie zijn nauw betrokken bij het corporategovernancewerk van de OESO. De principes behoren tot de twaalf algemeen geaccepteerde standaarden van het Financial Stability Board (FSB) die financiële stabiliteit nastreven. Ze vormen de basis voor de corporategovernancecomponent van het Report on the Observance of Standards and Codes of the World Bank Group.

OESO-richtlijnen

De OESO-richtlijnen voor multinationale ondernemingen zijn aanbevelingen van alle deelnemende regeringen voor het gedrag van ondernemingen in het internationale verkeer. De richtlijnen bevatten een breed assortiment aanbevelingen van de overheid aan bedrijven met betrekking tot hun investerings -en handelsrelaties. De aanbevelingen betreffen onder andere arbeidsvraagstukken, milieu, corruptiebestrijding, consumentenbelangen, wetenschap en technologie, mededinging en belastingen.
De OESO-richtlijnen voor multinationale ondernemingen zijn in 2000 herzien in het OESO-investeringscomité. Sindsdien zijn Nationale Contactpunten (NCP's) opgericht, die tot doel hebben de richtlijnen bekend te maken bij het nationale bedrijfsleven om zo maatschappelijk verantwoord ondernemen te stimuleren. Als een belangenorganisatie constateert dat een bedrijf deze richtlijnen schendt, kan zij dit onder overlegging van de bewijsvoering aan het NCP melden. Het NCP zal dan deze zaak onderzoeken en proberen om partijen tot elkaar te brengen. Komen zij niet tot overeenstemming, dan kan het NCP desnoods eenzijdig een uitspraak doen over de mate waarin het bedrijf in kwestie zich aan de richtlijnen heeft gehouden.
De richtlijnen worden gesteund door OESO-landen, een groeiend aantal niet-OESOleden, BIAC (vertegenwoordigers bedrijfsleven), TUAC (vertegenwoordigers vakbonden) en OECD Watch.

9.2.3 Corporate governance in België

Het Belgische antwoord op de crisis bestond onder meer uit de uitvaardiging van de wet van 2 augustus 2002 (de Wet Corporate Governance), tal van wetsontwerpen en wetsvoorstellen om de inrichting van auditcomités te verplichten en bestuurdersbezoldigingen bloot te leggen en last but not least, twee corporategovernancecodes.

Code Lippens

In december 2004 stelde de Commissie Corporate Governance haar rapport voor beursgenoteerde vennootschappen (Code Lippens) op. Het lag in de bedoeling van de commissie om de code regelmatig te herzien en bij te werken. In 2009 is onder voorzitterschap van Herman Daems de gewijzigde code gepubliceerd.

Code Buysse

In België heeft men ook een gedragscode voor niet-beursgenoteerde ondernemingen opgesteld, de Code Buysse. Nadat de ontwerpcode in maart 2005 was bekendgemaakt en het voorwerp van consultatie uitmaakte, verscheen in september 2005 de leidraad voor niet-genoteerde vennootschappen. De Code Buysse legt minder de nadruk op de openbaarmaking van corporate-governanceverklaringen. De code speelt evenwel een belangrijke rol in de bewustwording en bewustmaking rondom deugdelijk besturen bij niet-genoteerde vennootschappen.

Een chronologische opsomming van de belangrijkste rapporten en codes:
- Corporate Governance VBO (Verbond van Belgische Ondernemingen), 1998;
- Commissie Cardon (Code Cardon), december 1998;
- Belgische Corporate Governance Code (Code Lippens), december 2004;
- Code Buysse: voor niet-beursgenoteerde ondernemingen, september 2005;
- Code Corporate Governance, versie maart 2009.

9.2.4 Corporate governance in Frankrijk

De bestuursstructuur is in Frankrijk gebaseerd op het Angelsaksische model. De toezichtfunctie en de dagelijkse bestuursfunctie zijn beide vertegenwoordigd in de Conseil d'administration (board of directors).
In juli 1995, toen privatisering van staatsbedrijven hoog op de agenda stond, werd in Frankrijk de eerste corporategovernancecode, het Rapport Viénot I (Code Viénot) gepubliceerd. Hierin werd geen scheiding tussen toezicht (non-executives) en uitvoering (executives) geregeld. De bestuursvoorzitter kon tevens uitvoerende bestuursfuncties verrichten. In 1999 volgde een aanpassing van deze eerste code in de vorm van het Rapport Viénot II. Hierin werd de scheiding tussen toezicht en uitvoeren wel geregeld, zij het op basis van keuzevrijheid. Slechts een beperkt aantal Franse ondernemingen voerde deze scheiding door. In 2001 is de keuzevrijheid voor het al of niet combineren van functies in de Franse wetgeving opgenomen. Het was duidelijk, de Fransen hadden geen behoefte aan een strikte regelgeving.

Code Viénot

In september 2002 werd een werkgroep onder voorzitterschap van de heer Bouton ingesteld.
Uitgangspunt blijft de ongedeelde board of directors.

Een chronologische opsomming van de belangrijkste rapporten en codes is:
- Rapport Viénot I (Code Viénot), juni 1995;
- Rapport Viénot II (aangepaste Code Viénot), juli 1999;
- Rapport Bouton (Pour un meilleur gouvernement des entreprises cotées), september 2002;
- Recommandations sur le gouvernement d'entreprise, maart 2004;
- Code de gouvernement d'entreprise des sociétés cotées, 2009.

Code de gouvernement d'entreprise des sociétés cotées

9

9.2.5 Corporate governance in Duitsland

De Duitse overheid heeft de regelgeving voor goed ondernemersbestuur zo veel mogelijk in de wet vastgelegd. De Gesetz zur Kontvolle und Transparenz im Unternehmensbereich (KonTraG) is op 1 mei 1998 in Duitsland ingevoerd en handelt over de beheersing (control) en transparantie van beursgenoteerde ondernemingen. In juni 2000 is de eerste versie van de Deutscher Corporate Governance Kodex gepubliceerd. Een belangrijke wijziging daarop kwam in februari 2002 (Cromme Kodex). Het Duitse model gaat uit van een raad van commissarissen als toezichthouder op het dagelijks bestuur.

Cromme Kodex

Een chronologische opsomming van de belangrijkste data voor de Duitse Corporate Governance Code is:

- Deutscher Corporate Governance Kodex, 6 juni 2000;
- amendement op de Deutscher Corporate Governance Kodex (Cromme Kodex), versie 26 februari 2002;
- Deutscher Corporate Governance Kodex, versie 6 juni 2008.

9.2.6 Corporate governance in de Verenigde Staten

Door de grote beursschandalen voelde de Amerikaanse overheid zich genoodzaakt om strakke wetgeving op te stellen. Van oudsher is de particuliere belegger zeer actief op de Amerikaanse aandelenbeurs. De pensioenen van de individuele burger worden vaak belegd in aandelen van grote ondernemingen. Om de belangen van de belegger veilig te stellen ontstond een grote behoefte aan duidelijke regels voor informatieverschaffing door ondernemingen.

Sarbanes-Oxley Act

Public Company Accounting Oversight Board

Op 30 juli 2002 werd de Sarbanes-Oxley Act door de President van de Verenigde Staten ondertekend. Op grond van deze wet is een nieuw toezichthoudend orgaan voor de accountantsbranche opgericht, een zogenoemde Public Company Accounting Oversight Board. (Enigszins vergelijkbaar met het toezicht door de Nederlandse AFM.) De activiteiten van het toezichthoudende orgaan worden gefinancierd door de ondernemingen zelf. Accountantskantoren moeten zich bij deze toezichthouder laten registreren.
De wet legt tal van regels op aan bedrijven die aan een Amerikaanse beurs genoteerd zijn (en haar buitenlandse filialen), en aan buitenlandse bedrijven met een genoteerde vestiging (zoals Ahold, Delhaize of Arcadis). In 69 artikelen tracht de wet deugdelijk ondernemingsbestuur af te dwingen en nieuwe schandalen te voorkomen.

De belangrijkste onderdelen van de Sarbanes-Oxley Act zijn art. 302 en 404:

- Art. 302 gaat over de controle op de verspreiding van informatie. Het bestuur dient zorg te dragen voor beheersing van informatiestromen. Het bestuur dient periodiek te rapporteren over de effectiviteit van de beheersingsmaatregelen, de opzet (design effectiveness) en werking (operating effectiveness).
- Art. 404 stelt regels voor de interne controle en de financiële rapportering. Het management wordt verplicht om jaarlijks expliciet een uitspraak te doen over de betrouwbaarheid van de interne controles die in het bedrijf gehanteerd worden.
  De CEO (Chief Executive Officer, algemeen directeur) en de CFO (Chief Financial Officer, financieel directeur) moeten een verklaring afleggen dat alle controles waterdicht zijn en de externe accountant (auditor) moet naast een verklaring omtrent de getrouwheid van de financiële verantwoording een verklaring toevoegen (404-verklaring) over het in control zijn van de organisatie en de integriteit van het bestuur.

Figuur 9.1 geeft schematisch de activiteiten weer die een onderneming op grond van de Sarbanes-Oxley Act moet verrichten.

FIGUUR 9.1 Activiteiten op grond van de Sarbanes-Oxley Act

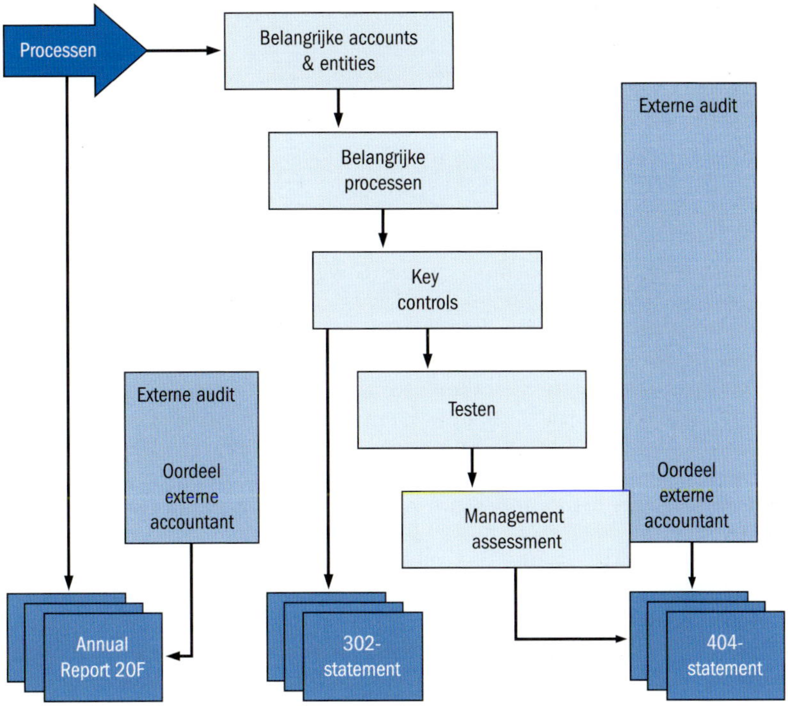

Samenvatting

In dit laatste hoofdstuk is een systematische opsomming opgenomen van de relevante wet- en regelgeving in Nederland en de belangrijkste corporategovernancecodes in de omringende landen. Corporate governance is nieuw. De regelgeving voert internationaal bezien niet verder terug dan het jaar 1992. In Nederland is pas 1996 gevolg gegeven aan de roep om regelgeving. De Verenigde Staten heeft de beheersingmaatregelen en verantwoording door het bestuur wettelijk geregeld. Ook Nederland heeft recentelijk een aantal wettelijke matregelen doorgevoerd. De aanzet voor regelgeving op het gebied van corporate governance is in 1999 gegeven door de Organisatie voor Economische Samenwerking en Ontwikkeling (OESO', met als uitgangspunt de Engelse Cadbury Code van 1992. In 2003 is de eerste Nederlandse code gepresenteerd door de Commissie Tabaksblat. In 2008 is deze code aangepast tot de huidige code. België kent de Code Lippens en als enige land ter wereld een code voor nietbeursgenoteerde ondernemingen, de Code Buysse. Frankrijk heeft het Rapport Viénot en Duitsland de Deutscher Corporate Governance Kodex. In de Verenigde Staten kent men naast gedragscodes de Sarbanes-Oxley Act, waarin eisen gesteld worden aan de interne beheersingsmaatregelen en waarin de verantwoordelijkheid van het bestuur is geregeld.

Vragen en opdrachten

9.1 Noem de twee belangrijke commissies die in Nederland hebben bijgedragen aan de opstelling van de Corporate Governance Code.

9.2 Wat was de status van het rapport van de eerste governancecommissie?

9.3 In welk jaar is de eerste Nederlandse code gepresenteerd?

9.4 Noem drie belangrijke uitgangspunten uit deze code.

9.5 In welk jaar is de derde Nederlandse Corporate Governance Code gepresenteerd?

9.6 Noem twee voorbeelden van belangrijke aanvullingen ten opzichte van de tweede code.

9.7 Is het bestuur van een Nederlandse onderneming verplicht tot naleving van de Nederlandse Corporate Governance Code?

9.8 Wat is de taak van de Monitoring Commissie?

9.9 Wat was de taak van de Commissie Cadbury?

9.10 Noem de vijf hoofdgroepen van richtlijnen voor een corporategovernancecode volgens de OESO.

9.11 Noem drie voorbeelden van een corporategovernancecode in de ons omringende landen.

9.12 Wat is er zo bijzonder aan de Code Buysse?

9.13 Wat is een belangrijk gevolg van de Sarbanes-Oxley Act voor de accountants in de Verenigde Staten?

9.14 Wat is in hoofdlijnen geregeld in art. 404 van de Sarbanes-Oxley Act?

9.15 Kan een Nederlandse onderneming onder de werking van de Sarbanes-Oxley Act worden gebracht?

Bijlage 1
Nederlandse Corporate Governance Code 2016

Monitoring Commissie Corporate Governance Code

PREAMBULE
De Nederlandse corporate governance code (hierna: de Code) richt zich op de governance van beursgenoteerde vennootschappen en geven een richtsnoer voor effectieve samenwerking en bestuur. Governance gaat over besturen en beheersen, over verantwoordelijkheid en zeggenschap en over toezicht en verantwoording. Het doel van de Code is het met of in relatie tot wet- en regelgeving bewerkstelligen van een deugdelijk en transparant stelsel van checks and balances binnen Nederlandse beursgenoteerde vennootschappen en het daartoe reguleren van de verhoudingen tussen het bestuur, de raad van commissarissen en de algemene vergadering/aandeelhouders. Naleving van de Code draagt bij aan het vertrouwen in goed en verantwoord bestuur van vennootschappen en hun inbedding in de maatschappij.
De Code is voor het eerst vastgesteld in 2003 en eenmalig gewijzigd in 2008. Op verzoek van het Christelijk Nationaal Vakverbond, Eumedion, de Federatie Nederlandse Vakbeweging, Euronext NV, de Vereniging van Effectenbezitters, de Vereniging van Effecten Uitgevende Ondernemingen en de Vereniging VNO-NCW is de Code aangepast door de Monitoring Commissie Corporate Governance Code (hierna: de Commissie). Voortschrijdende ontwikkelingen, de tijdgeest en overlap met wetgeving zijn aanleiding geweest om de Code aan te passen. Onderhavige Code vervangt de Code uit 2008.

Reikwijdte
De Code is van toepassing op:
I. alle vennootschappen met statutaire zetel in Nederland waarvan de aandelen of certificaten van aandelen zijn toegelaten tot de handel op een gereglementeerde markt of een daarmee vergelijkbaar systeem; en
II. alle grote vennootschappen met statutaire zetel in Nederland (> €500 miljoen balanswaarde) waarvan de aandelen of certificaten zijn toegelaten tot de handel op een multilaterale handelsfaciliteit of een daarmee vergelijkbaar systeem.

Voor de toepassing van de Code worden met houders van aandelen gelijk gesteld de houders van certificaten van aandelen die met medewerking van de vennootschap zijn uitgegeven. De Code is niet van toepassing op een beleggingsinstelling of instelling voor collectieve belegging in effecten die geen beheerder is in de zin van artikel 1:1 Wet op het financieel toezicht.

Inhoud van de Code

De Code bevat principes en best practice bepalingen die de verhouding reguleren tussen het bestuur, de raad van commissarissen en de algemene vergadering/aandeelhouders. De principes en bepalingen zijn gericht op de invulling van verantwoordelijkheden voor lange termijn waardecreatie, beheersing van risico's, effectief bestuur en toezicht, beloningen en de relatie met (de algemene vergadering van) aandeelhouders en stakeholders. De principes kunnen worden opgevat als breed gedragen algemene opvattingen over goede corporate governance. De principes zijn uitgewerkt in best practice bepalingen. Deze bepalingen bevatten normen voor het gedrag van bestuurders, commissarissen en aandeelhouders. Zij geven de 'best practice' weer en zijn een invulling van de algemene beginselen van goede corporate governance. Vennootschappen kunnen hiervan gemotiveerd afwijken. De voorwaarden voor afwijking worden hierna onder 'Naleving van de Code' toegelicht.

De verhouding tussen de vennootschap en haar werknemers (vertegenwoordigers) is bij wet geregeld. In de Code komt deze verhouding aan bod in bepalingen die betrekking hebben op cultuur en de contacten tussen de raad van commissarissen en het medezeggenschapsorgaan.

Uitgangspunten

De Code berust op het uitgangspunt dat de vennootschap een lange termijn samenwerkingsverband is van diverse bij de vennootschap betrokken stakeholders. Stakeholders zijn groepen en individuen die direct of indirect het bereiken van de doelstellingen van de vennootschap beïnvloeden of er door worden beïnvloed: werknemers, aandeelhouders en andere kapitaalverschaffers, toeleveranciers, afnemers en andere belanghebbenden. Het bestuur en de raad van commissarissen hebben een verantwoordelijkheid voor de afweging van deze belangen en zijn doorgaans gericht op de continuïteit van de vennootschap en de met haar verbonden onderneming. Daarbij streeft de vennootschap naar het creëren van waarde op de lange termijn. Stakeholders moeten erop kunnen vertrouwen dat hun belangen op zorgvuldige wijze worden meegewogen, omdat dit een voorwaarde is voor hen om binnen en met de vennootschap samen te werken. Goed ondernemerschap en goed toezicht zijn essentiële voorwaarden voor stakeholders voor het vertrouwen in het bestuur en het toezicht. Daaronder zijn begrepen integer en transparant handelen door het bestuur en het afleggen van verantwoording over het toezicht door de raad van commissarissen. Bepalend voor de werking van de Code is niet de mate waarin deze naar de letter wordt nageleefd, maar de mate waarin de intenties van de Code leidend zijn voor het doen en laten van alle betrokkenen.

Aandeelhouders en institutionele beleggers

Aandeelhouders kunnen bij hun handelen hun eigen belangen nastreven, zolang zij zich ten opzichte van de vennootschap, haar organen en hun medeaandeelhouders gedragen naar maatstaven van redelijkheid en billijkheid. Hieronder valt de bereidheid om met de vennootschap en medeaandeelhouders in dialoog te gaan. Hoe groter het belang is dat een aandeelhouder in de vennootschap houdt, des te groter is zijn verantwoordelijkheid jegens de vennootschap, medeaandeelhouders en andere stakeholders. Institutionele beleggers zijn verantwoordelijk jegens hun achterliggende begunstigden om op zorgvuldige en transparante manier te beoordelen op welke wijze zij gebruikmaken van hun rechten als aandeelhouder van vennootschappen.

Verhouding met wetgeving
De Code is door zelfregulering tot stand gekomen. Hij is van en voor de partijen die door de Code worden geadresseerd. Zelfregulering houdt in dat men zonder tussenkomst van de overheid zelf regels opstelt waar men zich aan verbindt, door deze uit te voeren, te handhaven en actueel te houden. Het vormt een aanvulling op overheidsregulering. De Code moet bezien worden in samenhang met (nationale en Europese) wetgeving en jurisprudentie op het terrein van corporate governance. De toegevoegde waarde van de Code, als instrument van zelfregulering, is dat de Code zich meer richt op het gedrag van bestuurders, commissarissen en aandeelhouders.
Bij de aanpassing van de Code is uitgegaan van de geldende wetgeving en jurisprudentie over de externe en interne verhoudingen van vennootschappen en is rekening gehouden met de relevante ontwikkelingen op het terrein van corporate governance. Bij de formulering van de principes en best practice bepalingen is overlap met wetgeving zoveel mogelijk voorkomen. Ter wille van de leesbaarheid en de onderlinge samenhang van de Code, is een zekere overlap tussen wetgeving en de Code onvermijdelijk. Ook omdat de Code een aanvulling kan zijn op wat wettelijk is voorgeschreven.

One-tier bestuursstructuur
Van oudsher kent Nederland een dualistisch bestuursmodel (two-tier bestuursstructuur). Hierop is de Code gericht. Bij een vennootschap met een two-tier bestuursstructuur zijn bestuur en toezicht verdeeld over twee vennootschapsorganen, namelijk het bestuur en de raad van commissarissen. Hoofdstuk 5 heeft betrekking op vennootschappen met een one-tier bestuursstructuur. Een one-tier bestuursstructuur kent één bestuur waarvan uitvoerende bestuurders en niet uitvoerende bestuurders deel uitmaken. Laatstgenoemden houden dan toezicht op de uitvoerende bestuurders. Er zijn dan geen commissarissen. Niet uitvoerende bestuurders en uitvoerende bestuurders dragen gezamenlijk bestuursverantwoordelijkheid. Van belang is dat onafhankelijk toezicht door niet uitvoerende bestuurders voldoende geborgd is.

NALEVING VAN DE CODE
Het bestuur en de raad van commissarissen zijn verantwoordelijk voor de corporate governance van de vennootschap en voor de naleving van deze Code. Naleving van de Code is gebaseerd op het 'pas toe of leg uit'-principe. Anders dan wetgeving biedt de Code flexibiliteit, omdat deze ruimte biedt om af te wijken van de principes en best practice bepalingen. Het bestuur en de raad van commissarissen leggen aan de algemene vergadering verantwoording af over de naleving van de Code en voorzien eventuele afwijkingen van de principes en best practice bepalingen van een inhoudelijke en inzichtelijke uitleg.
De hoofdlijnen van de corporate governance van de vennootschap worden elk jaar, mede aan de hand van de principes die in deze Code zijn genoemd, in een afzonderlijk hoofdstuk in het bestuursverslag uiteengezet of op de website van de vennootschap geplaatst. Daar geeft de vennootschap uitdrukkelijk aan in hoeverre zij de in deze Code opgenomen principes en best practice bepalingen opvolgt en zo niet, waarom en in hoeverre zij daarvan afwijkt.

Van belang is dat de uitleg bij afwijking in ieder geval de volgende elementen bevat:

i. de wijze waarop de vennootschap is afgeweken van het principe of de best practice bepaling;
ii. de redenen voor afwijking;
iii. indien de afwijking tijdelijk is en langer dan één boekjaar duurt, wordt aangegeven wanneer de vennootschap voornemens is het principe of de best practice bepaling weer na te leven; en
iv. in voorkomend geval, een beschrijving van de alternatieve maatregel die is genomen en een uiteenzetting hoe die maatregel de doelstelling van het principe respectievelijk de best practice bepaling bereikt, of een verduidelijking hoe de maatregei bijdraagt tot een goede corporate governance van de vennootschap.

Aandeelhouders, bedrijven die zijn gespecialiseerd in rating van de corporate governance van beursvennootschappen en adviseurs over het gebruik van stemrecht op aandelen dienen zich een zorgvuldig oordeel te vormen over de redengeving voor elk van de afwijkingen van de principes en de best practice bepalingen. Zowel aandeelhouders als het bestuur en de raad van commissarissen dienen open te staan om met elkaar in gesprek te gaan over de reden waarom een principe of best practice bepaling niet is toegepast. Het is aan de aandeelhouders om het bestuur en de raad van commissarissen over de naleving van de Code ter verantwoording te roepen. Uitgangspunt hierbij is de erkenning dat corporate governance een kwestie van maatwerk is en dat afwijkingen gerechtvaardigd kunnen zijn. Vennootschappen en aandeelhouders hebben een gedeelde verantwoordelijkheid om zelfregulering volgens het 'pas toe of leg uit'-principe goed te laten werken zodat het een effectief alternatief kan vormen voor wetgeving.

HOOFDSTUK 1.
LANGE TERMIJN WAARDECREATIE

Principe 1.1 Lange termijn waardecreatie
Het bestuur is verantwoordelijk voor de continuïteit van de vennootschap en de met haar verbonden onderneming. Het bestuur richt zich op de lange termijn waardecreatie van de vennootschap en de met haar verbonden onderneming en weegt daartoe de in aanmerking komende belangen van de stakeholders. De raad van commissarissen houdt toezicht op het bestuur terzake.

1.1.1 Strategie voor lange termijn waardecreatie
Het bestuur ontwikkelt een visie op lange termijn waardecreatie van de vennootschap en de met haar verbonden onderneming en formuleert een daarbij passende strategie. Afhankelijk van de marktdynamiek kunnen korte termijn aanpassingen van de strategie nodig zijn.
Bij het vormgeven van de strategie wordt in ieder geval aandacht besteed aan:

i. de implementatie en haalbaarheid van de strategie;
ii. het door de vennootschap gevolgde bedrijfsmodel en de markt waarin de vennootschap en de met haar verbonden onderneming opereren;
iii. kansen en risico's voor de vennootschap;
iv. de operationele en financiële doelen van de vennootschap en de invloed ervan op de toekomstige positie in relevante markten;

v. de belangen van de stakeholders; en
vi. andere voor de vennootschap en de met haar verbonden onderneming relevante aspecten van ondernemen, zoals milieu, sociale en personeelsaangelegenheden, de keten waarin de onderneming opereert, eerbiediging van mensenrechten en bestrijding van corruptie en omkoping.

1.1.2 Betrokkenheid raad van commissarissen
Het bestuur betrekt de raad van commissarissen tijdig bij het formuleren van de strategie ter realisatie van lange termijn waardecreatie. Het bestuur legt verantwoording af aan de raad van commissarissen over de strategie en de toelichting daarop.

1.1.3 Rol raad van commissarissen
De raad van commissarissen houdt toezicht op de wijze waarop het bestuur de strategie voor lange termijn waardecreatie uitvoert. De raad van commissarissen bespreekt regelmatig de strategie, de uitvoering van de strategie en de daarmee samenhangende voornaamste risico's. In het verslag van de raad van commissarissen legt de raad verantwoording af over de wijze waarop de raad van commissarissen betrokken was bij de totstandkoming en toezicht houdt op de uitvoering van de strategie.

1.1.4 Verantwoording bestuur
In het bestuursverslag geeft het bestuur een toelichting op zijn visie op lange termijn waardecreatie en op de strategie ter realisatie daarvan en licht toe op welke wijze in het afgelopen boekjaar daaraan is bijgedragen. Daarbij wordt zowel van de korte als lange termijn ontwikkelingen verslag gedaan.

Principe 1.2 Risicobeheersing
De vennootschap beschikt over adequate interne risicobeheersings- en controlesystemen. Het bestuur is verantwoordelijk voor het identificeren en beheersen van de risico's verbonden aan de strategie en de activiteiten van de vennootschap.

1.2.1 Risicobeoordeling
Het bestuur inventariseert en analyseert de risico's die verbonden zijn aan de strategie en de activiteiten van de vennootschap en de met haar verbonden onderneming. Zij stelt de risicobereidheid vast en besluit welke maatregelen tegenover de risico's worden gezet.

1.2.2 Implementatie
Op basis van de risicobeoordeling ontwerpt, implementeert en onderhoudt het bestuur adequate interne risicobeheersings- en controlesystemen. Deze systemen worden voor zover relevant geïntegreerd in de werkprocessen binnen de vennootschap en de met haar verbonden onderneming en zijn bekend bij diegenen voor wier werk zij relevant zijn.

1.2.3 Monitoring werking
Het bestuur monitort de werking van de interne risicobeheersings- en controlesystemen en voert ten minste jaarlijks een systematische beoordeling uit van de opzet en de werking van de systemen. Deze monitoring heeft betrekking op alle materiële beheersingsmaatregelen, gericht op strategische,

operationele, compliance en verslaggevingsrisico's. Hierbij wordt onder meer rekening gehouden met geconstateerde zwaktes, misstanden en onregelmatigheden, signalen van klokkenluiders, geleerde lessen en bevindingen van de interne audit functie en externe accountant. Waar nodig worden verbeteringen in interne risicobeheersings- en controlesystemen doorgevoerd.

Principe 1.3 Interne audit functie
De interne audit functie heeft als taak de opzet en de werking van de interne risicobeheersings- en controlesystemen te beoordelen. Het bestuur is verantwoordelijk voor de interne audit functie. De raad van commissarissen houdt toezicht op de interne audit functie en heeft regelmatig contact met diegene die de functie vervult.

1.3.1 Benoeming en ontslag
Het bestuur benoemt en ontslaat de leidinggevende interne auditor. Zowel de benoeming als het ontslag van de leidinggevende interne auditor wordt, samen met een advies van de auditcommissie, ter goedkeuring voorgelegd aan de raad van commissarissen.

1.3.2 Beoordeling interne audit functie
Het bestuur beoordeelt jaarlijks de wijze waarop de interne audit functie de taak uitvoert en betrekt hierbij het oordeel van de auditcommissie.

1.3.3 Werkplan van de interne audit functie
De interne audit functie stelt een werkplan op en betrekt hierbij het bestuur, de auditcommissie en de externe accountant. Het werkplan wordt ter goedkeuring voorgelegd aan het bestuur en vervolgens aan de raad van commissarissen. In dit werkplan wordt aandacht besteed aan de interactie met de externe accountant.

1.3.4 Uitvoering werkzaamheden
De interne audit functie beschikt over voldoende middelen om het werkplan uit te voeren en heeft toegang tot informatie die voor de uitvoering van haar werkzaamheden van belang is. De interne audit functie heeft direct toegang tot de auditcommissie en de externe accountant. Vastgelegd wordt op welke wijze de audit- commissie door de interne audit functie wordt geïnformeerd.

1.3.5 Rapportages bevindingen
De interne audit functie rapporteert onderzoeksresultaten aan het bestuur, rapporteert de kern van de resultaten aan de auditcommissie en informeert de externe accountant. In de onderzoeksresultaten van de interne audit functie wordt in ieder geval aandacht besteed aan:

i. gebreken in de effectiviteit van de interne risicobeheersings- en controlesystemen;
ii. bevindingen en observaties die van wezenlijke invloed zijn op het risicoprofiel van de vennootschap en de met haar verbonden onderneming; en
iii. tekortkomingen in de opvolging van aanbevelingen van de interne audit functie.

1.3.6 Ontbreken interne audit dienst
Indien voor de interne audit functie geen interne audit dienst is ingericht, beoordeelt de raad van commissarissen jaarlijks, mede op basis van een advies van de auditcommissie, of adequate alternatieve maatregelen zijn getroffen en beziet of behoefte bestaat om een interne audit dienst in te richten. De raad van commissarissen neemt de conclusies alsmede eventuele aanbevelingen en alternatief getroffen maatregelen die daaruit voortkomen, op in het verslag van de raad van commissarissen.

Principe 1.4 Verantwoording over risicobeheersing
Het bestuur legt verantwoording af over de effectiviteit van de opzet en de werking van de interne risicobeheersings- en controlesystemen.

1.4.1 Verantwoording aan de raad van commissarissen
Het bestuur bespreekt de effectiviteit van de opzet en de werking van de interne risicobeheersings- en controlesystemen als bedoeld in best practice bepalingen 1.2.1 tot en met 1.2.3 met de auditcommissie en legt daarover verantwoording af aan de raad van commissarissen.

1.4.2 Verantwoording in het bestuursverslag
Het bestuur legt in het bestuursverslag verantwoording af over:

i. de uitvoering van de risicobeoordeling en beschrijft de voornaamste risico's waarvoor de vennootschap zich geplaatst ziet in relatie tot haar risicobereidheid. Hierbij kan gedacht worden aan strategische, operationele, compliance en verslaggevingsrisico's;
ii. de opzet en werking van de interne risicobeheersings- en controlesystemen over het afgelopen boekjaar;
iii. eventuele belangrijke tekortkomingen in de interne risicobeheersings- en controlesystemen die in het boekjaar zijn geconstateerd, welke eventuele significante wijzigingen in die systemen zijn aangebracht, welke eventuele belangrijke verbeteringen van die systemen zijn voorzien en dat deze onderwerpen besproken zijn met de auditcommissie en de raad van commissarissen; en
iv. de gevoeligheid van de resultaten van de vennootschap voor materiele wijzigingen in externe omstandigheden.

1.4.3 Verklaring van het bestuur
Het bestuur verklaart in het bestuursverslag met een duidelijke onderbouwing dat:
het verslag in voldoende mate inzicht geeft in tekortkomingen in de werking van de interne risicobeheersings- en controlesystemen;
voornoemde systemen een redelijke mate van zekerheid geven dat de financiële verslaggeving geen onjuistheden van materieel belang bevat;
het naar de huidige stand van zaken gerechtvaardigd is dat de financiële verslaggeving is opgesteld op going concern basis; en
in het verslag de materiële risico's en onzekerheden zijn vermeld die relevant zijn ter zake van de verwachting van de continuïteit van de vennootschap voor een periode van twaalf maanden na opstelling van het verslag.

Principe 1.5 Rol raad van commissarissen
De raad van commissarissen houdt toezicht op het beleid van het bestuur en de algemene gang van zaken in de vennootschap en de met haar verbonden onderneming. Hierbij richt de raad zich tevens op de effectiviteit

van de interne risicobeheersings- en controlesystemen van de vennootschap en de integriteit en kwaliteit van de financiële verslaggeving.

1.5.1 Taken en verantwoordelijkheden auditcommissie
De auditcommissie bereidt de besluitvorming van de raad van commissarissen voor over het toezicht op de integriteit en kwaliteit van de financiële verslaggeving van de vennootschap en op de effectiviteit van de interne risicobeheersings- en controlesystemen van de vennootschap. Zij richt zich onder meer op het toezicht op het bestuur ten aanzien van:
i. de relatie met en de naleving van aanbevelingen en opvolging van opmerkingen van de interne auditor en de externe accountant;
ii. de financiering van de vennootschap;
iii. de toepassing van informatie- en communicatietechnologie door de vennootschap, waaronder risico's op het gebied van cybersecurity; en
iv. het belastingbeleid van de vennootschap.

1.5.2 Aanwezigheid bestuur, interne auditor en externe accountant bij overleg auditcommissie
De bestuurder is verantwoordelijk voor financiële zaken, de interne auditor en de externe accountant zijn aanwezig bij de vergaderingen van de auditcommissie, tenzij de auditcommissie anders bepaalt. De auditcommissie bepaalt of en wanneer de voorzitter van het bestuur bij haar vergaderingen aanwezig is.

1.5.3 Verslag auditcommissie
De auditcommissie brengt verslag uit aan de raad van commissarissen over de beraadslaging en bevindingen. In dit verslag wordt in ieder geval vermeld:
i. de wijze waarop de effectiviteit van de opzet en de werking van de interne risicobeheersings- en controlesystemen, bedoeld in best practice bepalingen 1.2.1 tot en met 1.2.3 is beoordeeld;
ii. de wijze waarop de effectiviteit van het interne en externe audit proces is beoordeeld;
iii. materiële overwegingen inzake de financiële verslaggeving; en
iv. de wijze waarop de materiële risico's en onzekerheden, bedoeld in best practice bepaling 1.4.3, zijn geanalyseerd en besproken en wat de belangrijkste bevindingen van de auditcommissie zijn.

1.5.4 Raad van commissarissen
De raad van commissarissen bespreekt de onderwerpen waarover de auditcommissie op basis van best practice bepaling 1.5.3 verslag uitbrengt.

Principe 1.6 Benoeming en beoordeling functioneren externe accountant
De raad van commissarissen doet de voordracht tot benoeming van de externe accountant aan de algemene vergadering en houdt toezicht op het functioneren van de externe accountant.

1.6.1 Functioneren & benoeming
De auditcommissie rapporteert jaarlijks aan de raad van commissarissen over het functioneren van en de ontwikkelingen in de relatie met de externe accountant. De auditcommissie geeft advies aan de raad van commissarissen over de voordracht van benoeming of herbenoeming danwel

ontslag van de externe accountant en bereidt de selectie van de externe accountant voor. Bij voornoemde werkzaamheden betrekt de auditcommissie de observaties van het bestuur. Mede op grond hiervan bepaalt de raad van commissarissen zijn voordracht aan de algemene vergadering tot benoeming van de externe accountant.

1.6.2 Informeren externe accountant over functioneren
De raad van commissarissen licht de externe accountant op hoofdlijnen in over de rapportages omtrent zijn functioneren.

1.6.3 Opdracht
De auditcommissie doet een voorstel aan de raad van commissarissen voor de opdracht voor controle van de jaarrekening aan de externe accountant. Het bestuur faciliteert dit. Bij het formuleren van de opdracht is aandacht voor de reikwijdte van het accountantsonderzoek, de te hanteren materialiteit en het honorarium van het accountantsonderzoek. De raad van commissarissen stelt de opdracht vast.

1.6.4 Verantwoording
De belangrijkste conclusies van de raad van commissarissen over de voordracht en de uitkomsten van het selectieproces van de externe accountant worden aan de algemene vergadering meegedeeld.

1.6.5 Vertrek van de externe accountant
De vennootschap publiceert een persbericht bij een tussentijdse beëindiging van de relatie met de externe accountantsorganisatie. In het persbericht wordt de reden van de tussentijdse beëindiging toegelicht.

Principe 1.7 Uitvoering werkzaamheden externe accountant
De auditcommissie bespreekt met de externe accountant het auditplan en de bevindingen van de externe accountant naar aanleiding van zijn uitgevoerde werkzaamheden. Het bestuur en de raad van commissarissen onderhouden reguliere contacten met de externe accountant.

1.7.1 Informatievoorziening aan externe accountant
Het bestuur draagt zorg voor dat de externe accountant tijdig alle informatie ontvangt die nodig is voor de uitvoering van zijn werkzaamheden. Het bestuur stelt de externe accountant in de gelegenheid om op de verstrekte informatie te reageren.

1.7.2 Auditplan en bevindingen externe accountant
De externe accountant bespreekt het concept auditplan met het bestuur, alvorens het aan de auditcommissie voor te leggen. De auditcommissie bespreekt jaarlijks met de externe accountant:

i. de reikwijdte en materialiteit van het auditplan en de belangrijkste risico's van de jaarverslaggeving die de externe accountant heeft benoemd in het auditplan; en
ii. mede aan de hand van de daaraan ten grondslag liggende documenten, de bevindingen en de uitkomsten van de controlewerkzaamheden bij de jaarrekening en de management letter.

1.7.3 Publicatie financiële berichten
De auditcommissie beoordeelt of, en zo ja op welke wijze de externe accountant wordt betrokken bij de inhoud en publicatie van financiële berichten anders dan de jaarrekening.

1.7.4 Overleg met externe accountant buiten aanwezigheid bestuur
De auditcommissie overlegt zo vaak als zij dit noodzakelijk acht, doch ten minste eenmaal per jaar, buiten aanwezigheid van het bestuur met de externe accountant.

1.7.5 Inzage discussiepunten tussen externe accountant en bestuur
De raad van commissarissen krijgt inzage in de belangrijkste discussiepunten tussen de externe accountant en het bestuur naar aanleiding van de concept management letter dan wel het concept accountantsverslag.

1.7.6 Aanwezigheid externe accountant bij vergaderingen raad van commissarissen
De externe accountant woont in ieder geval de vergadering van de raad van commissarissen bij waarin het verslag van de externe accountant van het onderzoek van de jaarrekening wordt besproken.

HOOFDSTUK 2.
EFFECTIEF BESTUUR EN TOEZICHT

Principe 2.1 Samenstelling en omvang
Het bestuur en de raad van commissarissen zijn zodanig samengesteld dat benodigde deskundigheid, achtergrond, competenties en - in het geval van de raad van commissarissen - onafhankelijkheid aanwezig zijn om hun taken naar behoren te kunnen vervullen. De omvang van beide organen is daarop toegesneden.

2.1.1 Profielschets
De raad van commissarissen stelt een profielschets op, rekening houdend met de aard en de activiteiten van de met de vennootschap verbonden onderneming. In de profielschets wordt ingegaan op:
i. de gewenste deskundigheid en achtergrond van de commissarissen;
ii. de gewenste gemengde samenstelling van de raad van commissarissen, bedoeld in best practice bepaling 2.1.5;
iii. de omvang van de raad van commissarissen; en
iv. de onafhankelijkheid van de commissarissen.

De profielschets wordt op de website van de vennootschap geplaatst.

2.1.2 Personalia
Van elke commissaris wordt in het verslag van de raad van commissarissen opgave gedaan van:
i. geslacht;
ii. leeftijd;
iii. nationaliteit;
iv. hoofdfunctie;
v. nevenfuncties voor zover deze relevant zijn voor de vervulling van de taak als commissaris;
vi. tijdstip van eerste benoeming; en
vii. de lopende termijn waarvoor de commissaris is benoemd.

2.1.3 Executive committee
Indien het bestuur werkt met een executive committee, houdt het bestuur rekening met de checks and balances die onderdeel uitmaken van het two-tier systeem. Dit betekent onder meer het waarborgen van deskundigheid en verantwoordelijkheden van het bestuur en een adequate informatievoorziening aan de raad van commissarissen. De raad van commissarissen houdt hier toezicht op en heeft daarbij specifiek aandacht voor de dynamiek en de verhouding tussen het bestuur en het executive committee. In het bestuursverslag wordt verantwoording afgelegd over:
i. de keuze voor het werken met een executive committee;
ii. de rol, taak en samenstelling van het executive committee; en
iii. de wijze waarop het contact tussen de raad van commissarissen en het executive committee is vormgegeven.

2.1.4 Deskundigheid
Elke commissaris en elke bestuurder beschikt over de specifieke deskundigheid die noodzakelijk is voor de vervulling van zijn taak. Elke commissaris dient geschikt te zijn om de hoofdlijnen van het totale beleid te beoordelen.

2.1.5 Diversiteitsbeleid
De raad van commissarissen stelt een diversiteitsbeleid op voor de samenstelling van het bestuur, de raad van commissarissen en, indien aanwezig, het executive committee. In het beleid wordt ingegaan op de concrete doelstellingen ten aanzien van diversiteit en de voor de vennootschap relevante aspecten van diversiteit, zoals nationaliteit, leeftijd, geslacht en achtergrond inzake opleiding en beroepservaring.

2.1.6 Verantwoording over diversiteit
In de corporate governance verklaring worden het diversiteitsbeleid en de uitvoering daarvan toegelicht. Hierbij wordt ingegaan op:
i. de doelstellingen van het beleid;
ii. de wijze waarop het beleid is uitgevoerd; en
iii. de resultaten van het beleid in het afgelopen boekjaar.

Indien de samenstelling van het bestuur en de raad van commissarissen afwijkt van de doelstellingen van het diversiteitsbeleid van de vennootschap en/of van het streefcijfer voor de verhouding man-vrouw, indien en voorzover dit bij of krachtens de wet is bepaald, wordt in de corporate governance verklaring tevens toegelicht wat de stand van zaken is, welke maatregelen worden genomen om de nagestreefde situatie wel te bereiken en op welke termijn.

2.1.7 Onafhankelijkheid raad van commissarissen
De raad van commissarissen is zodanig samengesteld dat de leden ten opzichte van elkaar, het bestuur en welk deelbelang dan ook onafhankelijk en kritisch kunnen opereren.
Om de onafhankelijkheid te borgen, is de raad van commissarissen samengesteld met inachtneming van het volgende:
i. op maximaal één commissaris is een van de criteria van toepassing zoals bedoeld in best practice bepaling 2.1.8 onderdelen i. tot en met v.;
ii. het aantal commissarissen waarop de criteria van toepassing zijn zoals bedoeld in best practice bepaling 2.1.8 is tezamen minder dan de helft van het totaal aantal commissarissen; en

iii. per aandeelhouder, of groep van verbonden aandeelhouders, die direct of indirect meer dan tien procent van de aandelen in het kapitaal van de vennootschap houdt, is maximaal één commissaris die kan gelden als met hem verbonden of hem vertegenwoordigend als bedoeld in best practice bepaling 2.1.8, onderdelen vi. en vii.

2.1.8 Onafhankelijkheid commissarissen
Een commissaris is niet onafhankelijk indien de betrokken commissaris, dan wel zijn echtgenoot, geregistreerde partner of andere levensgezel, pleegkind of bloed- of aanverwant tot in de tweede graad:
i. in de vijf jaar voorafgaand aan de benoeming werknemer of bestuurder van de vennootschap (inclusief gelieerde vennootschappen als bedoeld in artikel 5:48 Wet op het financieel toezicht) is geweest;
ii. een persoonlijke financiële vergoeding van de vennootschap of van een aan haar gelieerde vennootschap ontvangt, anders dan de vergoeding die voor de als commissaris verrichte werkzaamheden wordt ontvangen en voor zover zij niet past in de normale uitoefening van het bedrijf;
iii. in het jaar voorafgaand aan de benoeming een belangrijke zakelijke relatie met de vennootschap of een aan haar gelieerde vennootschap heeft gehad. Daaronder worden in ieder geval begrepen het geval dat de commissaris, of een kantoor waarvan hij aandeelhouder, vennoot, medewerker of adviseur is, is opgetreden als adviseur van de vennootschap (consultant, externe accountant, notaris of advocaat) en het geval dat de commissaris bestuurder of medewerker is van een bankinstelling waarmee de vennootschap een duurzame en significante relatie onderhoudt;
iv. bestuurder is van een vennootschap waarin een bestuurder van de vennootschap waarop hij toezicht houdt commissaris is;
v. gedurende de voorgaande twaalf maanden tijdelijk heeft voorzien in het bestuur bij belet en ontstentenis van bestuurders;
vi. een aandelenpakket in de vennootschap houdt van ten minste tien procent, daarbij meegerekend het aandelenbezit van natuurlijke personen of juridische lichamen die met hem samenwerken op grond van een uitdrukkelijke of stilzwijgende, mondelinge of schriftelijke overeenkomst;
vii. bestuurder of commissaris is bij of anderszins vertegenwoordiger is van een rechtspersoon die direct of indirect ten minste tien procent van de aandelen in de vennootschap houdt, tenzij het gaat om groepsmaatschappijen.

2.1.9 Onafhankelijkheid voorzitter raad van commissarissen
De voorzitter van de raad van commissarissen is geen voormalig bestuurder van de vennootschap en is onafhankelijk in de zin van best practice bepaling 2.1.8.

2.1.10 Verantwoording onafhankelijkheid commissarissen
Het verslag van de raad van commissarissen vermeldt dat naar het oordeel van de raad is voldaan aan de eisen voor onafhankelijkheid, bedoeld in best practice bepalingen 2.1.7 tot en met 2.1.9 en geeft daarbij aan, indien van toepassing, welke commissaris(sen) de raad als niet-onafhankelijk beschouwt.

Principe 2.2 Benoeming, opvolging en evaluatie
De raad van commissarissen draagt zorg voor een formele en transparante procedure voor het benoemen en herbenoemen van bestuurders en commissarissen en voor een gedegen plan voor opvolging. Daarbij wordt rekening gehouden met het diversiteitsbeleid. Het functioneren van het bestuur en de raad van commissarissen als collectief en het functioneren van individuele bestuurders en commissarissen wordt regelmatig geëvalueerd.

2.2.1 Benoemings- en herbenoemingstermijnen bestuurders
Een bestuurder wordt benoemd voor een periode van maximaal vier jaar. Herbenoeming kan telkens voor een periode van maximaal vier jaar plaatsvinden en wordt tijdig voorbereid. Bij voorbereiding van de benoeming of herbenoeming worden de doelstellingen ten aanzien van diversiteit uit best practice bepaling 2.1.5 in overweging genomen.

2.2.2 Benoemings- en herbenoemingstermijnen commissarissen
Een commissaris wordt benoemd voor een periode van vier jaar en kan daarna éénmalig voor een periode van vier jaar worden herbenoemd. De commissaris kan nadien wederom worden herbenoemd voor een benoemingstermijn van twee jaar die daarna met maximaal twee jaar kan worden verlengd. Herbenoeming na een periode van acht jaar wordt gemotiveerd in het verslag van de raad van commissarissen. Bij benoeming of herbenoeming wordt de profielschets, bedoeld in best practice bepaling 2.1.1, in acht genomen.

2.2.3 Tussentijds aftreden
Een commissaris of bestuurder treedt tussentijds af bij onvoldoende functioneren, structurele onverenigbaarheid van belangen of wanneer dit anderszins naar het oordeel van de raad van commissarissen is geboden. Bij tussentijds aftreden van een bestuurder of commissaris brengt de vennootschap een persbericht uit waarin de reden voor vertrek wordt genoemd.

2.2.4 Opvolging
De raad van commissarissen draagt er zorg voor dat de vennootschap over een gedegen plan beschikt voor de opvolging van bestuurders en commissarissen, dat is gericht op het in balans houden van de benodigde deskundigheid, ervaring en diversiteit. Bij het opstellen van het plan wordt de profielschets van de raad van commissarissen, bedoeld in best practice bepaling 2.1.1, in acht genomen. Tevens stelt de raad van commissarissen een rooster van a reden vast om zoveel mogelijk te voorkomen dat commissarissen tegelijk aftreden. Het rooster van aftreden wordt op de website van de vennootschap geplaatst.

2.2.5 Taken selectie- en benoemingscommissie
De selectie- en benoemingscommissie bereidt de besluitvorming van de raad van commissarissen voor en brengt verslag uit aan de raad van commissarissen van haar beraadslagingen en bevindingen.
De selectie- en benoemingscommissie richt zich in ieder geval op:
i. het opstellen van selectiecriteria en benoemingsprocedures inzake bestuurders en commissarissen;
ii. de periodieke beoordeling van de omvang en samenstelling van het bestuur en de raad van commissarissen en het doen van een voorstel voor een profielschets van de raad van commissarissen;

iii. de periodieke beoordeling van het functioneren van individuele bestuurders en commissarissen en de rapportage hierover aan de raad van commissarissen;
iv. het opstellen van een plan voor de opvolging van bestuurders en commissarissen;
v. het doen van voorstellen voor (her)benoemingen; en
vi. het toezicht op het beleid van het bestuur inzake selectiecriteria en benoemingsprocedures voor het hoger management.

2.2.6 Evaluatie raad van commissarissen
De raad van commissarissen evalueert ten minste eenmaal per jaar buiten aanwezigheid van het bestuur zijn eigen functioneren, het functioneren van de afzonderlijke commissies van de raad en dat van de individuele commissarissen, en bespreekt de conclusies die aan de evaluatie worden verbonden. Hierbij wordt aandacht besteed aan:
i. inhoudelijke aspecten, de onderlinge interactie en de interactie met het bestuur;
ii. zaken die zich in de praktijk hebben voorgedaan waaruit lessen kunnen worden getrokken; en
iii. het gewenste profiel, de samenstelling, competenties en deskundigheid van de raad van commissarissen.

2.2.7 Evaluatie bestuur
De raad van commissarissen evalueert ten minste eenmaal per jaar buiten aanwezigheid van het bestuur zowel het functioneren van het bestuur als collectief als dat van de individuele bestuurders en bespreekt de conclusies die aan de evaluatie worden verbonden, zulks mede in het licht van opvolging van bestuurders. Ook het bestuur evalueert ten minste eenmaal per jaar zijn eigen functioneren als collectief en dat van de individuele bestuurders.

2.2.8 Verantwoording evaluatie
Het verslag van de raad van commissarissen vermeldt:
i. op welke wijze de evaluatie van de raad van commissarissen, de afzonderlijke commissies en de individuele commissarissen heeft plaatsgevonden;
ii. op welke wijze de evaluatie van het bestuur en de individuele bestuurders heeft plaatsgevonden; en
iii. wat is of wordt gedaan met de conclusies van de evaluaties.

Principe 2.3 Inrichting raad van commissarissen en verslag
De raad van commissarissen draagt zorg dat hij effectief functioneert. De raad van commissarissen stelt commissies in om de besluitvorming van de raad voor te bereiden. Het voorgaande doet geen afbreuk aan de verantwoordelijkheid van de raad van commissarissen als orgaan en van de individuele leden van de raad van commissarissen voor het inwinnen van informatie en het vormen van een onafhankelijk oordeel.

2.3.1 Reglement raad van commissarissen
De taakverdeling binnen de raad van commissarissen, alsmede de werkwijze van de raad worden neergelegd in een reglement. De raad van commissarissen neemt in het reglement een passage op over zijn omgang met het bestuur, de algemene vergadering, indien aanwezig, het medezeggen-

schapsorgaan en, indien ingesteld, het executive committee. Het reglement wordt op de website van de vennootschap geplaatst.

2.3.2 Instellen commissies
Indien de raad van commissarissen uit meer dan vier leden bestaat, stelt hij uit zijn midden een auditcommissie, een remuneratiecommissie en een selectie- en benoemingscommissie in. Onverlet de collegiale verantwoordelijkheid van de raad, is het de taak van deze commissies om de besluitvorming van de raad van commissarissen voor te bereiden. Indien de raad van commissarissen besluit om geen audit-, remuneratie- of een selectie- en benoemingscommissie in te stellen, dan gelden de best practice bepalingen die betrekking hebben op deze commissie(s) voor de gehele raad van commissarissen.

2.3.3 Reglementen commissies
De raad van commissarissen stelt voor de audit-, remuneratie en selectie- en benoemingscommissie een reglement op. Het reglement geeft aan wat de rol en verantwoordelijkheid van de desbetreffende commissie zijn, haar samenstelling is en op welke wijze zij haar taak uitoefent. De reglementen worden op de website van de vennootschap geplaatst.

2.3.4 Samenstelling commissies
Het voorzitterschap van de audit- of remuneratiecommissie wordt niet vervuld door de voorzitter van de raad van commissarissen, noch door een voormalig bestuurder van de vennootschap. Meer dan de helft van de leden van de commissies is onafhankelijk in de zin van best practice bepaling 2.1.8.

2.3.5 Verslag commissies
De raad van commissarissen ontvangt van elk van de commissies een verslag van de beraadslagingen en bevindingen. In het verslag van de raad van commissarissen doet de raad verslag van de uitvoering van de taakopdracht van de commissies in het boekjaar. Daarin wordt vermeld de samenstelling van de commissies, het aantal vergaderingen van de commissies en de belangrijkste onderwerpen die in de vergaderingen aan de orde zijn gekomen.

2.3.6 Voorzitter raad van commissarissen
De voorzitter van de raad van commissarissen ziet er in ieder geval op toe dat:
i. de contacten van de raad van commissarissen met het bestuur, indien aanwezig, het medezeggenschapsorgaan en de algemene vergadering naar behoren verlopen;
ii. de raad van commissarissen een vicevoorzitter kiest;
iii. voldoende tijd bestaat voor de beraadslaging en besluitvorming door de raad van commissarissen;
iv. commissarissen tijdig alle informatie ontvangen die nodig is voor de goede uitoefening van hun taak;
v. de raad en zijn commissies naar behoren functioneren;
vi. individuele bestuurders en commissarissen ten minste jaarlijks worden beoordeeld op hun functioneren;
vii. commissarissen en bestuurders hun introductieprogramma volgen;

viii. commissarissen en bestuurders hun opleidings- of trainingsprogramma volgen;
ix. het bestuur de activiteiten ten aanzien van cultuur uitvoert;
x. de raad van commissarissen signalen uit de met de vennootschap verbonden onderneming opvangt en zorgt dat (vermoedens van) materiële misstanden en onregelmatigheden onverwijld aan de raad van commissarissen worden gerapporteerd;
xi. de algemene vergadering ordelijk en efficiënt verloopt;
xii. effectieve communicatie met aandeelhouders plaats kan vinden; en
xiii. de raad van commissarissen tijdig en nauw betrokken wordt bij een fusie- of overnameproces.

De voorzitter van de raad van commissarissen heeft regelmatig overleg met de voorzitter van het bestuur.

2.3.7 Vicevoorzitter raad van commissarissen
De vicevoorzitter van de raad van commissarissen vervangt bij gelegenheid de voorzitter.

2.3.8 Gedelegeerd commissaris
Een gedelegeerd commissaris is een commissaris met een bijzondere taak. De delegatie kan niet verder gaan dan de taken die de raad van commissarissen zelf heeft en omvat niet het besturen van de vennootschap. Zij strekt tot intensiever toezicht en advies en meer geregeld overleg met het bestuur. Het gedelegeerd commissariaat is slechts van tijdelijke aard. De delegatie kan niet de taak en bevoegdheid van de raad van commissarissen wegnemen. De gedelegeerd commissaris blijft lid van de raad van commissarissen en doet regelmatig verslag van de uitvoering van zijn bijzondere taak aan de voltallige raad.

2.3.9 Tijdelijke bestuursfunctie commissaris
De commissaris die tijdelijk voorziet in het bestuur bij belet en ontstentenis van bestuurders treedt uit de raad van commissarissen om de bestuurstaak op zich te nemen.

2.3.10 Secretaris van de vennootschap
De raad van commissarissen wordt ondersteund door de secretaris van de vennootschap. De secretaris:
i. ziet erop toe dat de juiste procedures worden gevolgd en dat wordt gehandeld in overeenstemming met de wettelijke en statutaire verplichtingen;
ii. faciliteert de informatievoorziening van het bestuur en de raad van commissarissen; en
iii. ondersteunt de voorzitter van de raad van commissarissen in de organisatie van de raad, waaronder de informatievoorziening, agendering van vergaderingen, evaluaties en opleidingsprogramma's.

De secretaris wordt, al dan niet op initiatief van de raad van commissarissen, benoemd en ontslagen door het bestuur, na verkregen goedkeuring door de raad van commissarissen.
Indien de secretaris ook werkzaamheden verricht voor het bestuur en signaleert dat de belangen van het bestuur en de raad van commissarissen uiteenlopen, waardoor onduidelijk is welke belangen de secretaris dient te behartigen, meldt hij dit bij de voorzitter van de raad van commissarissen.

2.3.11 Verslag raad van commissarissen
Een verslag van de raad van commissarissen maakt deel uit van de jaarstukken van de vennootschap. In dit verslag legt de raad van commissarissen verantwoording af over het uitgeoefende toezicht in het afgelopen boekjaar, waarbij in ieder geval verslag wordt gedaan over de onderwerpen, bedoeld in de best practice bepalingen 1.1.3, 2.1.2, 2.1.10, 2.2.8, 2.3.5 en 2.4.4, en indien van toepassing over de onderwerpen, bedoeld in best practice bepalingen 1.3.6 en 2.2.2.

Principe 2.4 Besluitvorming en functioneren
Het bestuur en de raad van commissarissen dragen zorg voor een evenwichtige en effectieve besluitvorming waarbij rekening wordt gehouden met de belangen van stakeholders. Door het bestuur wordt een goede en tijdige informatievoorziening opgezet. Het bestuur en de raad van commissarissen houden hun kennis en vaardigheden op peil en besteden voldoende tijd aan hun taken en verantwoordelijkheden. Zij zorgen ervoor dat zij bij de uitoefening van hun taken over informatie beschikken die nodig is voor een goede besluitvorming.

2.4.1 Stimuleren openheid & aanspreekbaarheid
Het bestuur en de raad van commissarissen zijn elk verantwoordelijk voor het stimuleren van openheid en aanspreekbaarheid binnen het orgaan waar zij deel van uitmaken en de organen onderling.

2.4.2 Nevenfuncties
Bestuurders en commissarissen melden nevenfuncties vooraf aan de raad van commissarissen en minimaal jaarlijks worden de nevenfuncties in de vergadering van de raad van commissarissen besproken. De aanvaarding van een commissariaat door een bestuurder behoeft de goedkeuring van de raad van commissarissen.

2.4.3 Aanspreekpunt voor functioneren van commissarissen en bestuurders
De voorzitter van de raad van commissarissen is namens de raad het voornaamste aanspreekpunt voor het bestuur, commissarissen en voor aandeelhouders over het functioneren van bestuurders en commissarissen. De vicevoorzitter fungeert als aanspreekpunt voor individuele commissarissen en bestuurders over het functioneren van de voorzitter.

2.4.4 Aanwezigheid bij vergaderingen raad van commissarissen
Commissarissen worden geacht aanwezig te zijn bij vergaderingen van de raad van commissarissen en bij vergaderingen van commissies waarvan zij deel uitmaken. Indien commissarissen frequent afwezig zijn bij deze vergaderingen, worden zij daarop aangesproken. Het verslag van de raad van commissarissen vermeldt het aanwezigheidspercentage van elke commissaris bij de vergaderingen van de raad van commissarissen en van de commissies.

2.4.5 Introductieprogramma commissarissen
Alle commissarissen volgen een op de functie toegesneden introductieprogramma. Het introductieprogramma besteedt in ieder geval aandacht aan algemene financiële, sociale en juridische zaken, de financiële verslaggeving door de vennootschap, de specifieke aspecten die eigen zijn

aan de desbetreffende vennootschap en haar ondernemingsactiviteiten, de cultuur en – indien aanwezig – de relatie met het medezeggenschapsorgaan en de verantwoordelijkheden van een commissaris.

2.4.6 Ontwikkeling
Het bestuur en de raad van commissarissen beoordelen ieder jaarlijks voor hun eigen orgaan op welke onderdelen commissarissen en bestuurders gedurende hun benoemingsperiode behoefte hebben aan training of opleiding.

2.4.7 Waarborgen informatievoorziening
Het bestuur draagt zorg voor het instellen en handhaven van interne procedures die ervoor zorgen dat alle relevante informatie tijdig bij het bestuur en bij de raad van commissarissen bekend is. De raad van commissarissen houdt toezicht op de instelling en uitvoering van deze procedures.

2.4.8 Verantwoordelijkheid commissarissen voor inwinnen informatie
De raad van commissarissen en iedere commissaris afzonderlijk heeft een eigen verantwoordelijkheid om van het bestuur, de interne audit functie, de externe accountant en – indien aanwezig – het medezeggenschapsorgaan de informatie in te winnen die de raad van commissarissen nodig heeft om zijn taak als toezichthoudend orgaan goed te kunnen uitoefenen.

2.4.9 Inwinnen informatie bij functionarissen en externen
Indien de raad van commissarissen dit geboden acht, kan hij informatie inwinnen van functionarissen en externe adviseurs van de vennootschap. De vennootschap stelt hiertoe de benodigde middelen ter beschikking. De raad van commissarissen kan verlangen dat bepaalde functionarissen en externe adviseurs bij zijn vergaderingen aanwezig zijn.

Principe 2.5 Cultuur
Het bestuur is verantwoordelijk voor het vormgeven van een cultuur die is gericht op langetermijn waardecreatie van de vennootschap en de met haar verbonden onderneming. De raad van commissarissen houdt toezicht op de activiteiten van het bestuur ter zake.

2.5.1 Verantwoordelijkheid bestuur voor cultuur
Het bestuur stelt voor de vennootschap en de met haar verbonden onderneming waarden vast die bijdragen aan een cultuur gericht op lange termijn waardecreatie en bespreekt deze met de raad van commissarissen. Het bestuur is verantwoordelijk voor de inbedding en het onderhouden van de waarden in de vennootschap en de met haar verbonden onderneming. Daarbij wordt onder meer aandacht besteed aan:

i. de strategie en het bedrijfsmodel;
ii. de omgeving waarin de onderneming opereert; en
iii. de bestaande cultuur binnen de onderneming en of het gewenst is daar wijzigingen in aan te brengen.

Het bestuur stimuleert gedrag dat aansluit bij de waarden en draagt deze waarden uit door het tonen van voorbeeldgedrag.

2.5.2 Gedragscode
Het bestuur stelt een gedragscode op en ziet toe op de werking en de naleving ervan door zichzelf en de werknemers van de vennootschap. Het bestuur informeert de raad van commissarissen over de bevindingen en observaties ten aanzien van de werking en de naleving. De gedragscode wordt op de website van de vennootschap geplaatst.

2.5.3 Medezeggenschap
Indien de vennootschap een medezeggenschapsorgaan heeft ingesteld, wordt in het overleg tussen het bestuur, de raad van commissarissen en het medezeggenschapsorgaan ook gesproken over gedrag en cultuur in de vennootschap en de met haar verbonden onderneming.

2.5.4 Verantwoording over cultuur
In het bestuursverslag geeft het bestuur een toelichting op:
i. de waarden en de wijze waarop deze worden ingebed in de vennootschap en de met haar verbonden onderneming; en
ii. de werking en naleving van de gedragscode.

Principe 2.6 Misstanden en onregelmatigheden
Het bestuur en de raad van commissarissen zijn alert op signalen van (vermoedens van) misstanden en onregelmatigheden. Het bestuur stelt een procedure in zodat meldingen van (vermoedens van) misstanden en onregelmatigheden kunnen worden gedaan en geeft adequate opvolging aan deze meldingen. De raad van commissarissen houdt toezicht op het bestuur ter zake.

2.6.1 Regeling voor melden van (vermoedens van) misstanden en onregelmatigheden
Het bestuur stelt een regeling op voor het melden van (vermoedens van) misstanden en onregelmatigheden binnen de vennootschap en de met haar verbonden onderneming. De regeling wordt op de website van de vennootschap geplaatst. Het bestuur draagt zorg dat werknemers zonder gevaar voor hun rechtspositie de mogelijkheid hebben een melding te doen.

2.6.2 Informeren voorzitter raad van commissarissen
De voorzitter van de raad van commissarissen wordt door het bestuur onverwijld geïnformeerd over signalen van (vermoedens van) materiële misstanden en onregelmatigheden binnen de vennootschap en de met haar verbonden onderneming.
Wanneer (het vermoeden van) een misstand of onregelmatigheid het functioneren van een bestuurder betreft, kan een werknemer dit rechtstreeks aan de voorzitter van de raad van commissarissen melden.

2.6.3 Melding externe accountant
De externe accountant informeert de voorzitter van de auditcommissie onverwijld wanneer hij bij de uitvoering van zijn opdracht een misstand of onregelmatigheid constateert of vermoedt.
Wanneer (het vermoeden van) een misstand of onregelmatigheid het functioneren van een bestuurder betreft, meldt de externe accountant dit aan voorzitter van de raad van commissarissen.

2.6.4 Toezicht door raad van commissarissen
De raad van commissarissen houdt toezicht op de werking van de meldingsprocedure van (vermoedens van) misstanden en onregelmatigheden, op passend en onafhankelijk onderzoek naar signalen van misstanden en onregelmatigheden en, indien een misstand of onregelmatigheid is geconstateerd, een adequate opvolging van eventuele aanbevelingen tot herstelacties.
Om de onafhankelijkheid van onderzoek te borgen heeft de raad van commissarissen in gevallen waarin het bestuur zelf betrokken is, de mogelijkheid om zelf een onderzoek te initiëren naar signalen van misstanden en onregelmatigheden en dit onderzoek aan te sturen.

Principe 2.7 Voorkomen belangenverstrengeling
Elke vorm van belangenverstrengeling tussen de vennootschap en haar bestuurders of commissarissen wordt vermeden. Om te vermijden dat belangenverstrengeling plaatsvindt, worden adequate maatregelen getroffen. De raad van commissarissen is verantwoordelijk voor de besluitvorming over de omgang met belangenverstrengeling bij bestuurders, commissarissen en grootaandeelhouders in relatie tot de vennootschap.

2.7.1 Voorkomen belangenverstrengeling
Bestuurders en commissarissen zijn alert op belangenverstrengeling en zullen in ieder geval:
i. niet in concurrentie met de vennootschap treden;
ii. geen (substantiële) schenkingen van de vennootschap voor zichzelf, voor hun echtgenoot, geregistreerde partner of een andere levensgezel, pleegkind of bloed- of aanverwant tot in de tweede graad vorderen of aannemen;
iii. ten laste van de vennootschap geen ongerechtvaardigde voordelen verschaffen aan derden;
iv. geen zakelijke kansen die aan de vennootschap toekomen benutten voor zichzelf of voor hun echtgenoot, geregistreerde partner of een andere levensgezel, pleegkind of bloed- of aanverwant tot in de tweede graad.

2.7.2 Reglement
Het reglement van de raad van commissarissen bevat regels voor de wijze waarop omgegaan dient te worden met belangenverstrengeling, waaronder tegenstijdig belang, van bestuurders en commissarissen in relatie tot de vennootschap. Het reglement beschrijft voor welke transacties goedkeuring van de raad van commissarissen is vereist. Tevens stelt de vennootschap regels op voor het bezit van en transacties in effecten door bestuurders en commissarissen anders dan die uitgegeven door de vennootschap.

2.7.3 Melding
Een tegenstrijdig belang kan bestaan wanneer de vennootschap voornemens is een transactie aan te gaan met een rechtspersoon:
i. waarin een bestuurder of commissaris persoonlijk een materieel financieel belang houdt; of
ii. waarvan een bestuurder of commissaris een familierechtelijke verhouding heeft met een bestuurder of commissaris van de vennootschap.

Een bestuurder meldt een potentieel tegenstrijdig belang bij een transactie die van materiële betekenis is voor de vennootschap en/of voor de desbetreffende bestuurder onverwijld aan de voorzitter van de raad van commissarissen en aan de overige leden van het bestuur. De bestuurder verschaft daarover alle relevante informatie, inclusief de voor de situatie relevante informatie inzake zijn echtgenoot, geregistreerde partner of een andere levensgezel, pleegkind en bloed- en aanverwanten tot in de tweede graad.
Een commissaris meldt een potentieel tegenstrijdig belang bij een transactie die van materiële betekenis is voor de vennootschap en/of voor de desbetreffende commissaris onverwijld aan de voorzitter van de raad van commissarissen en verschaft daarover alle relevante informatie, inclusief de voor de situatie relevante informatie inzake zijn echtgenoot, geregistreerde partner of een andere levensgezel, pleegkind en bloed- en aanverwanten tot in de tweede graad. Indien de voorzitter van de raad van commissarissen een potentieel tegenstrijdig belang heeft, meldt hij dit onverwijld aan de vicevoorzitter van de raad van commissarissen.
De raad van commissarissen besluit buiten aanwezigheid van de betrokken bestuurder of commissaris of sprake is van een tegenstrijdig belang.

2.7.4 Verantwoording transacties bestuurders en commissarissen
Alle transacties waarbij tegenstrijdige belangen van bestuurders of commissarissen spelen, worden tegen op de markt gebruikelijke condities overeengekomen. Besluiten tot het aangaan van transacties waarbij tegenstrijdige belangen van bestuurders of commissarissen spelen die van materiële betekenis zijn voor de vennootschap en/of voor de desbetreffende bestuurders of commissarissen behoeven goedkeuring van de raad van commissarissen. Dergelijke transacties worden gepubliceerd in het bestuursverslag, met vermelding van het tegenstrijdig belang en de verklaring dat best practice bepalingen 2.7.3 en 2.7.4 zijn nageleefd.

2.7.5 Verantwoording transacties grootaandeelhouder
Alle transacties tussen de vennootschap en natuurlijke of rechtspersonen die ten minste tien procent van de aandelen in de vennootschap houden, worden tegen op de markt gebruikelijke condities overeengekomen. Besluiten tot het aangaan van transacties met deze personen die van materiele betekenis zijn voor de vennootschap en/of voor deze personen behoeven goedkeuring van de raad van commissarissen. Dergelijke transacties worden gepubliceerd in het bestuursverslag, met de verklaring dat best practice bepaling 2.7.5 is nageleefd.

2.7.6 Persoonlijke leningen
De vennootschap verstrekt aan haar bestuurders en commissarissen geen persoonlijke leningen, garanties en dergelijke, tenzij in de normale uitoefening van het bedrijf en tegen de daarvoor voor het gehele personeel geldende voorwaarden en na goedkeuring van de raad van commissarissen. Leningen worden niet kwijtgescholden.

Principe 2.8 Overnamesituaties
Bij een overnamebod op de (certificaten van) aandelen in de vennootschap, bij een onderhands bod op een bedrijfsonderdeel of een deelneming waarvan de waarde de in artikel 2:107a, lid 1, onderdeel c, BW bedoelde grens overschrijdt, en/of bij andere ingrijpende wijzigingen in de structuur van de vennootschap, zorgen zowel het bestuur als de raad van

commissarissen voor een zorgvuldige weging van de betrokken belangen van de stakeholders en het voorkomen van belangenverstrengeling voor commissarissen of bestuurders. Het bestuur en de raad van commissarissen laten zich bij hun handelen leiden door het belang van de vennootschap en de daarmee verbonden onderneming.

2.8.1 Betrekken raad van commissarissen
Wanneer een overnamebod op de (certificaten van) aandelen in de vennootschap wordt voorbereid, bij een onderhands bod op een bedrijfsonderdeel of een deelneming waarvan de waarde de in artikel 2:107a, lid 1, onderdeel c, BW bedoelde grens overschrijdt, en/of bij een andere ingrijpende wijziging in de structuur van de vennootschap, draagt het bestuur zorg dat de raad van commissarissen tijdig en nauw wordt betrokken bij het overnameproces en/of de wijziging van de structuur.

2.8.2 Informeren raad van commissarissen over verzoek tot inzage door concurrerende bieder
Indien op de (certificaten van) aandelen in de vennootschap een overnamebod is aangekondigd of uitgebracht en het bestuur een verzoek van een derde concurrerende bieder ontvangt om inzage te verschaffen in de gegevens van de vennootschap, dan bespreekt het bestuur dit verzoek onverwijld met de raad van commissarissen.

2.8.3 Standpunt bestuur ten aanzien van onderhands bod
Indien een onderhands bod op een bedrijfsonderdeel of een deelneming waarvan de waarde de in artikel 2:107a, lid 1, onderdeel c, BW bedoelde grens overschrijdt in de openbaarheid is gebracht, deelt het bestuur van de vennootschap zo spoedig mogelijk zijn standpunt over het bod, alsmede de motivering van dit standpunt, openbaar mede.

HOOFDSTUK 3. BELONINGEN

Principe 3.1 Beloningsbeleid bestuur
Het beloningsbeleid voor bestuurders is duidelijk en begrijpelijk, is gericht op lange termijn waardecreatie van de vennootschap en de met haar verbonden onderneming en houdt rekening met de interne beloningsverhoudingen binnen de onderneming. Het beloningsbeleid zet bestuurders niet aan tot gedrag in hun eigen belang noch tot het nemen van risico's die niet passen binnen de geformuleerde strategie en de vastgestelde risicobereidheid. De raad van commissarissen is verantwoordelijk voor het formuleren van het beloningsbeleid en de implementatie daarvan.

3.1.1 Voorstel beloningsbeleid
De remuneratiecommissie doet een duidelijk en begrijpelijk voorstel aan de raad van commissarissen betreffende het te voeren beloningsbeleid voor het bestuur. De raad van commissarissen legt het beleid ter vaststelling voor aan de algemene vergadering.

3.1.2 Beloningsbeleid
Bij het formuleren van het beloningsbeleid worden in ieder geval de volgende aspecten in overweging genomen:
i. de doelstellingen voor de strategie ter uitvoering van lange termijn waardecreatie, zoals bedoeld in best practice bepaling 1.1.1;
ii. vooraf uitgevoerde scenarioanalyses;

iii. de beloningsverhoudingen binnen de vennootschap en de met haar verbonden onderneming;
iv. de ontwikkeling van de beurskoers van de aandelen;
v. een passende verhouding van het variabele deel van de beloning ten opzichte van het vaste deel. Het variabele deel van de beloning is gekoppeld aan vooraf vastgestelde en meetbare prestatiecriteria, die overwegend een lange termijn karakter hebben;
vi. indien aandelen worden toegekend, de voorwaarden waaronder dit gebeurt. Aandelen worden ten minste voor een periode van vijf jaar na toekenning aangehouden; en
vii. indien opties worden toegekend, de voorwaarden waaronder dit gebeurt en de voorwaarden waaronder de opties vervolgens kunnen worden uitgeoefend. Opties worden in ieder geval de eerste drie jaar na toekenning niet uitgeoefend.

3.1.3 Beloning executive committee
Indien het bestuur werkt met een executive committee, informeert het bestuur de raad van commissarissen over de beloning van de leden van het executive committee, niet zijnde statutair bestuurders. Het bestuur bespreekt deze beloning jaarlijks met de raad van commissarissen.

Principe 3.2 Vaststelling beloningen bestuur
De raad van commissarissen stelt de beloning van de individuele bestuurders vast, binnen de grenzen van het door de algemene vergadering vastgestelde beloningsbeleid. De remuneratiecommissie bereidt de besluitvorming van de raad van commissarissen voor over de vaststelling van beloningen. Een ontoereikende vervulling van taken wordt niet beloond.

3.2.1 Voorstel remuneratiecommissie
De remuneratiecommissie doet een voorstel aan de raad van commissarissen inzake de beloningen van individuele bestuurders. Het voorstel wordt in overeenstemming met het beloningsbeleid opgesteld en gaat in ieder geval in op de beloningsstructuur, de hoogte van de vaste en variabele beloningscomponenten, de gehanteerde prestatiecriteria, de uitgevoerde scenarioanalyses en de beloningsverhoudingen binnen de vennootschap en de met haar verbonden onderneming.

3.2.2 Visie bestuurders eigen beloning
Bij het formuleren van het voorstel voor de beloningen van bestuurders neemt de remuneratiecommissie kennis van de visie van de individuele bestuurders met betrekking tot de hoogte en structuur van hun eigen beloning. De remuneratiecommissie vraagt de bestuurders hierbij aandacht te besteden aan de aspecten, bedoeld in best practice bepaling

3.2.3 Ontslagvergoeding
De vergoeding bij ontslag bedraagt maximaal eenmaal het jaarsalaris (het 'vaste' deel van de beloning). Een ontslagvergoeding wordt niet uitgekeerd wanneer de overeenkomst voortijdig wordt beëindigd op initiatief van de bestuurder of wanneer de bestuurder ernstig verwijtbaar dan wel nalatig heeft gehandeld.

Principe 3.3 Beloning raad van commissarissen
De raad van commissarissen doet aan de algemene vergadering een duidelijk en begrijpelijk voorstel voor een passende eigen beloning. De beloning voor commissarissen stimuleert een adequate uitoefening van de functie en is niet afhankelijk van de resultaten van de vennootschap.

3.3.1 Tijdsbesteding en verantwoordelijkheid
De beloning van de commissarissen reflecteert de tijdsbesteding en de verantwoordelijkheden van de functie.

3.3.2 Beloning commissarissen
Aan een commissaris worden bij wijze van beloning geen aandelen en/of rechten op aandelen toegekend.

3.3.3 Aandelenbezit
Het aandelenbezit van een commissaris in de vennootschap waarvan hij commissaris is, is ter belegging op de lange termijn.

Principe 3.4 Verantwoording uitvoering beloningsbeleid
In het remuneratierapport legt de raad van commissarissen op een inzichtelijke wijze verantwoording af over de uitvoering van het beloningsbeleid. Het rapport wordt geplaatst op de website van de vennootschap.

3.4.1 Remuneratierapport
De remuneratiecommissie bereidt het remuneratierapport voor. In dit rapport wordt, naast hetgeen de wet vereist, op inzichtelijke wijze in ieder geval verslag gedaan:

i. van de wijze waarop het beloningsbeleid in het afgelopen boekjaar in praktijk is gebracht;
ii. van de wijze waarop de uitvoering van het beloningsbeleid bijdraagt aan lange termijn waardecreatie;
iii. dat scenarioanalyses in overweging zijn genomen;
iv. van de beloningsverhoudingen binnen de vennootschap en de met haar verbonden onderneming en indien van toepassing de wijzigingen in deze verhoudingen ten opzichte van voorgaande boekjaar;
v. indien een bestuurder een variabele beloning ontvangt, de wijze waarop deze beloning bijdraagt aan lange termijn waardecreatie, de vooraf vastgestelde en meetbare prestatiecriteria waarvan de variabele beloning afhankelijk is gesteld en de relatie tussen de beloning en de prestatie; en
vi. indien een (voormalig) bestuurder een ontslagvergoeding ontvangt, de reden voor deze vergoeding.

3.4.2 Overeenkomst bestuurder
De belangrijkste elementen van de overeenkomst van een bestuurder met de vennootschap worden na het sluiten daarvan op de website van de vennootschap geplaatst in een inzichtelijk overzicht, uiterlijk bij de oproeping voor de algemene vergadering waar de benoeming van de bestuurder wordt voorgesteld.

HOOFDSTUK 4. ALGEMENE VERGADERING

Principe 4.1 De algemene vergadering
De algemene vergadering kan een zodanige invloed uitoefenen op het beleid van het bestuur en de raad van commissarissen van de vennootschap, dat zij een volwaardige rol speelt in het systeem van checks and balances binnen de vennootschap. Goede corporate governance veronderstelt een volwaardige deelname van aandeelhouders aan de besluitvorming in de algemene vergadering.

4.1.1 Toezicht raad van commissarissen
Het toezicht van de raad van commissarissen op het bestuur omvat mede het toezicht op de verhouding met aandeelhouders.

4.1.2 Vergaderorde
De voorzitter van de algemene vergadering is verantwoordelijk voor een goede vergaderorde teneinde een zinvolle discussie in de vergadering te faciliteren.

4.1.3 Agenda
Op de agenda van de algemene vergadering wordt vermeld, welke punten ter bespreking en welke punten ter stemming zijn. De volgende onderwerpen worden als aparte agendapunten behandeld:
i. materiële wijzigingen in de statuten;
ii. voorstellen omtrent de benoeming van bestuurders en commissarissen;
iii. het reservering- en dividendbeleid van de vennootschap (de hoogte en bestemming van reservering, de hoogte van het dividend en de dividendvorm);
iv. het voorstel tot uitkering van dividend;
v. de goedkeuring van het door het bestuur gevoerde beleid (décharge van bestuurders);
vi. de goedkeuring van het door de raad van commissarissen uitgeoefende toezicht (décharge van commissarissen);
vii. elke substantiële verandering in de corporate governance structuur van de vennootschap en in de naleving van deze Code; en
viii de benoeming van de externe accountant.

4.1.4 Voorstel tot goedkeuring of machtiging
Een voorstel tot goedkeuring of machtiging door de algemene vergadering wordt schriftelijk toegelicht. Het bestuur gaat in de toelichting in op alle feiten en omstandigheden die relevant zijn voor de te verlenen goedkeuring of machtiging. De toelichting bij de agenda wordt op de website van de vennootschap geplaatst.

4.1.5 Toelichting aandeelhouder bij uitoefening agenderingsrecht
Indien een aandeelhouder een onderwerp op de agenda heeft laten plaatsen, licht hij dit ter vergadering toe en beantwoordt hij zo nodig vragen hierover.

4.1.6 Agendering door aandeelhouder
Een aandeelhouder oefent het agenderingsrecht slechts uit nadat hij daaromtrent in overleg is getreden met het bestuur. Wanneer één of meer aandeelhouders het voornemen hebben de agendering te verzoeken van een

onderwerp dat kan leiden tot wijziging van de strategie van de vennootschap, bijvoorbeeld door het ontslag van één of meer bestuurders of commissarissen, wordt het bestuur in de gelegenheid gesteld een redelijke termijn in te roepen om hierop te reageren (de responstijd). De mogelijkheid van het inroepen van de responstijd geldt ook voor een voornemen als hiervoor bedoeld dat strekt tot rechterlijke machtiging voor het bijeenroepen van een algemene vergadering op grond van artikel 2:110 BW. De desbetreffende aandeelhouder respecteert de door het bestuur ingeroepen responstijd, bedoeld in best practice bepaling 4.1.7.

4.1.7 Inroepen responstijd
Indien het bestuur een responstijd inroept, is dit een redelijke periode die niet langer duurt dan 180 dagen, gerekend vanaf het moment waarop het bestuur door één of meer aandeelhouders op de hoogte wordt gesteld van het voornemen tot agendering tot aan de dag van de algemene vergadering waarop het onderwerp zou moeten worden behandeld. Het bestuur gebruikt de responstijd voor nader beraad en constructief overleg, in ieder geval met de desbetreffende aandeelhouder(s), en verkent de alternatieven. Aan het einde van de responstijd doet het bestuur verslag van dit overleg en de verkenning aan de algemene vergadering. De raad van commissarissen ziet hierop toe.
De responstijd wordt per algemene vergadering slechts eenmaal ingeroepen, geldt niet ten aanzien van een aangelegenheid waarvoor reeds eerder een responstijd is ingeroepen en geldt evenmin wanneer een aandeelhouder als gevolg van een geslaagd openbaar bod over ten minste driekwart van het geplaatst kapitaal beschikt.

4.1.8 Aanwezigheid voorgedragen bestuurders en commissarissen
Bestuurders en commissarissen die worden voorgedragen voor benoeming zijn aanwezig tijdens de algemene vergadering waar over hun voordacht wordt gestemd.

4.1.9 Aanwezigheid externe accountant
De externe accountant kan over zijn verklaring omtrent de getrouwheid van de jaarrekening worden bevraagd door de algemene vergadering. De externe accountant woont daartoe deze vergadering bij en is bevoegd daarin het woord te voeren.

4.1.10 Verslag algemene vergadering
Het verslag van de algemene vergadering wordt uiterlijk drie maanden na afloop van de vergadering op verzoek ter beschikking gesteld aan de aandeelhouders, waarna aandeelhouders gedurende de daaropvolgende drie maanden de gelegenheid hebben op het verslag te reageren. Het verslag wordt vervolgens vastgesteld op de wijze die in de statuten is bepaald.

Principe 4.2 Informatieverschaffing en voorlichting
Het bestuur en de raad van commissarissen dragen zorg voor een adequate informatieverschaffing en voorlichting aan de algemene vergadering.

4.2.1 Motivering beroep zwaarwichtig belang
Indien het bestuur en de raad van commissarissen met een beroep op een zwaarwichtig belang der vennootschap de algemene vergadering niet alle verlangde informatie verstrekken, wordt dit beroep gemotiveerd toegelicht.

4.2.2 Beleid bilaterale contacten met aandeelhouders
De vennootschap formuleert een beleid op hoofdlijnen inzake bilaterale contacten met aandeelhouders en plaatst dit beleid op haar website.

4.2.3 Bijeenkomsten en presentaties
Analistenbijeenkomsten, analistenpresentaties, presentaties aan (institutionele) beleggers en persconferenties worden vooraf via de website van de vennootschap en persberichten aangekondigd. Analistenbijeenkomsten en presentaties aan beleggers vinden niet plaats kort voor de publicatie van de reguliere financiële informatie. Alle aandeelhouders kunnen deze bijeenkomsten en presentaties gelijktijdig volgen door middel van webcasting, telefoon, of anderszins. De presentaties worden na afloop van de bijeenkomsten op de website van de vennootschap geplaatst.

4.2.4 Plaatsing informatie op afzonderlijk gedeelte website
De vennootschap plaatst en actualiseert de voor aandeelhouders relevante informatie die zij krachtens het op haar van toepassing zijnde vennootschapsrecht en effectenrecht dient te publiceren of deponeren op een afzonderlijk gedeelte van de website van de vennootschap.

4.2.5 Contacten bestuur met pers en analisten
De contacten tussen het bestuur enerzijds en de pers en financieel analisten anderzijds worden zorgvuldig en met inachtneming van de toepasselijke wet- en regelgeving behandeld en gestructureerd. De vennootschap verricht geen handelingen die de onafhankelijkheid van analisten ten opzichte van de vennootschap en vice versa aantasten.

4.2.6 Overzicht beschermingsmaatregelen
Het bestuur geeft in het bestuursverslag een overzicht van alle uitstaande of potentieel inzetbare beschermings-maatregelen tegen een overname van zeggenschap over de vennootschap en geeft daarbij aan onder welke omstandigheden en door wie deze beschermingsmaatregelen naar verwachting kunnen worden ingezet.

Principe 4.3 Uitbrengen van stemmen
Deelname van zoveel mogelijk aandeelhouders aan de besluitvorming in de algemene vergadering is in het belang van de checks and balances van de vennootschap. De vennootschap stelt, voor zover het in haar mogelijkheid ligt, aandeelhouders in de gelegenheid op afstand te stemmen en met alle (andere) aandeel-houders te communiceren.

4.3.1 Stemmen naar eigen inzicht
Een aandeelhouder stemt naar eigen inzicht. Van een aandeelhouder die gebruik maakt van stemadviezen van derden wordt verwacht dat hij zich een eigen oordeel vormt over het stembeleid of de door deze adviseur verstrekte stemadviezen.

4.3.2 Verstrekken stemvolmachten of steminstructies
De vennootschap biedt aandeelhouders en andere stemgerechtigden de mogelijkheid om voorafgaand aan de algemene vergadering stemvolmachten respectievelijk steminstructies aan een onafhankelijke derde te verstrekken.

4.3.3 Ontnemen bindende karakter voordracht of ontslag
De algemene vergadering van een niet-structuurvennootschap kan een besluit tot het ontnemen van het bindende karakter aan een voordracht tot benoeming van een bestuurder of commissaris en/of een besluit tot ontslag van een bestuurder of commissaris nemen bij volstrekte meerderheid van de uitgebrachte stemmen. Aan deze meerderheid kan de eis worden gesteld dat zij een bepaald gedeelte van het geplaatste kapitaal vertegenwoordigt, welk deel niet hoger dan een derde wordt gesteld. Indien dit gedeelte ter vergadering niet is vertegenwoordigd, maar een volstrekte meerderheid van de uitgebrachte stemmen het besluit tot het ontnemen van het bindende karakter aan de voordracht of tot het ontslag steunt, dan kan in een nieuwe vergadering die wordt bijeengeroepen het besluit bij volstrekte meerderheid van stemmen worden genomen, onafhankelijk van het op deze vergadering vertegenwoordigd gedeelte van het kapitaal.

4.3.4 Stemrecht financieringspreferente aandelen
Het stemrecht op financieringspreferente aandelen wordt gebaseerd op de reële waarde van de kapitaalinbreng.

4.3.5 Publiceren stembeleid institutionele beleggers
Institutionele beleggers (pensioenfondsen, verzekeraars, beleggingsinstellingen, vermogensbeheerders) plaatsen jaarlijks in ieder geval op hun website hun beleid ten aanzien van het uitoefenen van het stemrecht op aandelen die zij houden in beursvennootschappen.

4.3.6 Verslag uitvoering stembeleid institutionele beleggers
Institutionele beleggers plaatsen jaarlijks op hun website en/of in hun bestuursverslag een verslag van de uitvoering van hun beleid voor het uitoefenen van het stemrecht in het desbetreffende boekjaar. Daarnaast brengen zij ten minste eenmaal per kwartaal op hun website verslag uit of en hoe zij als aandeelhouders hebben gestemd op algemene vergaderingen. Dit verslag wordt op de website van de institutionele belegger geplaatst.

Principe 4.4 Certificering van aandelen
Certificering van aandelen kan een middel zijn om te voorkomen dat door absenteïsme ter algemene vergadering een (toevallige) meerderheid van aandeelhouders de besluitvorming naar haar hand zet. Certificering van aandelen wordt niet gebruikt als beschermingsmaatregel. Het bestuur van het administratiekantoor verleent aan certificaathouders die daarom vragen onder alle omstandigheden en onbeperkt stemvolmachten. De aldus gevolmachtigde certificaathouders kunnen het stemrecht naar eigen inzicht uitoefenen. Het bestuur van het administratiekantoor geniet het vertrouwen van de certificaathouders. Certificaathouders hebben de mogelijkheid om kandidaten voor het bestuur van het administratiekantoor aan te bevelen. De vennootschap verstrekt aan het administratiekantoor geen informatie die niet openbaar is gemaakt.

4.4.1 Bestuur administratiekantoor
Het bestuur van het administratiekantoor geniet het vertrouwen van certificaathouders en opereert onafhankelijk van de vennootschap die de certificaten heeft uitgegeven. De administratievoorwaarden bepalen in welke gevallen en onder welke voorwaarden certificaathouders het administratiekantoor kunnen verzoeken een vergadering van certificaathouders bijeen te roepen.

4.4.2 Benoeming bestuurders
De bestuurders van het administratiekantoor worden benoemd door het bestuur van het administratiekantoor, na aankondiging van de vacature op de website van het administratiekantoor. De vergadering van certificaathouders kan aan het bestuur van het administratiekantoor personen voor benoeming tot bestuurder aanbevelen. In het bestuur van het administratiekantoor nemen geen (voormalig) bestuurders, (voormalig) commissarissen, werknemers of vaste adviseurs van de vennootschap zitting.

4.4.3 Benoemingstermijn bestuur
Een bestuurder kan tweemaal voor een periode van vier jaar zitting hebben in het bestuur van het administratiekantoor en nadien tweemaal voor een periode van twee jaar. Herbenoeming na een periode van acht jaar wordt gemotiveerd in het verslag van het bestuur van het administratiekantoor.

4.4.4 Aanwezigheid op de algemene vergadering
Het bestuur van het administratiekantoor is aanwezig op de algemene vergadering en geeft daarin, desgewenst, een verklaring over zijn voorgenomen stemgedrag.

4.4.5 Uitoefening stemrecht
Bij de uitoefening van zijn stemrechten richt het administratiekantoor zich primair naar het belang van de certificaathouders en houdt het rekening met het belang van de vennootschap en de met haar verbonden onderneming.

4.4.6 Periodiek verslag
Het administratiekantoor doet periodiek, doch ten minste eenmaal per jaar, verslag van zijn activiteiten. Het verslag wordt op de website van de vennootschap geplaatst.

4.4.7 Inhoud verslag
In het onder best practice bepaling 4.4.6 bedoelde verslag wordt ten minste aandacht besteed aan:

i. het aantal gecertificeerde aandelen, alsmede een toelichting op wijzigingen daarin;
ii. de in het boekjaar verrichte werkzaamheden;
iii. het stemgedrag in de gedurende het boekjaar gehouden algemene vergaderingen;
iv. het door het administratiekantoor vertegenwoordigde percentage van de uitgebrachte stemmen tijdens de onder iii. bedoelde vergaderingen;
v. de beloning van de bestuursleden van het administratiekantoor;
vi. het aantal gehouden vergaderingen van het bestuur alsmede de belangrijkste onderwerpen die daarbij aan de orde zijn geweest;
vii. de kosten van de activiteiten van het administratiekantoor;
viii. de eventueel door het administratiekantoor ingewonnen externe adviezen;
ix. de (neven)functies van de bestuurders; en
x. de contactgegevens van het administratiekantoor.

4.4.8 Stemvolmachten
Het administratiekantoor verleent zonder enige beperkingen en onder alle omstandigheden stemvolmachten aan certificaathouders die daar om vragen. Iedere certificaathouder kan het administratiekantoor een bindende steminstructie geven voor de aandelen die het administratiekantoor voor hem houdt.

HOOFDSTUK 5.
ONE-TIER BESTUURSSTRUCTUUR

Principe 5.1 One-tier bestuursstructuur
De samenstelling en het functioneren van het bestuur waarvan zowel uitvoerende als niet uitvoerende bestuurders deel uitmaken moeten zodanig zijn dat het toezicht door niet uitvoerende bestuurders naar behoren kan worden uitgevoerd en onafhankelijk toezicht is gewaarborgd.

5.1.1 Samenstelling bestuur
Het bestuur bestaat in meerderheid uit niet uitvoerende bestuurders. De onafhankelijkheidsvereisten in de zin van best practice bepalingen 2.1.7 en 2.1.8 zijn van toepassing op de niet uitvoerende bestuurders.

5.1.2 Voorzitter van het bestuur
De voorzitter van het bestuur leidt de vergaderingen van het bestuur. Hij ziet er op toe dat het bestuur als collectief alsmede de commissies van het bestuur evenwichtig zijn samengesteld en naar behoren functioneren.

5.1.3 Onafhankelijkheid voorzitter van het bestuur
De voorzitter van het bestuur is geen uitvoerende bestuurder (geweest) van de vennootschap en is onafhankelijk in de zin van best practice bepaling 2.1.8.

5.1.4 Samenstelling commissies
Uitsluitend niet uitvoerende bestuurders maken deel uit van de commissies, bedoeld in best practice bepaling 2.3.2. Het voorzitterschap van de audit- of remuneratiecommissie wordt niet vervuld door de voorzitter van het bestuur, noch door een voormalig uitvoerende bestuurder van de vennootschap.

5.1.5 Verantwoording toezicht niet uitvoerende bestuurders
De niet uitvoerende bestuurders leggen verantwoording af over het uitgeoefende toezicht in het afgelopen boekjaar, waarbij in ieder geval verslag wordt gedaan over de onderwerpen, bedoeld in de best practice bepalingen 1.1.3, 2.1.2, 2.1.10, 2.2.8, 2.3.5 en 2.4.4, en indien van toepassing van de onderwerpen, bedoeld in best practice bepalingen 1.3.6 en 2.2.2.

INWERKINGTREDING
1. Deze Code treedt in werking vanaf het boekjaar beginnend op of na 1 januari 2017. De Commissie beveelt vennootschappen aan het hoofdstuk in het bestuursverslag over de hoofdlijnen van de corporate governance structuur en de naleving van deze Code als afzonderlijk agendapunt ter bespreking aan de algemene vergadering in 2018 voor te leggen.

2. Waar principes respectievelijk best practice bepalingen in deze Code ten opzichte van de Code die in 2008 is vastgesteld, wijzigingen verlangen in regelingen, reglementen, procedures of anderszins schriftelijke vastleggingen, wordt een vennootschap geacht onderhavige Code na te leven, indien deze wijzigingen uiterlijk op 31 december 2017 zijn geïmplementeerd.
3. De benoemingstermijn van commissarissen, zoals opgenomen in best practice bepaling 2.2.2, is gewijzigd ten opzichte van de Code die in 2008 is vastgesteld. Best practice bepaling 2.2.2 geldt niet:
   i. voor commissarissen die op de datum van inwerkingtreding van onderhavige Code reeds zitting hebben voor een termijn langer dan acht jaar, zolang voldaan wordt aan best practice bepaling III.3.5 van de Code die in 2008 is vastgesteld; en
   ii. voor commissarissen die tijdens een algemene vergadering in 2017 voor herbenoeming van een derde termijn van vier jaren zullen opgaan, zolang voldaan wordt aan best practice bepaling III.3.5 van de Code die in 2008 is vastgesteld.

Bijlage 2
Besluit Corporate Governance van 23 december 2004, gewijzigd maart 2009

Staatsblad
van het Koninkrijk der Nederlanden

Jaargang 2009

154

Besluit van 20 maart 2009 tot wijziging van het Besluit van 23 december 2004 tot vaststelling van nadere voorschriften omtrent de inhoud van het jaarverslag, ter uitvoering van Richtlijn 2006/46/EG van het Europees Parlement en de Raad van 14 juni 2006, tot wijziging van de Richtlijnen 78/660/EEG, 83/349/EEG, 86/635/EEG en 91/674/EEG betreffende de jaarrekening en de geconsolideerde jaarrekening (PbEU L 224)

Wij Beatrix, bij de gratie Gods, Koningin der Nederlanden, Prinses van Oranje-Nassau, enz. enz. enz.

Op de voordracht van Onze Minister van Justitie van 14 januari 2009, 5581946/09/6, Directie Wetgeving;

Gelet op artikel 46*bis* van de vierde richtlijn nr. 78/660/EEG van de Raad van 25 juli 1978 betreffende de jaarrekening van bepaalde vennootschapsvormen (PbEG L 222), zoals ingevoerd door Richtlijn 2006/46/EG van het Europees Parlement en de Raad van 14 juni 2006, tot wijziging van de Richtlijnen 78/660/EEG van de Raad betreffende de jaarrekening van bepaalde vennootschapsvormen, 83/349/EEG van de Raad betreffende de geconsolideerde jaarrekening, 86/635/EEG van de Raad betreffende de jaarrekening en de geconsolideerde jaarrekening van banken en andere financiële instellingen en 91/674/EEG van de Raad betreffende de jaarrekening en de geconsolideerde jaarrekening van verzekeringsondernemingen (PbEU L 224);

Gelet op artikel 391 lid 5 van Boek 2 van het Burgerlijk Wetboek;

De Raad van State gehoord, advies van 19 februari 2009, no. W03.09.0010/II;

Gezien het nader rapport van Onze Minister van Justitie van 19 maart 2009, nr. 5591095,

Hebben goedgevonden en verstaan:

ARTIKEL I

Het Besluit van 23 december 2004 tot vaststelling van nadere voorschriften omtrent de inhoud van het jaarverslag (Stb. 747) wordt als volgt gewijzigd:

A

Artikel 1 komt te luiden:

Artikel 1

1. Dit besluit is van toepassing op een naamloze vennootschap waarvan aandelen of certificaten van aandelen zijn toegelaten tot de handel op een gereglementeerde markt als bedoeld in artikel 1:1 van de Wet op het financieel toezicht of een met een gereglementeerde markt vergelijkbaar systeem uit een staat die geen lidstaat is als bedoeld in dat artikel. Dit besluit is niet van toepassing op een beleggingsmaatschappij, bedoeld in artikel 1:1 van de Wet op het financieel toezicht die geen beheerder is als bedoeld in dat artikel.

2. Dit besluit, met uitzondering van artikel 3 lid 1, is van toepassing op een naamloze vennootschap waarvan uitsluitend effecten, niet zijnde aandelen zijn toegelaten tot de handel op een gereglementeerde markt als bedoeld in artikel 1:1 van de Wet op het financieel toezicht en waarvan tevens aandelen worden verhandeld op een multilaterale handelsfaciliteit als bedoeld in artikel 1:1 van de Wet op het financieel toezicht.

3. Een naamloze vennootschap waarvan uitsluitend effecten, niet zijnde aandelen, zijn toegelaten tot de handel op een gereglementeerde markt als bedoeld in artikel 1:1 van de Wet op het financieel toezicht, is vrijgesteld van toepassing van artikel 2a lid 2 en de artikelen 3 en 3a onder b en c, tenzij van deze vennootschap aandelen zijn toegelaten tot de handel op een multilaterale handelsfaciliteit als bedoeld in artikel 1:1 van de Wet op het financieel toezicht.

B

Na artikel 2 wordt een artikel ingevoegd, dat luidt:

Artikel 2a

1. De naamloze vennootschap maakt een verklaring inzake corporate governance openbaar:

a. als specifiek onderdeel van of als bijlage bij het jaarverslag, of

b. langs elektronische weg waardoor de verklaring rechtstreeks en permanent toegankelijk is, mits de naamloze vennootschap in het jaarverslag vermeldt waar de verklaring voor het publiek elektronisch beschikbaar is.

2. De verklaring bevat ten minste de mededelingen, genoemd in de artikelen 3 tot en met 3b.

3. Indien gebruik wordt gemaakt van de mogelijkheid van lid 1, onder b, wordt de verklaring geacht onderdeel uit te maken van het jaarverslag.

C

Artikel 3 wordt als volgt gewijzigd:

1. Voor de tekst wordt de aanduiding « 1. » geplaatst.

2. In lid 1 (nieuw) vervallen de woorden « in het jaarverslag ».

3. Er worden twee leden toegevoegd, die luiden:

2. Lid 1 is ook van toepassing op een andere gedragscode die de naamloze vennootschap vrijwillig naleeft en op alle relevante informatie over de corporate-governancepraktijken die anders dan krachtens wettelijke bepaling worden toegepast naast de in artikel 2 genoemde gedragscode.

3. Bij de mededeling, bedoeld in lid 1 vermeldt de naamloze vennootschap waar de tekst van de gedragscodes, bedoeld in artikel 2 respectievelijk in lid 2, voor het publiek beschikbaar is. In geval van de naleving van de corporate-governancepraktijken, bedoeld in lid 2, maakt de naamloze vennootschap deze beschikbaar voor het publiek.

D

Na artikel 3 worden drie artikelen ingevoegd, die luiden:

Artikel 3a

De naamloze vennootschap doet mededeling omtrent:

a. de belangrijkste kenmerken van het beheers- en controlesysteem van de vennootschap in verband met het proces van financiële verslaggeving van de vennootschap en van de groep waarvan de financiële gegevens in de jaarrekening zijn opgenomen;

b. het functioneren van de aandeelhoudersvergadering en haar voornaamste bevoegdheden en de rechten van de aandeelhouders en hoe deze kunnen worden uitgeoefend, voor zover dit niet onmiddellijk uit de wet volgt;

c. de samenstelling en het functioneren van het bestuur en de raad van commissarissen en hun commissies.

Artikel 3b

Voor zover het Besluit artikel 10 overnamerichtlijn van toepassing is op de naamloze vennootschap, neemt zij in de verklaring, genoemd in artikel 2a, de mededeling op die zij moet doen ingevolge artikel 1 lid 1, onderdelen c, d, f, h en i, van dat besluit en neemt zij de gegevens op, genoemd in artikel 392 lid 1, onder e, van Boek 2 van het Burgerlijk Wetboek. Indien de verklaring wordt afgelegd op een wijze als bedoeld in artikel 2a lid 1 onder b, kan de verklaring een verwijzing bevatten naar het jaarverslag waar de mededelingen en de gegevens krachtens het Besluit artikel 10 overnamerichtlijn en artikel 392 lid 1, onder e, beschikbaar zijn.

Artikel 3c

1. Bij zijn onderzoek of het jaarverslag met de jaarrekening verenigbaar is, als bedoeld in artikel 393 lid 3 van Boek 2 van het Burgerlijke wetboek, betrekt de accountant ook de mededeling en de gegevens die krachtens artikel 3a, onder a, en artikel 3b in de verklaring inzake corporate governance worden opgenomen.

2. Ten aanzien van de overige mededelingen die krachtens dit besluit in de verklaring, genoemd in artikel 2a, opgenomen dienen te worden, gaat de accountant na of zij zijn opgenomen.

E

Artikel 4 wordt als volgt gewijzigd:

1. Voor de tekst wordt de aanduiding « 1. » geplaatst.

2. Er wordt een lid toegevoegd, dat luidt:

2. Artikel 1 leden 2 en 3, artikel 2a, artikel 3 leden 2 en 3 en de artikelen 3a, 3b en 3c zijn van toepassing op jaarverslagen die betrekking hebben op de boekjaren die zijn aangevangen op of na 1 april 2008.

Het advies van de Raad van State is openbaar gemaakt door terinzagelegging bij het Ministerie van Justitie. Tevens zal het advies met de daarbij ter inzage gelegde stukken worden opgenomen in de Staatscourant.

ARTIKEL II

Dit besluit treedt in werking met ingang van de dag na de datum van uitgifte van het Staatsblad waarin het wordt geplaatst.

Lasten en bevelen dat dit besluit met de daarbij behorende nota van toelichting in het Staatsblad zal worden geplaatst.

’s-Gravenhage, 20 maart 2009

De Minister van Justitie,
E. M. H. Hirsch Ballin

Uitgegeven de *eenendertigste* maart 2009
De Minister van Justitie,
E. M. H. Hirsch Ballin

NOTA VAN TOELICHTING

Algemeen

1. De richtlijn

Dit besluit tot wijziging van het Besluit van 23 december 2004 tot vaststelling van nadere voorschriften omtrent de inhoud van het jaarverslag (hierna: het besluit) strekt tot uitvoering van een onderdeel van richtlijn 2006/46/EG van het Europees Parlement en de Raad van 14 juni 2006 (PbEU L 224, hierna: de richtlijn).1 Het gaat om het onderdeel dat een verplichting voor beursvennootschappen tot het opnemen in de jaarrekening van een verklaring inzake corporate governance introduceert in de vier richtlijnen op het gebied van het jaarrekeningenrecht: de vierde richtlijn 78/660/EEG inzake de jaarrekening, de zevende richtlijn 83/349/EEG inzake de geconsolideerde jaarrekening en richtlijnen 86/635/EEG en 91/674/EEG die betrekking hebben op jaarrekeningvoorschriften voor banken respectievelijk verzekeringsmaatschappijen. In de vierde richtlijn is in het nieuwe artikel 46*bis* een verplichting opgenomen voor beursvennootschappen om een jaarlijkse verklaring inzake corporate governance openbaar te maken (artikel 1, onder 7, van de richtlijn). De verklaring moet informatie verschaffen over de naleving van de corporate-governancepraktijk waaraan de vennootschap wettelijke is onderworpen of die ze vrijwillig toepast en over de toepassing van eventuele andere corporategovernancepraktijken. Daarbij vermeldt zij waar de teksten van de code of codes voor het publiek beschikbaar zijn. Als de vennootschap nog andere corporate-governancepraktijken toepast naast de nationale wettelijke vereisten, dan moet zij ook informatie daarover beschikbaar stellen voor het publiek. Als de vennootschap van een voorgeschreven of vrijwillig nageleefde code afwijkt of een voorgeschreven code helemaal niet toepast, moet ze dat eveneens toelichten.

De richtlijn stelt naast deze informatie over de naleving van de code ook enkele eisen aan de materiële inhoud van de corporate-governanceverklaring. Er moet ten eerste een beschrijving gegeven worden van de belangrijkste kenmerken van eventueel bestaande interne controle- en risicobeheerssystemen die betrekking hebben op het proces van financiële verslaglegging. Ten tweede moet informatie gegeven worden over het functioneren van de aandeelhoudersvergadering en haar voornaamste bevoegdheden, met een beschrijving van de rechten van de aandeelhouders en hoe deze kunnen worden uitgeoefend, tenzij dit reeds volledig in nationale wet- of regelgeving is weergegeven. Ten derde moet de corporate-governanceverklaring informatie bevatten over de samenstelling en het functioneren van het bestuur en de raad van commissarissen en hun commissies, zoals benoemings-, belonings- en auditcommissies. Ten slotte moet in de corporate-governanceverklaring ook de informatie opgenomen worden die is voorgeschreven krachtens artikel 10, eerste lid, onder c, d, f, h en i, van Richtlijn 2004/25 EG van 21 april 2004 betreffende het openbaar overnamebod (*PbEU 2004, L 142*, hierna: overnamerichtlijn). Het gaat hier om informatie over de verwerving van belangrijke deelnemingen in beursvennootschappen, over de houders van effecten waaraan bijzondere zeggenschapsrechten verbonden zijn, met een beschrijving van deze rechten, over elke vorm van beperking van het stemrecht, over de regels voor de benoeming en vervanging van de leden van het bestuur en raad van toezicht, over de regels voor de wijziging van de statuten van de vennootschap en over de bevoegdheden van de leden van het bestuur of de raad van commissarissen, vooral wat betreft de mogelijkheid tot uitgifte of inkoop van aandelen.

In de zevende richtlijn inzake de geconsolideerde jaarrekening worden beursvennootschappen met een dergelijke jaarrekening verplicht tot het verstrekken van een beschrijving van de belangrijkste kenmerken van de interne controle- en risicobeheerssystemen van de groep met betrekking tot de opstelling van de geconsolideerde jaarrekening (artikel 2, onder 2 van de richtlijn, artikel 36, tweede lid, onder f, van de zevende richtlijn).

Ten slotte zijn de voorschriften over de corporate-governanceverklaring ook van toepassing op beursgenoteerde banken en verzekeringsmaatschappijen. In de artikelen 3 en 4 van de richtlijn worden respectievelijk richtlijn 86/635/EEG betreffende de jaarrekening en de geconsolideerde jaarrekening van banken en andere financiële instellingen en richtlijn 91/674/EEG betreffende de jaarrekening en de geconsolideerde jaarrekening van verzekeringsondernemingen aangepast. Artikel 46*bis* van de vierde richtlijn wordt daarbij van toepassing verklaard.

De corporate-governanceverklaring dient openbaar gemaakt te worden als een duidelijk als zodanig herkenbaar onderdeel van het jaarverslag, maar openbaarmaking mag ook geschieden in een afzonderlijk verslag dat samen met het jaarverslag openbaar wordt gemaakt of via een verwijzing in het jaarverslag naar de plaats waar het desbetreffende document voor het publiek beschikbaar is op de website van de vennootschap. De informatie die krachtens de richtlijn inzake het openbaar overnamebod gegeven moet worden, kan in geval van een afzonderlijk verslag verstrekt worden door middel van een verwijzing in de corporate-governanceverklaring naar het jaarverslag waar die informatie beschikbaar is. Zij hoeft dus niet in twee verslagen vermeld te worden.

De corporate-governanceverklaring valt ook onder het accountantsonderzoek. In beginsel dient de accountant enkel na te gaan of de voorgeschreven mededelingen en gegevens in de corporate-governanceverklaring zijn opgenomen. Op twee punten moet de corporate-governanceverklaring echter worden betrokken in het onderzoek als bedoeld in artikel 51, eerste lid, tweede alinea, van de vierde richtlijn, waarbij de accountant een oordeel moet geven over de samenhang of het ontbreken ervan tussen het jaarverslag – inclusief de corporate-governanceverklaring – en de jaarrekening voor hetzelfde boekjaar. Dit onderzoek heeft ten eerste betrekking op de informatie over de interne controle- en risicobeheerssystemen rond het proces van financiële verslaggeving. Ten tweede moet het onderzoek betrekking hebben op de hiervoor genoemde informatie van artikel 10, eerste lid, onder c, d, f, h en i, van de overnamerichtlijn.

In het derde lid van artikel 46*bis* van de vierde richtlijn wordt lidstaten de mogelijkheid gegeven vennootschappen die alleen andere effecten dan aandelen hebben uitgegeven die op een gereglementeerde markt in de zin van artikel 4, eerste lid, onder 14, van Richtlijn 2004/39/EG zijn toegelaten, vrijstelling te verlenen van het verstrekken van de corporate-governanceinformatie, behalve wat betreft de informatie die betrekking heeft op de interne controle- en risicobeheerssystemen voor de financiële verslaglegging en op de hiervoor genoemde informatie van artikel 10 van de overnamerichtlijn. Deze gedeeltelijke vrijstelling geldt niet indien de desbetreffende vennootschap aandelen heeft uitgegeven die worden verhandeld op een multilaterale handelsfaciliteit in de zin van artikel 4, eerste lid, onder 15, van Richtlijn 2004/39/EG.

1 Het wetsvoorstel strekt tot implementatie van Richtlijn 2006/46/EG van het Europees Parlement en de Raad van 14 juni 2006, tot wijziging van Richtlijnen 78/660/EEG van de Raad betreffende de jaarrekening van bepaalde vennootschapsvormen, 83/349/EEG van de Raad betreffende de geconsolideerde jaarrekening, 86/635/EEG van de Raad betreffende de jaarrekening en de geconsolideerde jaarrekening van banken en andere financiële instellingen en 91/674/EEG van de Raad betreffende de jaarrekening en de geconsolideerde jaarrekening van verzekeringsondernemingen (PbEU L 224).
Uiterste implementatiedatum van de richtlijn is 5 september 2008. Voor verdere implementatieaspecten zij verwezen naar de memorie van toelichting en de transponeringstabel aan het slot van de memorie van toelichting bij het wetsvoorstel tot uitvoering van deze richtlijn, Kamerstukken II 2007/08, 31 508, nr. 3.

2. De Implementatie

De Nederlandse wetgeving voorziet al voor een belangrijk deel in de verplichtingen van artikel 46*bis* van de vierde richtlijn met betrekking tot de corporate-governanceverklaring, door de wettelijke verankering van de Nederlandse gedragscode op grond van artikel 2:391 leden 5 en 6 van het Burgerlijk Wetboek (BW) en in het Besluit van 23 december 2004 tot vaststelling van nadere voorschriften omtrent de inhoud van het jaarverslag (*Stb. 2004, 747*, hierna aangeduid als: het Besluit Corporate Governance). Toch zullen enkele verplichtingen die reeds geheel of gedeeltelijk in de Nederlandse code zijn opgenomen, nu ook expliciet in dit besluit worden vastgelegd. De richtlijn schrijft immers voor dat beursvennootschappen verplicht zijn bepaalde informatie te verstrekken, terwijl de Nederlandse code gelegenheid biedt om een bepaling niet toe te passen en uit te leggen waarom men die niet toepast. Voor de onderwerpen die nu ook in dit besluit worden neergelegd, blijft de Nederlandse code van belang voor zover de principes en *best practice*-bepalingen nadere uitleg geven aan en blijven binnen de grenzen van de wettelijke informatieverplichtingen.

De verplichtingen omtrent het verstrekken van informatie die voortvloeien uit de overnamerichtlijn inzake het openbaar overnamebod, zoals herhaald in artikel 46bis, eerste lid, onder d, van de vierde richtlijn, zijn uitgevoerd in het Besluit artikel 10 overnamerichtlijn (Stb. 2006, 191) en in artikel 2:392 lid 1 onder e BW (voor wat betreft artikel 10, eerste lid, onder d, van de overnamerichtlijn, dat betrekking heeft op effecten met bijzondere zeggenschapsrechten). In het onderhavige besluit wordt geregeld dat deze informatie onderdeel dient uit te maken van de corporate-governanceverklaring.

De richtlijn verplicht tot het opnemen in het jaarverslag of in de corporate-governanceverklaring van een verwijzing naar de corporategovernancecodes of -praktijken die worden toegepast. Voor zover van de voorgeschreven of gekozen code wordt afgeweken, dient dit gemotiveerd te worden vermeld. In het huidige stelsel van artikel 2:391 lid 5 BW en het Besluit Corporate Governance wordt uitgegaan van de Nederlandse corporate governance code zoals die is opgesteld door de Commissie Corporate Governance onder voorzitterschap van de heer mr. M. Tabaksblat. Volgens het principe van « pas toe of leg uit » moet de vennootschap gemotiveerd aangeven waar zij afwijkt van deze code, bijvoorbeeld doordat ze delen van een buitenlandse code of buitenlandse wetgeving toepast of een eigen benadering volgt (artikel 3 van het Besluit Corporate Governance). In het besluit wordt nu opgenomen dat ook wanneer daarnaast vrijwillig een andere (buitenlandse) code wordt nageleefd, de afwijkingen daarvan gemotiveerd moeten worden vermeld. Er wordt gebruik gemaakt van de optie om toe te staan dat de corporate-governanceverklaring in een afzonderlijke verklaring wordt opgenomen die samen met het jaarverslag wordt gepubliceerd of op de website van de vennootschap wordt geplaatst met een verwijzing in het jaarverslag. De verklaring blijft juridisch echter onderdeel uitmaken van het jaarverslag.

Artikel 46*bis* verplicht verder tot het opnemen in de corporate-governanceverklaring van een beschrijving van de interne controle- en risicobeheerssystemen. Hieraan wordt uitvoering gegeven in dit besluit. De informatie over het functioneren en de bevoegdheden van de aandeelhoudersvergadering en over de rechten van de aandeelhouders en de uitoefening daarvan en over de samenstelling en het functioneren van de bestuurs-, leidinggevende en toezichthoudende organen en hun commissies hoeft volgens de richtlijn alleen gegeven te worden als de nationale wet- en regelgeving daar nog niet volledig in voorziet. Hoewel in boek 2 van het Burgerlijk Wetboek in Nederland een uitgebreide regeling is opgenomen (artikel 2:107 e.v.), kunnen vennootschappen daar nog nadere uitwerking aan gegeven hebben, zoals ook in de Nederlandse code hierover principes en *best practices* zijn opgenomen. Daarom is in het besluit voorgeschreven dat de naamloze vennootschap hierover mededelingen doet voor zover de gebruiken niet onmiddellijk uit de wet volgen.

Het is volgens de preambule van de richtlijn (overweging 10) niet nodig om een aparte corporate-governanceverklaring op te leggen aan vennootschappen die een geconsolideerd jaarverslag opstellen. Wel moet er informatie gegeven worden over één aspect, namelijk het interne controle- en risicobeheerssysteem van de groep, aldus ook het nieuwe onderdeel f van artikel 36, tweede lid, van de zevende richtlijn. De vennootschap zal dus op dit punt aandacht moeten besteden aan het systeem zoals dat door de groep wordt gehanteerd. Het is echter moeilijk voorstelbaar dat het systeem van de groepsmaatschappijen afwijkt van dat van de moeder, omdat ze immers gezamenlijk informatie voor de geconsolideerde jaarrekening moeten aanleveren en het systeem daarop zal zijn afgestemd.

Het onderzoek door de accountant van de corporate-governanceverklaring en de wijze waarop die dient plaats te vinden zijn eveneens in dit besluit opgenomen.

De van overeenkomstige toepassing verklaring van de voorschriften over de corporate-governanceverklaring op banken en verzekeringsmaatschappijen behoeft geen nadere implementatie (artikel 3 van de richtlijn). De verklaring valt onder artikel 2:391 BW dat van toepassing is verklaard voor banken in de schakelbepaling artikel 2:416 lid 1 BW en voor verzekeraars in artikel 2:428 lid 1 BW.

3. Administratieve lasten

In de memorie van toelichting bij het wetsvoorstel waarmee een groot deel van de richtlijn uitgevoerd is (Kamerstukken II 2007/08 31 508, nr. 2-3), is een overzicht te geven van de totale gevolgen van de richtlijn voor de administratieve lasten van het bedrijfsleven, inclusief de administratieve lasten van de maatregelen die door middel van dit besluit uitgevoerd worden. Voor de volledigheid zij hier nogmaals vermeld wat het aandeel is van de administratieve lasten ten gevolge van dit besluit.

Het opnemen van een corporate-governanceverklaring in het jaarverslag geldt voor Nederlandse beursvennootschappen (dat waren er op het moment van de hiervoor bedoelde lastenberekening ca. 175). De verplichting om in het jaarverslag te verwijzen naar een code en uit te leggen of en in hoeverre men de code toepast, geldt voor Nederlandse beursvennootschappen al als gevolg van de wettelijke verankering van de Nederlandse corporate governance code. Deze verplichtingen leiden dan ook niet tot nieuwe administratieve lasten. Hetzelfde geldt voor de informatie uit de richtlijn overnamebiedingen. De administratieve lasten daarvan zijn meegenomen bij de implementatieregelgeving behorende bij die richtlijn (Besluit artikel 10 overnamerichtlijn, Stb. 2006, 191). Wat betreft de verplichting tot het geven van een beschrijving van het beheersen controlesysteem van de vennootschap zijn de administratieve lasten minimaal. Artikel 2:141 lid 2 BW verplicht het bestuur reeds ten minste eenmaal per jaar de raad van commissarissen schriftelijk op de hoogte te brengen van het beheers- en controlesysteem van de vennootschap, zodat de kosten beperkt zijn tot het weergeven in het jaarverslag van de reeds bestaande rapportage.

Wel leiden de overige corporate-governanceverplichtingen in het voorstel tot enige, zij het beperkte, administratieve lasten: een vermelding van de vindplaats van de toegepaste code, informatie over het functioneren van de aandeelhoudersvergadering en over de samenstelling van het bestuur. Naar schatting bedragen de administratieve lasten hiervan: 175 bedrijven maal 5 uur maal €100 euro, totaal €87.500. Aangezien echter de mogelijkheid bestaat dat bedrijven hun corporate-governanceverklaring op hun website publiceren en deze verklaring niet jaarlijks gewijzigd hoeft te worden, doet deze administratieve last zich in beginsel slechts éénmalig voor, waarna enkel wijzigingen in het corporate-governancebeleid opgenomen hoeven te worden. Deze incidentele wijziging en de overgebleven verplichting om de vindplaats van de toegepaste code te vermelden in het jaarverslag leveren slechts dermate marginale administratieve lasten op, dat die hier onvermeld kunnen blijven.

Geconcludeerd wordt dat de administratieve belasting van dit besluit gering is en bovendien vrijwel geheel eenmalig is.

4. Advisering

Over het ontwerp-besluit is advies gevraagd aan de Autoriteit Financiële Markten (AFM), De Nederlandsche Bank (DNB) en de Raad voor de Jaarverslaggeving (RJ). Daarnaast is het ontwerp-besluit besproken met het NBA. De bespreking van het ontwerp-besluit in een RJ-vergadering en met het NBA hebben geleid tot enkele verbeteringen in de tekst.

Artikelen

I, onderdeel A

Artikel 1

Het toepassingsbereik van het Besluit Corporate Governance dient te worden aangepast aan artikel 46*bis* van de vierde richtlijn. De richtlijn geeft de mogelijkheid om vennootschappen die alleen andere effecten dan aandelen uitgeven die zijn toegelaten tot de handel op een gereglementeerde markt in de zin van artikel 4, eerste lid, onder 14 van Richtlijn 2004/39/EG, vrij te stellen van het opstellen van een volledige corporate-governanceverklaring. De vrijstelling geldt niet als deze vennootschappen aandelen hebben uitgegeven die worden verhandeld op een multilaterale handelsfaciliteit in de zin van artikel 4, eerste lid, onder 15 van Richtlijn 2004/39/EG. De vrijstelling geldt evenmin voor de informatie over de interne risicobeheersings- en controlesystemen en de informatie die voortvloeit uit Richtlijn 2004/25/EG betreffende het openbaar overnamebod. De desbetreffende vennootschappen behoeven dus in een specifiek onderdeel van het jaarverslag - de corporate-governanceverklaring - enkel informatie over deze twee onderwerpen te geven (artikel 46*bis* lid 1 aanhef jo. lid 3 van de gewijzigde vierde richtlijn). Van deze vrijstelling wordt gebruik gemaakt teneinde de administratieve belasting van deze regeling zo beperkt mogelijk te houden. Er worden twee nieuwe leden aan artikel 1 toegevoegd. Het nieuwe derde lid bevat de hiervoor bedoelde vrijstelling. In het nieuwe tweede lid is het opstellen van een corporate-governanceverklaring verplicht gesteld voor die vennootschappen waarvan alleen andere effecten dan aandelen beursgenoteerd zijn en waarvan tevens aandelen zijn genoteerd op een multilaterale handelsfaciliteit. Deze categorie valt niet onder de algemene verplichting van artikel 1 lid 1 en is uitgezonderd van de vrijstelling van het derde lid. De categorie vennnootschappen die is bedoeld in artikel 1 lid 2 is tot nu toe niet onderworpen geweest aan de naleving van de in artikel 2 aangewezen gedragscode en het is niet de bedoeling de naleving van de code uit te breiden. Daarom hoeft deze categorie artikel 3 lid 1 - de mededeling over de naleving van de principes en best practice bepalingen van de in artikel 2 aangewezen gedragscode - niet na te leven. De richtlijn verplicht alleen tot het opnemen van een verklaring over de naleving van een corporate-governancecode als de vennootschap aan een dergelijke verklaring is onderworpen; de richtlijn verplicht niet tot het onderwerpen van bepaalde vennootschappen aan een gedragscode.

De terminologie van de twee nieuwe leden van artikel 1 sluit niet aan bij de terminologie van de oorspronkelijke tekst van artikel 1 (nu artikel 1 lid 1). De daarin gebruikte term « markt in financiële instrumenten » bestaat inmiddels niet meer in artikel 1:1 van de Wet op het financieel toezicht. Het was daarom nodig ook de tekst van lid 1 aan te passen en daarmee een onderdeel over te nemen uit het ontwerp voor een ander besluit tot wijziging van het Besluit Corporate Governance dat inmiddels bij de Tweede Kamer is voorgehangen (hierna: het ontwerp-besluit; Kamerstukken II 31 083, nr. 25 en nr. 28). Dat betreft het onderdeel van het ontwerp-besluit dat ten doel heeft de terminologie te laten aansluiten bij de terminologie van de Wet op het financieel toezicht, zoals deze luidt na inwerkingtreding van de Wet implementatie richtlijn markten voor financiële instrumenten (Stb. 2007, 406). De wijzigingen in lid 1 hebben dan ook geen gevolgen voor het toepassingsbereik van het Besluit Corporate Governance. In overeenstemming met de terminologie van de Wft is het Besluit Corporate Governance van toepassing op Nederlandse naamloze vennootschappen waarvan effecten zijn toegelaten tot een gereglementeerde markt; het gaat hier om een gereglementeerde markt in een lidstaat van de EU en in een staat, niet zijnde een lidstaat van de EU, die partij is bij de Overeenkomst betreffende de Europese Economische ruimte, en om een met een gereglementeerde markt vergelijkbaar systeem uit een staat die geen lid is van de Europese Unie.

Het hiervoor bedoelde voorgehangen ontwerp-besluit strekt er tevens toe het toepassingsbereik aan te passen conform de kabinetsreactie op het rapport van de Monitoring Commissie Corporate Governance Code (Kamerstukken II 2006/07, 31 083, nr. 1). In dat verband luidt het voorstel om het Besluit Corporate Governance van toepassing te verklaren op naamloze vennootschappen waarvan aandelen of certificaten van aandelen zijn toegelaten tot de handel op een multilaterale handelsfaciliteit (alternatief handelsplatform), indien de waarde van de activa van de vennootschap meer bedraagt dan €500 miljoen. Deze markten kunnen ook zowel binnen als buiten de EU liggen. Dit toepassingsbereik is echter een ander dan het toepassingsbereik van de richtlijn. De artikelen die krachtens dit besluit aan het Besluit Corporate Governance zullen worden toegevoegd, zullen enkel gelden voor de vennootschappen waarvoor de richtlijn dat voorschrijft. Nu het voorgestelde besluit later in werking zal treden dan het onderhavige besluit, zullen in het voorgestelde besluit nog aanvullende bepalingen opgenomen worden opdat het Besluit Corporate Governance niet verder gaat dan de bedoelingen van de richtlijn.

I, onderdeel B

Artikel 2a

Artikel 2a regelt dat de naamloze vennootschap een corporate-governanceverklaring dient af te leggen, op welke plaats dat dient te gebeuren en wat de inhoud ervan is. Volgens de richtlijn (artikel 1, onder 7) kunnen lidstaten toestaan dat de corporate-governanceverklaring een afzonderlijk document is, dat samen met het jaarverslag wordt gepubliceerd, of dat de verklaring op de website van de vennootschap beschikbaar is en dat daarnaar verwezen wordt in het jaarverslag. In het oorspronkelijke besluit stond dat de vennootschap in het jaarverslag mededeling dient te doen over de naleving van de code. In de praktijk maken vennootschappen de corporate-governanceverklaring reeds openbaar los van het jaarverslag en zij vermelden in de verklaring en in het jaarverslag dat de verklaring geacht wordt onderdeel te zijn van het jaarverslag. Deze praktijk wordt nu in het besluit gecodificeerd en verder gefaciliteerd, zodat vennootschappen de meest efficiënte wijze van openbaarmaking kunnen kiezen. De corporate-governanceverklaring kan omvangrijk zijn en bevat informatie die doorgaans niet aan jaarlijkse wijzigingen onderhevig is. Het is daarom niet zinvol vennootschappen ertoe te verplichten om ieder jaar deze identieke informatie in het jaarverslag op te nemen. Bovendien zullen wijzigingen in de corporate-governanceverklaring het gevolg zijn van beleidswijzigingen, die per definitie ook in het jaarverslag vermeld dienen te worden. Zoals ook nu in de praktijk het geval is, laat dit onverlet dat de corporate-governanceverklaring geacht moet worden deel uit te maken van het jaarverslag, zij blijft er dus juridisch onderdeel van. Dat betekent dat alle regelgeving die betrekking heeft op het jaarverslag, onverkort van toepassing is op de corporate-governanceverklaring. Zo zal deze verklaring – ook als zij niet gewijzigd is ten opzichte van het jaar ervoor – dus jaarlijks ter inzage moeten worden gelegd voor de aandeelhouders (artikelen 2:101 en 210 BW). Als de verklaring een papieren bijlage bij het jaarverslag is, zal zij steeds gevoegd moeten worden bij de jaarrekening en het jaarverslag die bij de Kamer van Koophandel worden gedeponeerd (artikel 2:394 lid 4 BW). In geval de verklaring op de website van de vennootschap is gepubliceerd, hoeft deze niet afzonderlijk bij de Kamer van Koophandel gedeponeerd te worden, dan volstaat de verwijzing in het jaarverslag naar de vindplaats op de website van de vennootschap (artikel 2a lid 1 onder a en lid 3 van dit besluit).

I, onderdeel C

Artikel 3

In verband met de uitbreiding van publicatiemogelijkheden van de corporate-governanceverklaring in artikel 2a, wordt in artikel 3 lid 1, de verwijzing naar het jaarverslag geschrapt.

Aan artikel 3 worden twee leden toegevoegd. In het nieuwe tweede lid wordt het principe van « pas toe of leg uit » ook van toepassing verklaard op andere door de vennootschap nageleefde corporate-governancecodes of -praktijken dan de Nederlandse code. Hierbij zij overigens aangetekend dat de vrijwillige naleving van een andere code nooit in de plaats kan komen van het beginsel van « pas toe of leg uit » ten aanzien van de in artikel 2 bedoelde code. De andere code kan alleen vrijwillig nageleefd worden náást de naleving, of het uitleggen van de niet-naleving, van de in artikel 2 bedoelde code.

In het derde lid is voorgeschreven dat de vennootschap in de corporate-governanceverklaring moet aangeven waar de code voor het publiek beschikbaar is. Dat betekent voor de Nederlandse corporate-governancecode dat er een verwijzing in de verklaring opgenomen moet worden naar Staatscourant 27 december 2004, nr. 250, pag. 35 e.v., naar www.commissiecorporategovernance.nl of naar enige andere website waar de officiële tekst van deze code is gepubliceerd. Als de vennootschap delen van andere codes naleeft, dient de tekst ervan eveneens beschikbaar te zijn en moet de vindplaats ervan in de verklaring worden vermeld. Overige corporate-governancepraktijken die naast de Nederlandse corporategovernancecode worden toegepast, dienen door de vennootschap beschikbaar gemaakt te worden voor het publiek.

I, onderdeel D

Artikel 3a

Artikel 3a schrijft voor dat de vennootschap in de corporate-governanceverklaring mededeling doet over het beheers- en controlesysteem van de vennootschap met betrekking tot de financiële verslaggeving, over het functioneren en de voornaamste bevoegdheden van de aandeelhoudersvergadering, over de rechten van de aandeelhouders en over de samenstelling en werking van het bestuur en de raad van commissarissen.

De richtlijn spreekt over interne controle- en risicobeheerssystemen van de vennootschap. In de Nederlandse gedragscode wordt de term « interne risicobeheersings- en controlesystemen » gebruikt. In het onderhavige besluit wordt echter aangesloten bij de reeds in het BW gebruikelijke terminologie uit de artikelen 2:141 lid 2 en 251 lid 2 BW. Daarin wordt gesproken van de beheers- en controlesystemen van de vennootschap. Van een inhoudelijk verschil is geen sprake.

Ingevolge artikel 2:141 lid 2 BW moet het bestuur de raad van commissarissen schriftelijk op de hoogte brengen van de hoofdlijnen van het beheers- en controlesysteem van de vennootschap. Dergelijke informatie dient in het vervolg ook in de corporate-governanceverklaring opgenomen te worden, voor zover het systeem betrekking heeft op het proces van financiële verslaggeving. Het rapporteren over de interne risicobeheersings- en controlesystemen van de vennootschap is ten algemene als *best practice*-bepaling opgenomen in de Nederlandse gedragscode (onderdelen II.1.3-II.1.5 van de herziene Code die in december 2008 gepresenteerd is). Wat betreft het proces van financiële verslaggeving beveelt deze code hierover aan dat de vennootschap in ieder geval handleidingen voor de inrichting van de financiële verslaggeving en de voor de opstelling daarvan te volgen procedures hanteert. In het jaarverslag dient het bestuur volgens de code te verklaren dat de interne risicobeheersings- en controlesystemen adequaat en effectief zijn, met de onderbouwing van dit standpunt. Zij rapporteert dan tevens over het functioneren van de systemen in het boekjaar, welke eventuele significante wijzigingen zijn aangebracht of welke eventuele belangrijke verbeteringen zijn gepland en dat dit alles met de auditcommissie en de raad van commissarissen is besproken.

De Monitoring Commissie Corporate Governance Code (Commissie-Frijns) heeft in december 2005 een rapport gepubliceerd over de naleving van de code over 2004 (dit rapport is uw Kamer aangeboden bij brief van de Minister van Financiën van 17 maart 2006, Kamerstukken II, 2005/06, 30 111, nr. 9). Daarin signaleert de commissie dat er op dit punt onduidelijkheid bestaat over de reikwijdte en onderbouwing van de verklaring. Een verklaring dat de risicobeheersings- en controlesystemen adequaat en effectief zijn, zou de indruk kunnen wekken dat zich in de toekomst geen risico's en onvolkomenheden zullen kunnen voordoen (p. 51 van het rapport). In het kader van de aansprakelijkheid zetten vennootschappen hierbij hun vraagtekens. De commissie heeft daarom in haar rapport aanbevelingen gedaan omtrent de toepassing van dit principe, die ook behulpzaam kunnen zijn bij de naleving van artikel 3a van het besluit. De commissie is van oordeel dat de verklaring over de risicobeheersings- en controlesystemen met betrekking tot de financiële verslaggeving voldoet aan de *best practice*-bepaling uit de code indien wordt verklaard dat de systemen een redelijke mate van zekerheid geven dat de financiële verslaggeving geen onjuistheden van materieel belang bevat, dat zij in het verslagjaar naar behoren hebben gewerkt, dat er geen indicaties zijn dat zij in het lopende jaar niet naar behoren zullen werken en dat eventuele tekortkomingen worden gemeld die mogelijkerwijs materiële gevolgen kunnen hebben en die in het verslagjaar respectievelijk het lopende jaar zijn geconstateerd, waarbij tevens aangebrachte of geplande verbeteringen worden aangegeven. Om te bepalen wanneer er sprake is van een « redelijke mate van zekerheid » dient uitgegaan te worden van wat als zodanig geldt voor een zorgvuldig handelend bestuurder in de gegeven omstandigheden. In de herziene Code die in december 2008 is gepresenteerd, is in best practice-bepaling

II.1.5. opgenomen: « Ten aanzien van financiële verslaggevingsrisico's verklaart het bestuur in het jaarverslag dat de interne risicobeheersings- en controlesystemen een redelijke mate van zekerheid geven dat de financiële verslaggeving geen onjuistheden van materieel belang bevat en dat de risicobeheersings- en controlesystemen in het verslagjaar naar behoren hebben gewerkt. Het bestuur geeft hiervan een duidelijke onderbouwing. » In de toelichting bij de code wordt hier nog nader op ingegaan.

Zoals hierboven in paragraaf 2 is aangegeven, dient de corporate-governanceverklaring die onderdeel uitmaakt (of geacht wordt onderdeel uit te maken) van het jaarverslag bij de geconsolideerde jaarrekening, aandacht te besteden aan het beheers- en controlesysteem van de groep en niet alleen die van de vennootschap. Dit is opgenomen in het slot van artikel 3a onder a.

In artikel 3a, onder b, is opgenomen dat mededeling dient te worden gedaan over de wijze waarop de aandeelhoudersvergadering functioneert, over de bevoegdheden van deze vergadering en over de rechten van de aandeelhouders en hoe deze kunnen worden uitgeoefend, indien en voor zover dit niet onmiddellijk uit de wet volgt. In de corporate-governance-verklaring hoeft niet herhaald te worden wat reeds in de wet staat, maar nadere uitwerking of extra voorzieningen die de vennootschap heeft getroffen, dienen wel weergegeven te worden. Daarbij kan gedacht worden aan een faciliteit als elektronisch stemmen. Hetgeen in de Nederlandse gedragscode verder over de aandeelhoudersvergadering en de rechten van aandeelhouders is opgenomen (hoofdstuk IV), kan dan ook door de vennootschap als richtsnoer worden gebruikt bij het opstellen van dit onderdeel van de corporate-governanceverklaring.

Ten slotte is in artikel 3a, onder c, geregeld dat in de corporate-governanceverklaring mededeling wordt gedaan over de samenstelling en het functioneren van het bestuur en de raad van commissarissen en hun commissies. Ook hiervoor geldt dat de principes en *best practice*-bepalingen die daarover in de Nederlandse corporate-governanceverklaring zijn opgenomen (hoofdstukken II en III), een leidraad kunnen zijn bij de naleving van deze bepaling.

Artikel 3b

Beursvennootschappen moeten in de verklaring ook de informatie opnemen die krachtens artikel 10, eerste lid, onder c, d, f, h en i, van de overnamerichtlijn betreffende het openbaar overnamebod is voorgeschreven. Hieraan is uitvoering gegeven in het Besluit artikel 10 overnamerichtlijn (Stb. 2006, 191) en in artikel 2:392 lid 1 onder e BW (voor wat betreft artikel 10, eerste lid, onder d, van de overnamerichtlijn, dat betrekking heeft op effecten met bijzondere zeggenschapsrechten). In artikel 3b wordt voorgeschreven dat deze mededeling in de corporate-governanceverklaring opgenomen dient te worden. Wordt de corporate-governanceverklaring niet opgenomen in het jaarverslag, dan mag in deze verklaring volstaan worden met een verwijzing naar het jaarverslag waarin de artikel 10-informatie is opgenomen.

Het gaat hier om informatie over de verwerving van belangrijke deelnemingen in beursvennootschappen, over de houders van effecten waaraan bijzondere zeggenschapsrechten verbonden zijn, met een beschrijving van deze rechten, over elke vorm van beperking van het stemrecht, over de regels voor de benoeming en vervanging van de leden van het bestuur en de raad van commissarissen, over de regels voor de wijziging van de statuten van de vennootschap en over de bevoegdheden van de leden van het bestuur of de raad van commissarissen, vooral wat betreft de mogelijkheid tot uitgifte of inkoop van aandelen. Hier zij verwezen naar de nota van toelichting bij de publicatie van het Besluit artikel 10 overnamerichtlijn voor verdere informatie over deze vermeldingen (Stb. 2006, 191).

Artikel 3c

Het nieuwe artikel 46*bis*, tweede lid, van de vierde richtlijn schrijft aan het slot accountantsonderzoek voor ten aanzien van de corporate-governanceverklaring. Zoals in het algemeen deel van deze nota van toelichting al is aangegeven, maakt de corporate-governanceverklaring onderdeel uit van het jaarverslag en valt zij daarmee onder het accountantsonderzoek op het jaarverslag, ook wanneer de corporate-governanceverklaring los van het jaarverslag gepubliceerd wordt. Toch worden er in artikel 3c nadere voorschriften gegeven voor dat onderzoek. Dit is een gevolg van de omstandigheid dat de laatste twee volzinnen van het nieuwe artikel 46*bis*, tweede lid, van de vierde richtlijn onderscheid maken tussen twee categorieën mededelingen in de corporate-governanceverklaring waarvoor verschillende regimes voor het accountantsonderzoek gelden. Voor het grootste deel hoeft de accountant enkel na te gaan of de voorgeschreven mededelingen en gegevens in de corporate-governanceverklaring zijn opgenomen. Maar op twee punten moet de corporate-governanceverklaring echter worden betrokken in het onderzoek als bedoeld in artikel 51, eerste lid, tweede alinea, van de vierde richtlijn, waarbij de accountant moet nagaan of het jaarverslag en de jaarrekening over hetzelfde boekjaar verenigbaar zijn. De twee onderdelen waarvan dat mede moet worden nagegaan, betreffen ten eerste de informatie over het beheers- en controlesysteem van de vennootschap rond het proces van financiële verslaggeving en in de tweede plaats de hiervoor genoemde informatie van artikel 10, eerste lid, onder c, d, f, h en i, van de Overnamerichtlijn 2004/25/EG. Aangezien er geen redenen zijn om de corporate-governanceverklaring grondiger door de accountant te laten beoordelen dan de richtlijn voorschrijft, is dit onderscheid gehandhaafd en wordt er in het besluit een specifieke bepaling opgenomen voor het accountantsonderzoek van de corporate-governanceverklaring.

I, onderdeel E, en II

Deze wijziging van het besluit is van toepassing op boekjaren die aanvangen op of na 1 april 2008. Aangezien het hier grotendeels gaat om het verstrekken van informatie over de naleving van voorschriften die door Nederlandse beursvennootschappen reeds worden nageleefd en waarover reeds mededeling wordt gedaan (zie par. 3 van het algemeen deel van de toelichting), heeft de wijziging van het besluit slechts beperkte gevolgen voor de inhoud van het jaarverslag. De toepassingsdatum geeft voldoende tijd voor het verwerken van die eventuele gevolgen.

Minister van Justitie,
E. M. H. Hirsch Ballin

Transponeringstabel

Artikelen van de richtlijn 2006/46/EG, met de corresponderende artikelen uit de vierde richtlijn, zevende richtlijn en bankenrichtlijn en de artikelen in het wetsvoorstel

Toelichting bij de verwijzingen in onderstaande tabel:

Besluit: Besluit van 23 december 2004 tot vaststelling van nadere voorschriften omtrent de inhoud van het jaarverslag, Stb. 2004, 747, zoals gewijzigd bij dit besluit.

Richtlijn 2006/46/EG	Corresponderend artikel uit EU-richtlijn		Geen implementatie	Implementatie in besluit:
1 lid 7	46*bis* lid 1 aanhef	Vierde richtlijn	Art. 391 lid 5 BW; art. 3 Besluit	Art. 1 en 2a lid 1.a en lid 2 Besluit
1 lid 7	46*bis* lid 1 onder a-b	Vierde richtlijn		Art. 3 Besluit
1 lid 7	46*bis* lid 1 onder c, e, f	Vierde richtlijn		Art. 3a Besluit
1 lid 7	46*bis* lid 1 onder d	Vierde richtlijn		Art. 3b Besluit
1 lid 7	46*bis* lid 2, 1e en 2e volzin	Vierde richtlijn		Art. 2a lid 1.b en lid 3, art. 3 lid 3 Besluit
1 lid 7	46*bis* lid 2, 3e en 4e volzin	Vierde richtlijn		Art. 3c Besluit
1 lid 7	46*bis* lid 3	Vierde richtlijn		Art. 1 leden 2 en 3 Besluit
2 lid 2	36 lid 2, onder f, 1e alinea, 1e volzin	Zevende richtlijn		Art. 3a.a Besluit
2 lid 2	36 lid 2, onder f, 1e alinea, 2e volzin	Zevende richtlijn		Art. 391 BW jo art. 2a lid 1.a. Besluit
2 lid 2	36 lid 2, onder f, 2e alinea, 1e volzin	Zevende richtlijn		Art. 2a lid 1.b Besluit
2 lid 2	36 lid 2, onder f, 2e alinea, 2e volzin	Zevende richtlijn		Art. 3c lid 1 Besluit

Afkortingenlijst

ABIB	Analyse- en Beoordelingsinstrument Interne Beheersing
AFM	Autoriteit Financiële Markten
AmvB	algemene maatregel van bestuur
AO/IC	administratieve organisatie en maatregelen van interne controle
ava	algemene vergadering van aandeelhouders
CEO	Chief Executive Officer
CFO	Chief Financial Officer
COSO	Committee of Sponsoring Organizations of the Treadway Commission
DFD	data flow diagram
ERM	Enterprise Risk Management
FSB	Financial Stability Board
GRI	Global Reporting Initiative
IAS	International Accounting Standards
IASB	International Accounting Standards Board
ICF	internal control framework
ICT	informatie- en communicatietechnologie
IFRS	International Financial Reporting Standards
IIA	Instituut van Internal Auditors
KPI	kritieke prestatie-indicator
KSF	kritieke (kritische) succesfactor
MKB	midden- en kleinbedrijf
MVO	maatschappelijk verantwoord ondernemen
NCP	Nationaal Contactpunt
NOREA	Nederlandse Orde van Register EDP Auditors
NV COS	Nadere voorschriften controle- en overige standaarden
OESO	Organisatie voor Economische Samenwerking en Ontwikkeling
OK	Ondernemingskamer
OOB	organisaties van openbaar belang
REV	rentabiliteit op eigen vermogen
rvc	raad van commissarissen
TCF	tax control framework
VGC	Verordening gedragscode
VRO	Verenigde Register Operational Auditors
Wet BIBOB	Wet bevordering integriteitsbeoordelingen door het openbaar bestuur
Wft	Wet op het financieel toezicht
WJO	Wet op de Jaarrekening van Ondernemingen
Wta	Wet toezicht accountantsorganisaties
Wtfv	Wet toezicht financiële verslaggeving

Register

Illustratieverantwoording

www.shutterstock.com: p. 12, 30, 44, 66, 84, 106, 130, 144, 172